Robert Masters/Jean Houston · Phantasie-Reisen

Robert Masters Jean Houston

Phantasie-Reisen

Zu neuen Stufen des Bewußtseins:
Ein Führer durch unsere inneren Räume

Kösel-Verlag München

Übersetzung aus dem Amerikanischen: Peter Orban, Frankfurt a. M.
Redaktion: Susanne Schaup, München. Die Originalausgabe erschien unter dem Titel »Mind Games« bei Viking Press, Inc., New York.

*Diese Bücher der Phantasie-Reisen sind
Arthur und Prue Ceppos gewidmet*

CIP-Kurztitelaufnahme der Deutschen Bibliothek

Masters, Robert E. L.:
Phantasie-Reisen: zu neuen Stufen d. Bewußtseins: e. Führer durch unsere inneren Räume / Robert Masters; Jean Houston.
[Übers. aus d. Amerikan.: Peter Orban]. – München: Kösel, 1984.
Einheitssacht.: Mind games ⟨dt.⟩
ISBN 3-466-34091-8

NE: Houston, Jean:

Gesamtherstellung: Kösel, Kempten.
Umschlag: Günther Oberhauser, München.
ISBN 3-466-34091-8

Inhalt

Phantasie-Reisen
Erstes Buch

Vorbemerkung für Phantasie-Reisende

Phantasie-Reisen sind Spiele. Dabei ist wesentlich, daß diese Spiele in einer bestimmten Reihenfolge gespielt werden, und zwar so, wie sie hier vorgegeben ist.
Das bedeutet, daß die Spieler mit der ersten Reise des Ersten Buches beginnen und dann dieses Buch in der gegebenen Reihenfolge durchreisen sollten, bevor sie zum Zweiten Buch übergehen. Und auch das Zweite Buch sollte erst vollständig durchwandert sein, bevor der Spieler zum Dritten Buch übergeht, und ebenso sollte erst das Dritte Buch beendet sein, bevor man die Reisen des Vierten Buches antritt.
Die Reihenfolge der Spiele ist auf der Grundlage intensiver praktischer Erfahrungen sehr sorgfältig durchdacht, und die so entstandene Folge hat die Funktion des Trainings und der Vorbereitung der Phantasie-Reisenden auf Spiele, deren Reichtum, Tiefe und Komplexität immer mehr zunehmen. So wird der Gewinn für diejenigen Spieler, die von der gegebenen Struktur abweichen, nicht so groß sein wie für jene, die ihr folgen. Wer also beispielsweise mit einem Spiel aus dem Dritten oder Vierten Buch beginnt, wird allenfalls eine sehr verkürzte, dürftige Erfahrung machen, verglichen mit jenen, die sich ein solides Fundament geschaffen haben, indem sie durch sämtliche vorherigen Spiele gegangen sind.

Über Phantasie-Reisen

Phantasie-Reisen nehmen die Spiel-Lern-Systeme der Zukunft vorweg; sie eröffnen dir diese Zukunft *jetzt*.
Phantasie-Reisen sind vieles in einem: Erziehung, Ekstase, Unterhaltung, Selbsterforschung, machtvolle Instrumente für das innere Wachstum.
Diejenigen, die sich auf diese Reisen einlassen, werden in der Regel imaginativer sein, kreativer und weitgehender in der Lage, Zugang zu den in ihnen liegenden Möglichkeiten zu gewinnen und diese Möglichkeiten produktiver zu nützen. Die Spieler könnten ein neues Bild des Menschen verwirklichen, des Menschen als eines Wesens mit enormen Fähigkeiten, sich zu entfalten.
Den Spielern wird sich mehr und mehr die Hoffnung auftun, daß die Kräfte der menschlichen Seele ausreichen, um die vor ihr liegenden Probleme zu bewältigen.
Die Spieler werden aus diesen Reisen mit der Überzeugung zurückkommen, daß der Mensch nicht etwas ist, das überwunden werden muß; sondern daß Menschsein etwas zu Verwirklichendes ist.
Und schließlich sind Phantasie-Reisen ein Mittel der Fortentwicklung – hin zu dem Ziel, das in unserer Zeit für jeden von uns das wichtigste sein müßte: *den ersten Menschen auf die Erde zu bringen*.

Hintergrund der Spiele

Diese Phantasie-Reisen sind das Ergebnis von Forschungen – Forschungen der Autoren wie auch in manchen Fällen anderer Personen. Wir haben diese oder ähnliche Spiele mit Forschungsgruppen und Freunden über viele Jahre hindurch gespielt. Jede normale Person ist in der Lage zu spielen und Nutzen aus diesem Spiel zu ziehen. Untersuchungen haben das belegt, und sie haben außerdem bewiesen, daß Phantasie-Reisen eine beachtliche Wirkung haben.

Vorbereitungen auf das Spielen

Zuerst einmal: lies dieses Erste Buch durch und dann das »Buch über das Anleiten der Phantasie-Reisen«. Noch besser: du liest zuerst alle fünf Bücher, die zusammengenommen den vorliegenden Band bilden.
Diskutiere dann das Buch und überhaupt das Durchführen von Phantasie-Reisen mit Menschen, die mit dir diese Spiele spielen werden. Solltest du größere Zweifel oder Ängste haben, so versuche dich davon zu lösen, bevor du an die Durchführung der Reisen gehst. Nimm niemals an einer Phantasie-Reise teil, wenn du das starke Gefühl hast, du solltest es nicht tun.
Spielen solltest du mit der Absicht, Selbsterkenntnis zu erlangen, einige deiner Fähigkeiten freizusetzen, zu lernen, wie du Verstand und Geist wirkungsvoller einsetzen kannst als vorher.
Spiele ganz einfach mit dem Ziel, reiche und neuartige Erfahrungen zu machen. Spiele aus Vergnügen ebenso wie aus dem Wunsch nach Aufklärung und nach wirkungsvollerer Verwendung der in dir liegenden Möglichkeiten.
Einige der besten menschlichen Erfahrungen finden dann statt, wenn Arbeit und Spiel zusammenfallen.

Setting und Spieler:

In diesem Ersten Buch werden einige praktische Details bereits dargestellt, dennoch sollte auf jeden Fall das »Buch über das Anleiten der Phantasie-Reisen« vor dem ersten Spiel gelesen werden.
Sorge dafür, daß das Setting für die Spiele – ob im Freien oder in einem Raum – angenehm und frei von unvorhergesehenen Störungen ist. So sind z. B. Telefonanrufe oder überraschende Besuche mit dem Spielen der Phantasie-Reisen nicht vereinbar.
Schau dir vorher genau das Spiel an, das gespielt werden soll, und wähle die bestmögliche Umgebung.
Im allgemeinen solltest du die Phantasie-Reisen nur mit Menschen unternehmen, denen du vertraust, mit denen du dich

wohlfühlst und die du einigermaßen kennst. Diese Vorsichtsmaßregel wird den Erfahrungen aller Spieler zugute kommen, weil sie es für jeden leichter macht, konditionierte Verhaltensweisen und bestimmte Arten der Wahrnehmung und des Wissens einfach »loszulassen«. Nur ein einziger mißtrauischer, feindseliger, ausbeuterischer oder anderweitig mißliebiger Mitspieler ist in der Lage, die Erfahrungen anderer Personen oder gar der ganzen Gruppe stark zu beeinträchtigen.

Der Spieler, der den »Reise-Leiter« abgibt

Alle Phantasie-Reisen erfordern, daß einer oder mehrere der Spieler die Rolle des Leiters übernehmen.
Dieser Leiter sollte eine Person sein, die sich gut ausdrücken kann, über praktische psychologische Fähigkeiten verfügt und in ihrem Auftreten demonstrieren kann, daß sie für diese Führungs-Rolle kompetent ist. Es ist am besten, wenn die meisten, wenn nicht gar alle Gruppenteilnehmer die Führungs-Rolle nach einander einnehmen können. Auf diese Weise haben dann bald so viele Spieler wie möglich die Chance, Führungseigenschaften zu entwickeln. Und außerdem ist es dann weniger wahrscheinlich, daß die Gruppe sich mit Autoritätsproblemen oder anderen Konflikten zu beschäftigen hat, die sich aus Dominanzstreben oder fragwürdiger Machtausübung ergeben. Den Anleitungen sind weitere Einzelheiten über die Wahl und die Ablösung des Reise-Leiters zu entnehmen. Es sollte allen klar sein, wie wichtig das Verhalten des Leiters ist und welche große Auswirkung es auf das Erleben der Spieler hat. Er ist derjenige, der alles in Gang bringt, der den Spielern hilft, mitzugehen, loszulassen, sich freizumachen von den Begrenzungen des alltäglichen Sehens, Fühlens und Denkens – von den alten Bahnen ihres Daseins.
Mitunter mag es für den Reise-Leiter erforderlich sein, einen Teilnehmer zu trösten oder ihn sogar beträchtlich zu dirigieren. Doch der beste Reise-Leiter ist der am wenigsten aufdringliche, der das tut, was getan werden muß, der jedoch jedem Spieler die Freiheit läßt, seine eigenen Erfahrungen zu machen.

Ist das Spiel zu Ende gespielt, dann sollten die Reisenden sich der geschickten und unaufdringlichen Art, mit der sie geleitet wurden, kaum bewußt sein. Und der Reise-Leiter sollte es nicht anders haben wollen. Der Leiter ist den Spielern auch dabei behilflich, wieder zurückzukommen. Jeder Spieler beendet jedes Spiel erfrischt, voller Energie und so, daß er nichts Wertvolles zurückläßt, sondern im Gegenteil etwas von Wert mitbringt, das die Gruppe als Ganzes und den allgemeinen Wirklichkeitskonsens bereichert.

Veränderte Bewußtseinszustände (ASCs)*

Phantasie-Reisen verändern das Bewußtsein und veränderte Bewußtseinszustände (ASCs) fördern und bereichern die Phantasie-Reisen.

ASCs = erweiterte Möglichkeiten des Geistes

ASCs = dekonditionierter, deautomatisierter Zustand von Seele-Geist-Verstand

ASCs lösen Hemmungen, geben Zugang zu neuartigen Erfahrungen, und zu normalerweise nicht genutzten und weitgehend nicht nutzbaren Fähigkeiten. Als Beispiele gelten hier: Bilder, beschleunigte geistige Prozesse, schärfere Sinneseindrücke, das Betreten andersartiger innerer Räume, subjektive Wirklichkeiten, neuartige Raum-Zeit-Orientierungen.

Der Reise-Leiter ist den Spielern dabei behilflich, im Inneren Türen zu öffnen, Tore, die in innere Räume führen. Anschließend begleitet er sie, und wenn die Reise beendet ist, kehrt er auch mit ihnen zusammen zurück. Er verschließt die Tore wieder, nachdem die Reisenden und er selbst durch sie hindurch zum Ausgangspunkt zurückgekehrt sind. Der Reise-Leiter ist während des Eintritts und des Austritts am aktivsten, während die Türen geöffnet und geschlossen werden, und außerdem wird er Aufgaben stellen und Gebiete angeben, die erkundet werden können. Doch davon abgesehen, sollte er sich so wenig wie

* ASC = altered states of consciousness

möglich in die Erfahrungen der Reisenden einmischen. Es gibt viele Wege, die Türen zu öffnen, und es ist relativ leicht, dies zu tun: dann nämlich, wenn der Leiter effektiv ist und die Teilnehmer bereit und in der Lage sind, zu kooperieren. Es reicht, wenn der Leiter eine Weile redet und wenn die Spieler auf das reagieren, was er zu ihnen sagt. Später, nach einiger Zeit des Erlebens und des Lernens, ist es den Spielern selbst möglich, Türen zu öffnen, ihre eigenen ASCs herbeizuführen, und der Leiter braucht sie dann nur noch aufzufordern, dies zu tun.

Über das Öffnen der Türen

Es gibt wie gesagt, viele Arten, die Türen zu öffnen, indem man einfach spricht, und das folgende Schlüssel- bzw. Einführungsverfahren sollte vom Leiter angewandt werden, wenn die erste Phantasie-Reise beginnt, und auch noch einige Male später. Der Leiter beginnt damit, daß er die Spieler bittet, seinen Anleitungen zur körperlich-geistigen Entspannung genau zuzuhören. Er könnte zum Beispiel sagen:

Mache es dir jetzt ganz bequem und entspanne dich, so gut du kannst. Höre genau zu, und du kannst herausfinden, daß du dich sogar noch mehr entspannen kannst.

Entspanne deinen Körper, einen Körperteil nach dem anderen. Beginne mit deinen Zehen und laß sie ganz locker und entspannt werden. Entspanne dann den Rest deines Fußes zusammen mit deinem Fußgelenk, und du kannst fühlen, daß das Fußgelenk ganz locker und entspannt wird und daß die Entspannung sich durch deinen Körper weiter nach oben hin fortsetzt, zu den Waden und zu den Knieen, dann zu den Schenkeln, und du fühlst dich ganz leicht und locker in deinem Körper, während ich dir den weiteren Fortgang dieser tiefen Entspannung beschreibe.

Jetzt kommst du zu deinen Hüften, und du entspannst sie mehr und mehr und immer mehr. Zu deiner Bauchregion und weiter nach oben zur Brust geht die Entspannung, ganz locker und leicht. In den Fingern, den Handgelenken, den Unterarmen, den Ellenbogen, den Oberarmen und jetzt in den Schultern spürst du die Entspannung. Alle Verhärtungen und Verspannungen verlassen nun deinen Körper, so daß der Nacken sich jetzt sehr lose und locker anfühlt, und dann der Kiefer, die Lippen, die Wangen, jetzt die Augen und dann die Stirn und schließlich der ganze Kopf.

Dein ganzer Körper ist jetzt entspannt, und er entspannt sich sogar noch mehr und mehr, so daß er so locker und lose erscheint wie eine alte Stoffpuppe, und so entspannt bist du wirklich, während du jetzt sehr genau zuhörst, was ich dir sagen werde. Bitte höre mir jetzt ganz genau zu, und während du mir genau zuhörst, achtest du nur auf das, was dir gesagt wird, und auf das, was in dir dabei vorgeht.

Und für eine kleine Weile, während du mit geschlossenen Augen ganz entspannt einfach da bist und tief und langsam atmest, für eine kleine Weile richtest du deine Aufmerksamkeit ganz auf deinen Atem. Wie du einatmest und dann ausatmest . . . ein und aus . . . ein und aus . . . ein und aus. . . .

Nach etwa zwei Minuten, während deren die Spieler entsprechend der Anleitung ein- und ausatmen, kann der Reise-Leiter ASC etwas stärker induzieren. Er weiß, daß jeder Spieler unterschiedlich reagieren wird, bei manchen geht es tiefer als bei einem anderen, doch alle Spieler beginnen zu lernen, auf die Suggestionen zu reagieren und bereiten damit ihren Weg für eine immer vollständigere Teilnahme an den Phantasie-Reisen vor. Der Leiter könnte dann fortfahren:

Du hältst deine Augen jetzt geschlossen und bleibst tief entspannt. Und jetzt kommt etwas sehr Wertvolles und Wichtiges, was ich dir jetzt sagen möchte. Deshalb konzentriere dich nur darauf, was ich dir jetzt sagen werde, konzentriere dich genau auf meine Worte und auf das, was du erlebst, wenn die Worte gesprochen werden.

Erinnere dich jetzt – und akzeptiere es, ohne daran zu zweifeln, ob es wahr ist – erinnere dich jetzt sehr realistisch an einen Traum, den du als Kind öfters hattest. Es ist möglich, daß du ihn vergessen hast, doch jetzt erinnerst du dich, und du wirst ihn sehr lebendig wieder hervorholen können, jetzt, da ich dir Einzelhei-

ten aus diesem Traum wieder ins Gedächtnis zurückrufen werde. Aus dem Traum, den du einst als Kind hattest und den du jetzt wieder haben wirst.
Als du ein kleines Kind warst, ereignete sich nachts – im Schlaf – eine Szene immer wieder und wieder, so daß du gar nicht sicher warst, ob es überhaupt ein Traum war, aber es war auch nicht deine gewöhnliche Wirklichkeit im Wachzustand.
Und es beginnt immer in der gleichen Weise – so wie im Traum – du stehst aus deinem Bett auf und gehst quer durch den Raum in eine kleine Kammer. Dort findest du ganz hinten eine Tür, die niemals dort ist, wenn du sie im Wachzustand suchst – und du hast sie oft gesucht.
Doch jetzt öffnet sich diese Tür für dich im Traum, und du gehst durch die Tür hindurch und befindest dich jetzt am oberen Ende einer steinernen Treppe. Es ist eine sehr alt aussehende Treppe, die sich dort nach unten windet. Und in dem dämmrigen Licht beginnst du, nach unten zu gehen. Du hast gar keine Angst, sondern ein großes Verlangen, nach unten zu gehen, tiefer und immer tiefer. Du steigst abwärts in deinem Traum, du gehst immer weiter nach unten, eine Stufe nach der anderen, bis du schließlich nach einiger Zeit am unteren Ende der Treppe stehst und merkst, daß du dich jetzt am Rande eines dunklen, großen Etwas befindest. Bei näherem Hinsehen stellt es sich als das Ufer eines dunklen Gewässers heraus. Wellen schlagen leise an das Ufer, und du siehst, daß ein Boot am Rande des Gewässers befestigt ist.
Und du legst dich in das Boot hinein – es liegen dort weiche Decken – und du merkst, wie das Boot langsam abtreibt und in die Dunkelheit hinausschwimmt. Es ist dunkel überall, doch du wirst durch die Bewegung des Wassers sanft geschaukelt und gewiegt, vor und zurück, aufsteigend und niedersinkend. Du wirst sanft geschaukelt, während das Boot mit dir tiefer und tiefer in die Dunkelheit hinaustreibt.
Und du fühlst das sanfte Schaukeln und hörst – ganz entspannt – den Wellen zu, die leise an die Bootswände schlagen. Und jetzt – nach einiger Zeit – näherst du dich einer Öffnung, und das Boot

bewegt sich auf das Licht der Öffnung zu, und schließlich treibt es durch die Öffnung hindurch, und du bist auf einmal im hellen, warmen Sonnenlicht.
Immer noch treibst du auf dem Wasser abwärts, und du spürst den warmen Sonnenschein, und eine sanfte Brise streicht über dich hinweg, während du tiefer und tiefer auf dem Wasser hinabgleitest.
Vögel singen auf einer Sandbank, Fische springen im Wasser, du nimmst den Duft von Blumen und frisch geschnittenem Gras in den Feldern wahr, die gerade gemäht worden sind. Und du spürst eine Zufriedenheit und Heiterkeit in dir, während du etwas benommen und verträumt weiter abwärts treibst, tiefer und tiefer, tiefer und tiefer, und die Wellen schaukeln dich sanft. Sei dir der gesamten Situation bewußt; spüre die Bewegungen, die Wärme, die Töne und die Gerüche, während du sanft weiter nach unten treibst.

(An dieser Stelle kann der Leiter eine kleine Pause machen, um den Spielern genügend Zeit zu geben, die Bilder zu erleben und jedem seine eigene Zeit zur Vertiefung einzuräumen. Dabei beobachtet er die Spieler vorsichtig, um festzustellen, wie tief der einzelne Reisende bis jetzt in die suggerierten Bilder eingedrungen ist. Sodann, in Vorbereitung auf die Phantasie-Reise, die jetzt stattfinden wird, kann der Leiter folgende Anweisungen geben):

Du treibst weiter, hin- und hergeschaukelt treibt dein Boot tiefer und tiefer, bis du merkst, daß auf einmal Sand unter deinen Kiel gerät und du sanft ans Ufer gelangst. Du stehst auf und bist am Fuße einer Wiese. Du steigst aus dem Boot und betrittst die Wiese.
Gras berührt deine Beine, eine Brise streichelt deinen Körper, Kaninchen hoppeln im Gras. Du nimmst den Duft der Blumen und den Gesang der Vögel wahr, sowie die Bewegungen deines Körpers, während du gehst. Du erreichst einen großen Baum und läßt dich in seinem Schatten nieder. Hier sitzt du und freust dich an diesem Bild, und du genießt es ungemein, hier zu sitzen.

Nach einer Weile werde ich dich auffordern, mit mir das Spiel zu spielen, um dessentwillen du hier bist, das Spiel, für das du diese lange Reise gemacht hast.
Doch zuvor spüre noch einmal diese Umgebung, sei in totaler Harmonie mit all dem, was hier existiert.
Hier, in dieser Welt außerhalb der Zeit, in dieser Welt ohne Trennungen, dieser Welt, in der alles eins ist und in der du eins bist mit allem, was ist . . .

Die Wirkung dieser Anleitungen

Mit diesen Anleitungen, in Verbindung mit den Erwartungen und Wünschen der Spieler, versetzt der Reise-Leiter einige der Reisenden bereits in die Lage, die beschriebenen Ereignisse mit allen Sinnen zu erleben. Spieler, die darauf vollständig reagiert haben, erleben die Reise fast ebenso, als machten sie sie physisch in der Außenwelt. Diese Fälle demonstrieren bereits eine ziemliche Fähigkeit, veränderte Bewußtseinszustände (ASCs) zu erzielen und die in ihnen liegenden Möglichkeiten zu nutzen.
Andere Spieler mögen die Reise so erlebt haben, als schauten sie sich einen Film an, der so beeindruckend ist, daß er den Beobachter als Teilnehmer in sein Geschehen einbezieht. Wieder andere Spieler haben vielleicht eine mehr oder weniger reiche Phantasie-Erfahrung, jedoch ohne die leibhaftigen Bilder (die vorgestellten Sinnesempfindungen) des Sehens, Berührens, Hörens, Geruchs oder der Bewegung.
Eine andere Gruppe von Teilnehmern mag sehr wenig erfahren haben. Diese Personen sollten ermutigt werden, sich das, was der Leiter spricht – so weit sie es können –, einfach so vorzustellen und so darauf zu reagieren, als seien sie regelrechte Teilnehmer an den beschriebenen Ereignissen. Diese lebhafte Vorstellung und das Tun-als-ob wird ihnen auf ihrem Lernweg – vollständig zu reagieren und wirklich teilnehmen zu können – sehr helfen. Mit diesen wenig reaktionsfähigen Spielern kann außerdem noch einzeln gearbeitet werden, indem man verschiedene andere ASC-Verfahren verwendet. Alle Spieler sollten wissen und wirklich

begreifen, daß um sie herum neue Welten entstehen, die erfahren und er-lebt werden können, und daß auch ihre Art und Weise, die reale Außenwelt zu erfahren, zahllose Modifikationen haben kann. Worte sind Hilfsmittel für die Transformation von Erfahrung; doch die Fähigkeit zu dieser neuen Erfahrung liegt in jedem individuellen Spieler selbst begründet, und die neuen Welten müssen von innen heraus entstehen, um dann – für eine Weile – das Bewußtsein des Spielers auszufüllen.

Dauer der Erfahrungen

Einige Phantasie-Reisen erfordern ihrer Natur entsprechend sehr viel mehr Zeit als andere. Und bei ganz bestimmten Spielen wird sich für den Leiter und die Spieler sehr schnell herausstellen, daß es keine engen oder festen Regeln in bezug auf die Dauer der Spiele geben kann.

Der Reise-Leiter wird ein Spiel oder die Einleitung eines Spieles so lange fortsetzen, wie es eben wünschenswert erscheint, um damit den Erfordernissen der Gruppe oder einzelner Spieler gerecht zu werden. Andererseits ist es nicht sinnvoll, den Bedürfnissen eines einzelnen zu entsprechen, wenn sich das nachteilig auf die anderen auswirken könnte. Der Leiter wird die Zeitfrage durch »Versuch und Irrtum« erlernen, ebenso durch genaues Beobachten und indem er die Meinung der Teilnehmer erbittet. Der Leiter wird sich bemühen, die Reise nicht zu früh zu beenden. Andererseits wird er vermeiden, das Spiel zu lange auszudehnen, um die Spieler nicht übermäßig zu ermüden. Sehr lange Reisen sollten erst dann unternommen werden, wenn der Leiter gründliche Erfahrungen besitzt und die Kapazität der beteiligten Mitspieler erkannt und verstanden hat.

Trance-Zustände und der Leser

Von jetzt an werden in dem vorliegenden Buch über die Phantasie-Reisen Sprache und Bilder verwendet, die von Zeit zu Zeit bei reaktionsfähigen Lesern ASCs oder Trance-Zustände auslösen können.

Der Leser oder die Leserin bemerkt vielleicht, daß er oder sie sich in einem veränderten Bewußtseinszustand befindet. Oder man merkt erst später, daß Derartiges passiert ist, wenn die Zeit auf »unerklärliche« Weise verstrichen ist, oder wenn einige Teile des Buches bemerkenswert schnell wieder aus dem Bewußtsein verschwunden sind wie der Inhalt mancher Träume. Diese Trance-Stadien, ASCs oder hypnotische Stadien erweisen sich als entspannend und wohltuend und sprechen in manchen Fällen direkt das Unbewußte an, so daß ein Teil der guten Wirkung der Phantasie-Reisen sogar bei manchen Lesern hervorgerufen wird.

Wie dem auch sei, sollte der Leser ein derartiges Trance-Stadium beenden wollen, das bei der Lektüre des Buches entstanden ist, so kann er das tun, indem er auf das unten abgebildete »Aufweck-Bild« schaut, laut in die Hände klatscht und energisch die Worte »WACH AUF!« spricht.

Dies wird ihn in den Normalzustand, seine »kulturelle Trance«, zurückversetzen, das sogenannte »normale Wachbewußtsein«. Ein Stadium, in dem wir alle mehr oder weniger den gleichen Traum träumen, dem wir jedoch den Namen Wirklichkeit geben.

Wach auf!

Musik
mit der ganzen Oberfläche des Körpers

1

Das erste Spiel dieses Phantasie-Reisen-Zyklus beginnt damit, daß die Spieler im Halbkreis sitzen und der Spiel-Leiter einen Zustand des veränderten Bewußtseins (ASC) einleitet und zunehmend vertieft. Er verwendet dabei die Methode, die vorher beschrieben worden ist. So wird ganz am Anfang schon den Spielern der Beweis dafür geliefert, daß in ihnen Fähigkeiten liegen, neue und außergewöhnliche Stadien der Bewußtheit zu erlangen, und daß diese Fähigkeiten durch die eigenen, ihnen selbst innewohnenden Kräfte zustande kommen.
Es ist möglich, daß schon in der allerersten Reise einige Spieler sehr intensive und eventuell sogar ekstatische Erfahrungen machen, und die Intensität dieser Reaktionen wird für die anderen Teilnehmer als Beispiel dafür, was auch in ihnen möglich ist, lehrreich sein. Nach der Einleitung des ASC-Zustandes spricht der Reise-Leiter folgende Worte:

Ich werde dir gleich eine Musik vorspielen, ein sehr sinnliches Musikstück; doch zuerst sollst du wissen, daß es möglich ist, Musik auch ganz anders zu hören – anders als in der Weise, wie du früher Musik gehört hast.
Es ist möglich – und du wirst es gleich tun –, die Musik mit der ganzen Oberfläche deines Körpers zu hören, nicht nur mit den Ohren. Du mußt wissen, daß über die ganze Oberfläche deines Körpers zahllose Endorgane liegen, die von der Musik erreicht werden können, so daß dein gesamter Körper hören kann, und daß dein Körper in der Lage ist, diese Musik als eine sinnliche Berührung zu erleben, so daß Musik dich überall berührt.
Und jetzt, wenn ich diese Musik spiele, machst du Gebrauch von dieser Fähigkeit deiner Haut, Musik mit dem ganzen Körper hören zu können. Du empfängst die Musik; das Fleisch deines Körpers wird von der Musik zärtlich gestreichelt und erregt. Es wird eine ausgesprochen lustvolle Erfahrung sein, wie die Musik dich umspült, in deinen Körper eindringt und ihn wieder verläßt, und du wirst immer sensibler und mehr und mehr aufnahmefähig

für die Musik. Bis du schließlich die Musik in höchster Ekstase wahrnimmst und mit deinem ganzen Körper, deinem Fleisch, deiner Haut, mit allem, was du hast, einbezogen bist in dieses totale Bewußtsein der Musik. Und diese Musik spiele ich dir *jetzt* vor!
(Der Leiter wird die Musik je nach der Zusammensetzung und dem Geschmack der Gruppenteilnehmer auswählen. Während die Musik spielt, geht er herum und gibt notfalls verstärkende Suggestionen ähnlicher Art wie die eben beschriebenen.)

2

Dieses zweite Spiel kann sofort im Anschluß an das erste Spiel gespielt werden, wenn die Reaktionen der Teilnehmer auf die Musik beendet sind. Der Leiter fährt dann fort:
Und jetzt werde ich dir noch ein Musikstück vorspielen, und dieses Mal werden *alle* deine Sinne an der Musik teilnehmen. Du wirst die Musik *sehen,* du wirst sie *schmecken,* du wirst die Musik *riechen,* genau so, wie du sie hörst und von ihr berührt wirst.
Alle diese Sinne sind intensiv beteiligt, wenn ich jetzt ein neues Musikstück für dich spiele. Und alle deine Sinne werden ganz unterschiedlich reagieren. Doch dann werden sie eine integrierte Reaktion hervorbringen wie das Zusammenspiel eines Orchesters, wobei jeder Sinneseindruck alle anderen verstärkt, so daß alle diese Reaktionen zusammenklingen und einen großen, kraftvollen Höhepunkt, ein Ganzes, bilden. Und dieses Musikstück spiele ich dir *jetzt* vor.

Eine Person, die dieses Spiel gespielt hat, gab später folgende Beschreibung über die Art, wie sie die Musik wahrgenommen hatte.

»Am Anfang war es so, als wäre die Musik eine geschmolzene, strahlende, flüssige Substanz; sie war sehr kalt, wie sie so von meinem Kopf nach unten zu meinen Zehenspitzen ... und dabei durchströmte sie alle meine Adern. Dann fühlte sie sich an, als ob sie ein Teil meines Blutes würde, als ob ich gerade in einem See voll von dieser Musik wäre . . . und alles andere war nur ein Meer von Farben; jede Farbe, die es auf der Welt gibt . . . Farbe und Rhythmus, ein ekstatischer Rhythmus. Ein totales Gefühl, mit allem vereint zu sein . . . Es hatte Dimensionen, ganz rund und voll, eine gleichzeitige Wärme und Kälte. Es war hell, und doch war es ganz in mir. Es hatte zugleich etwas sehr Komisches und etwas sehr Überschwengliches und Triumphales, alles zur selben Zeit. Doch es gab auch einen Anflug von Traurigkeit. Dann wieder fühlte es sich an, als würde ich getragen, es war so ein Klingen und ein Gefühl, innerlich herumgewirbelt zu werden, so daß man sich ihm ganz überlassen möchte. Es war unbeschreiblich lustvoll . . . doch ich fühlte es innen und außen. Man glaubt, auf Wellen zu schwimmen, und zur gleichen Zeit sind die Wellen in dir.«

Personen, die diese Spiele einige Male gespielt haben, sind meist in der Lage, Musik auch bei anderen Gelegenheiten mit mehr Freude und größerer Bewußtheit aufzunehmen. Diese Spiele gehören zu den vielen, die lustbetonte Erlebnisse erweitern und intensivieren, die schmerzhafte und unlustbetonte Ereignisse ebenso mildern und ihre Dauer abkürzen können.

3

Es ist für den Spieler sehr nützlich, bereits ganz am Anfang der Phantasie-Reisen etwas darüber zu erfahren, welche reichen Möglichkeiten es gibt, den eigenen Körper und das eigene Körper-Bild zu erkunden. Das jetzt folgende Spiel, das wir ein »Alice-Spiel« genannt haben, demonstriert ebenso wie die vorhergehenden einige dieser Möglichkeiten.

Zu Beginn führt der Leiter einen ASC-Zustand herbei. Er bedient sich dazu einer der in diesem Buch beschriebenen »Trance-Einleitungs-Techniken«. Nachdem dieser Zustand erreicht und vertieft worden ist, könnte der Reise-Leiter folgende Worte sprechen:

Du fühlst dich jetzt sehr, sehr tief entspannt, dein gesamter Körper ist entspannt, und er entspannt sich sogar noch mehr und mehr, und jetzt fühlst du, wie dein Körper schwerer wird. Dein Körper wird schwerer und schwerer und immer schwerer. Er ist jetzt so schwer, daß es kaum noch möglich ist, ihn zu bewegen. Doch es ist keine unangenehme Schwere, er ist einfach nur schrecklich schwer und gleichzeitig vollständig entspannt.
Und jetzt beginnt diese Schwere wieder, dich zu verlassen, zuerst ganz langsam, dann schneller, und dein Körper wird leichter und leichter, bis dein normales Gewicht wieder erreicht wird. Doch du wirst noch leichter, immer leichter und leichter. Und bald fühlst du dich leicht wie eine Feder. Dein ganzes Gewicht verläßt jetzt deinen Körper, und bald fühlst du dich leicht wie eine Feder. So leicht, daß du fast gewichtslos bist. Daß du möglicherweise sogar in der Luft schweben könntest. Und du spürst vielleicht, daß du ein wenig aufsteigst, schwebst, dich etwas vom Boden unter dir erhebst. Und dann sinkst du wieder ganz sanft hernieder.
Langsam und lustvoll entdeckst du jetzt, daß dein normales Gewicht zurückkehrt, und es ist sehr angenehm, wie du jetzt wieder dein Fleisch und die normale Fülle deines Körpers spürst. Und sei sehr aufmerksam jetzt, spüre deinen Körper sehr genau, denn du kannst zu deinem Erstaunen beobachten, daß du jetzt kleiner wirst.
Kleiner und kleiner, genauso wie es Alice im Wunderland geschah, als sie aus der Flasche getrunken hatte, auf der geschrieben stand: »Trink mich.« Und immer weiter verkleinerst du dich; einen Meter bist du jetzt nur noch groß, einen halben Meter, dreißig Zentimeter – so groß wie eine Spielzeugpuppe –, und du wirst immer noch kleiner, so lange, bis du gerade noch 10 Zentimeter groß bist, so groß wie eine Hand.
Erspüre, wie das ist; stelle fest, wie es sich anfühlt, nur so groß zu sein wie eine Hand; und wie Alice überlegst du dir vielleicht, wenn du noch viel kleiner würdest, dann verschwändest du einfach. Doch das wirst du nicht tun – wenigstens jetzt nicht.
Denn jetzt wirst du in die entgegengesetzte Richtung wachsen, du

wirst wieder größer, wirst wieder 30 Zentimeter groß, einen halben Meter, einen ganzen Meter und fährst fort zu wachsen bis zu deiner normalen Größe. Und weiter. Du wächst einfach über dich hinaus, wirst zwei Meter groß, drei Meter und weiter. Und zur gleichen Zeit kannst du die Kräfte und Energien dieses Giganten spüren; du fühlst dich sehr groß und stark und genießt dieses Gefühl.
Und dann, langsam, ganz langsam kehrst du zurück zu deiner normalen Körpergröße, und dein normales Körperbewußtsein kommt wieder zu dir zurück.
Achte jedoch darauf, daß dein Körper dabei sehr dicht und schwer wird und die Substanz deines Körpers sich verändert. Zuerst hast du das Gefühl, als wärst du ganz aus Stein, dann aus Metall, dann aus Holz, und dieses Holz wird auf einmal sehr geschmeidig, und all dies passiert sehr schnell, diese Veränderungen in deinem Körper, wie er geschmeidig und biegsam wird wie ein junger Baum voll Energie, voll Saft, voll lebendiger Kräfte, wie er sich biegt und im Winde wiegt. Und du biegst und wiegst dich jetzt in der Brise, alle deine Blätter rauschen, und der Wind bläst.

Du erlebst deinen Körper jetzt mehr und mehr porös und durchlässig, so daß der Wind durch dich hindurchwehen kann, und jetzt kommt der Wind, eine zärtliche Brise, und er geht geradewegs durch dich hindurch. Und du hast das wunderbare Gefühl von Leichtigkeit, ein Gefühl von Offenheit, von Freiheit, und jetzt *bist* du der Wind. Du *bist* jetzt die heranwehende Brise, du wehst frei, du gleitest sehr frei dahin, fährst durch die Blätter der Bäume und bewegst die Grashalme. Du wehst in sanfter Zärtlichkeit über Land und Wasser, streichst über die Körper der Tiere und Menschen hinweg; als heißer Wind durchquerst du Wüstenregionen, und als kühler Wind flüsterst du dein Lied den Träumern auf einer Insel zu.
Und jetzt fühlst du dich als Wind – du fängst an zu wirbeln, du wirbelst immer mehr und verwandelst dich schließlich wieder in einen menschlichen Körper, in deinen eigenen Leib, und jetzt erlebst du dich wieder als ganz normal. Doch erinnere dich,

erinnere dich daran, was du erlebt hast, und du sollst wissen, daß du all diese Dinge fühlen kannst und daß dein Körper sich in jeder Gestalt wahrnehmen kann, in jeder Größe, aus jeder Substanz, und daß du, wenn du das willst, innerhalb einer Phantasie-Reise jederzeit in der Lage bist, deinen Körper in absolut jeder Weise zu erfahren.

4

Nach Vollendung der dritten Reise und ohne den Trance-Zustand zu unterbrechen, geht der Reise-Leiter direkt zur vierten Reise über. Er sagt zu den Spielern:

Geh tiefer, laß dich tiefer sinken in diesen veränderten Bewußtseinszustand und fahre fort, tiefer und tiefer zu sinken, während du dich auf meine Worte konzentrierst und auf das reagierst, was zu dir gesagt wird.

Erinnere dich an das, was schon gesagt wurde und was du in diesen Spielen erlebt hast; und präge dir diese Dinge ein, absorbiere sie mit deiner ganzen leib-seelisch-geistigen Gesamtheit, verarbeite sie und begreife sie. Jetzt, als eine weitere Phase der Anleitung, werden wir den ersten Schritt in neues Spiel hinein tun, ein Spiel, das wir später noch sehr viel ausführlicher spielen werden und das sehr tiefgehend und intensiv werden kann, das sehr viele Dinge enthüllen kann und von Menschen auf der ganzen Welt seit undenkbaren Zeiten gespielt worden ist. Es ist das Spiel der Verwandlung, das Spiel der Metamorphose. Es ist ein Spiel, daß eine Person in die Situation versetzt, eine andere Gestalt anzunehmen, zum Beispiel ein Tier zu werden oder einen übernatürlichen Wesenszustand zu erlangen, so wie es auf der ganzen Welt in den Formen des Rituals oder in der Magie praktiziert worden ist.

Heute wollen wir dir nur einen Vorgeschmack dieser Erfahrungen geben, denn es ist sehr wichtig, daß du durch vorherige Phantasie-Reisen vorbereitet wirst, bevor du dich intensiver auf dieses besondere Spiel einläßt.

Und jetzt wirst du anfangen zu spüren, daß dein Körper sich *verändert*. Er verwandelt sich jetzt in den Körper einer Katze. Du fühlst eine große Zufriedenheit und eine starke Sinnlichkeit, die sich dadurch herstellt, daß du gestreichelt wirst und dich reibst. Du fühlst dich vollständig in diesen geschmeidigen und flinken Katzenkörper verwandelt, du fühlst die schnurrende Zufriedenheit und Sinnlichkeit; du kannst dich strecken, und du kannst all das jetzt eine kleine Weile lang genießen.
Und jetzt wirst du ganz langsam und leicht wieder aufhören, den Körper einer Katze zu haben; du hörst auf, eine Katze zu sein, und kehrst zurück in deinen eigenen Körper, wirst wieder Mensch, wirst wieder du selbst, dein Körper und deine Persönlichkeit sind wiederhergestellt.

5

Der Leiter bittet die Spieler, sich im Kreis niederzusetzen (wenn nur zwei Personen dieses Spiel spielen, so setzen sie sich einander gegenüber), und sagt dann:

Entspannt euch. Jeder atmet sehr tief und rhythmisch. Einatmen und Ausatmen, ein und aus. Tief und rhythmisch atmest du, bis euer Atem eins geworden ist.
Gut, und jetzt, während du so entspannt bist, meditiere eine Weile über diesen Stein, der hier in eurer Mitte liegt. Hefte deinen Blick an diesen Stein und laß deinen Blick an dem Stein haften, so lange, bis der Stein mit dir zusammen atmet. Und es kann sein, daß der Stein seine Farbe verändert, und auch seine Gestalt wandelt sich vielleicht, und du sitzt da und bist Zeuge dieser Veränderungen. Doch du bist gar nicht erstaunt über diesen Wandel, du beobachtest ihn still und akzeptierst sein Erscheinen.
Und jetzt identifiziere dich mit dem Stein, werde der Stein und *sei* für eine Weile der Stein. Jetzt sei wieder du selbst. Und nun wird der Stein von einem zum anderen weitergegeben, und jeder von

euch gibt seine Schmerzen an diesen Stein ab, *körperliche* Schmerzen; und wenn jeder Spieler Schmerzen an den Stein abgegeben hat, dann werden wir den Stein in eine Schüssel mit Wasser legen und die Schmerzen abwaschen.

Noch einmal wird jede Person Schmerzen an den Stein abgeben, jetzt, da der Stein aus dem Wasser genommen und abgetrocknet wurde. Und dieses Mal gibst du psychische Schmerzen, emotionale Schmerzen an den Stein ab. Dann wird er zurück ins Wasser gelegt, gebadet, herausgeholt und wieder abgetrocknet und noch einmal herumgereicht.

Dieses Mal wird jeder von euch *Freude* an den Stein abgeben. Und wir werden ihn dieses Mal nicht baden, denn er wird die Freude in sich behalten.

Wieder geben wir den Stein herum, von Person zu Person, und jetzt wird jede Person ihre *Wünsche* und ihre *Sehnsucht* an den Stein abgeben. Und wieder wird der Stein herumgereicht, und jetzt gibt jeder Spieler *Liebe* an den Stein ab.

Und jetzt, nachdem der Stein wieder in der Mitte liegt, beobachte ihn. Schau dir den Stein sehr genau an, beobachte ihn sehr genau, meditiere über ihn, und behalte ihn fest im Auge.

Jetzt *werde* noch einmal der Stein, erlebe den Stein noch einmal so, wie er jetzt ist, nachdem du geholfen hast, ihn von Schmerzen und Leiden zu reinigen, ihn aufzuladen mit Freude, mit Wünschen und Liebe. Jetzt, nachdem ein Teil des Wesens eines jeden von euch in den Stein eingegangen ist, jetzt, wo er ein Medium geworden ist, durch das jeder Spieler jeden anderen Spieler besser kennengelernt hat, jetzt, wo du in gewissem Sinne eins geworden bist mit jedem Spieler, verlasse den Stein wieder und kehre in dich zurück. Der Stein wird jetzt mit einem Tuch zugedeckt, so daß du ihn nicht mehr sehen kannst.

Blinzele jetzt mit den Augen,
strecke dich,
und jetzt
Wach auf!

Zugang

Es wird sich als sinnvoll erweisen, das Wort *Trance* austauschbar mit dem Begriff *veränderter Bewußtseinszustand* zu verwenden. *Trance* gilt in diesem Buch daher als ein Synonym für ASC – doch ohne jeden Gedanken an Hypnose oder hypnotische Trance, der manchen Spieler vielleicht vorschwebt.
Ein sehr wirkungsvolles Verfahren, Zugang zu jenem Erlebnisbereich zu erlangen, in dem die Phantasie-Reisen stattfinden, verwendet diesen geeigneten Begriff *Trance*. Dieses Verfahren kann sowohl bei einzelnen als auch bei Gruppen von Spielern angewendet werden. Der Leiter beginnt, indem er folgendes zu den Spielern sagt:

Gut. Nimm jetzt eine bequeme Position ein und entspanne dich so vollkommen, wie es dir möglich ist. Mache es dir ganz bequem und entspanne dich völlig; dein Bewußtsein konzentriert sich darauf, was zu dir gesagt wird, und auf deine Reaktion auf diese Worte.
Schließe deine Augen, richte deine Aufmerksamkeit auf deinen Atem, wie du langsam und leicht atmest, und zähle jetzt deine Atemzüge. Du atmest zehnmal ein und aus. Tue das jetzt. Mach es jetzt noch einmal, atme und zähle, und dieses Mal atmest du zwanzigmal ein und aus. Und mit jedem Atemzug, den du tust, wirst du mehr und mehr entspannt, und ebenso mit jeder Zahl, die du zählst.
Sehr gut. Halte deine Augen geschlossen und stelle dir vor, daß du jetzt ein Notizbuch bei dir hast mit linierten Seiten und daß du außerdem einen Kugelschreiber hast, und dieser Kugelschreiber zieht sehr starke, schwarze Linien, wenn du schreibst. Du hast diesen Kugelschreiber in deiner Hand, und das Notizbuch liegt geöffnet vor dir. Auf die linke Seite des Blattes schreibst du jetzt deinen Vornamen oder den Namen, wie du dich selber nennst. Und auf die rechte Seite des Blattes, auf die gleiche Linie, schreibst du jetzt das Wort *Trance*.
Als nächstes gehst du wieder hinüber zur linken Seite des Blattes,

und direkt unterhalb der Stelle, auf die du deinen Namen das erste Mal geschrieben hast, auf die Zeile darunter, schreibst du deinen Namen noch einmal. Und jetzt gehst du wieder nach rechts, unterhalb jener Stelle, wo das Wort *Trance* das erste Mal erscheint, und schreibst das Wort *Trance* noch einmal. Und wieder gehst du nach links, schreibst deinen Namen und wieder nach rechts und schreibst *Trance*. Wieder links, deinen Namen; rechts, *Trance*.

Du schreibst deinen Namen und *Trance* und den Namen und *Trance*. Und den Namen und *Trance*. Und du fährst fort, das eine Zeitlang zu tun, und du tust es wieder und wieder, so, wie du jetzt auch in Trance gerätst. Du *fühlst,* daß du in Trance gerätst, und wenn du fühlst, daß du in Trance *bist,* dann hörst du einen Moment lang auf zu schreiben. Doch solange du es nicht fühlst, solange du es nicht wirklich weißt, solange fährst du einfach fort, deinen Namen zu schreiben und *Trance,* deinen Namen und *Trance,* so viele Male und auf so vielen Seiten, wie du glaubst, es schreiben zu müssen.

Und jetzt, wie weit du auch gekommen sein magst mit diesem besonderen Verfahren, hältst du einen Moment inne und schreibst dann gleich weiter. Doch dieses Mal schreibst du auf die linke Seite, unter die Stelle, auf die du das letzte Mal deinen Namen geschrieben hast, das Wort *tiefer*. Und auf die rechte Seite, genau unter die Stelle, auf die du das letzte Mal das Wort *Trance* geschrieben hast, schreibst du noch einmal das Wort *tiefer.*

Wieder gehst du zur linken Seite und schreibst *tiefer* und dann zur rechten Seite und schreibst *tiefer,* und du fährst fort zu schreiben, *tiefer* und *tiefer*. Und während du *tiefer* auf die linke Seite und *tiefer* auf die rechte Seite schreibst, vertieft sich auch deine Trance, und du gehst tiefer und tiefer in diesen Trance-Zustand hinein, und du fühlst richtig, wie du tiefer und tiefer gehst.

Das Schreiben führt dich immer tiefer und tiefer, und du spürst nur das Schreiben, und du spürst die Stimme, die zu dir spricht, und du merkst, wie du tiefer und tiefer in Trance kommst, während du weiter und weiter schreibst. Und nach einer Weile

hast du vielleicht das Gefühl, daß du jetzt so tief in die Trance hineingegangen bist, wie du überhaupt nur gehen konntest, und wenn du spürst, daß du so tief drin bist, wie du nur gehen konntest, dann legst du den Stift zur Seite und schließt dein Notizbuch.
Du sitzt oder liegst jetzt nur noch da, als wärest du in einer Blase außerhalb von Zeit und Raum, in einer Art angenehmer kleiner Ewigkeit, in der du verweilst und in der du dich einen Moment lang sehr bequem ausruhst.

Während der Leiter diese Trance-Einleitung gibt, sollte er immer wieder aufmerksam ein Auge auf die Teilnehmer werfen und besonders auf alle Bewegungen achten, die die Spieler mit den Händen machen. Einige Spieler werden nämlich die Schreibbewegungen auch wirklich mit der Hand ausführen, und wenn diese Bewegung stoppt, so weiß der Leiter allein durch seine Beobachtung, daß ein veränderter Bewußtseinszustand erreicht worden ist und daß diese Spieler gut auf die Suggestionen reagiert haben. Andere Spieler führen diese Bewegungen mit der Hand nicht durch, aber dennoch wird es für den Beobachter sichtbar sein, daß sie auf die Suggestionen reagiert haben. Bei anderen wiederum mag es nicht sicher sein, bis zu welchem Grad sie reagiert haben, doch in jedem Fall sollte der Leiter mit seinen Suggestionen fortfahren, so als ob fraglos aller Spieler in einem beachtlichen Ausmaß reagiert hätten und deshalb in der Lage sind, auch weiterführenden Suggestionen – die danach gegeben werden – zu folgen.
Der Leiter wird dann also jene Phantasie-Reise beginnen, auf die er die Spieler durch die Trance-Einleitung vorbereitet hat. Am Ende jeder Sitzung muß der Leiter den ASC- oder Trance-Zustand beenden und den Wiedereintritt in den normalen Bewußtseinszustand – das alltägliche Wachbewußtsein – einleiten. Der Leiter wird dieses Ziel erreichen, indem er sagt:

Unsere Sitzung nähert sich jetzt ihrem Ende, und in wenigen Minuten wirst du zurückgeführt werden in das Stadium, in dem

dein Bewußtsein wieder ganz munter und wach ist. Ich werde jetzt von 20 abwärts bis 1 zählen, und während ich zähle, wirst du mehr und mehr erwachen, bis du schließlich bei der Zahl 1 deine Augen öffnen und hellwach sein wirst. Und du wirst sehr erfrischt sein und erfreut über das, was wir heute hier erreicht haben. Jede Zahl bringt dich wieder näher an die Oberfläche, und ich zähle jetzt: 20, 19, 18, 17, 16, 15, und du bist jetzt sehr aufmerksam auf die Energien, die deinen Körper erfüllen, während ich zu dir spreche. Von unten her durch die Sohlen deiner Füße kribbelt es, und Energien treten in dich ein – von unten her durch die Sohlen deiner Füße. Es ist ein sehr angenehmes Gefühl, so daß du, wenn du erwachst, sehr ausgeruht und erfrischt bist, voller Energie und sehr munter – es ist ein sehr schönes, glückhaftes Gefühl.
14, 13, 12, 11, 10, und jetzt bist du schon auf halbem Weg zurück, und 9, 8, 7 und 6, und 5, und du bist dreiviertel zurück, du fühlst dich sehr lebendig und erfrischt, und du steigst auf zu diesem munteren Wachzustand und fühlst dich besser und besser, während ich weiterzähle: 4 und 3 und 2, und die ganze Energie kreist in deinem Körper, und du wünschst dir, dich zu strecken und deinen Körper zu bewegen und zu fühlen, wie lebendig du in deinem Körper bist, während ich jetzt 1 sage. Und jetzt öffnest du deine Augen: du bist hellwach! Ich klatsche laut in meine Hände, und du bist jetzt *ganz hellwach!*

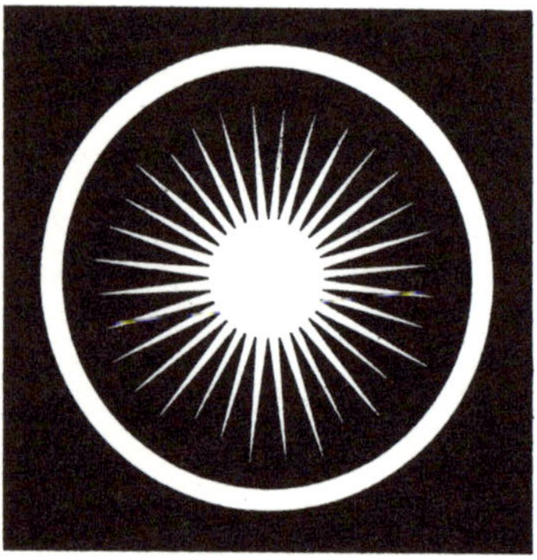

Wach auf!

6

Nachdem der ASC-Zustand hergestellt und vertieft worden ist, kündigt der Leiter den Spielern eine Reise an, die ihnen Aufschluß darüber geben wird, welche Einstellung die Spieler zu ihrem eigenen Körper – oder zu Teilen ihres Körpers – haben. Dabei könnte es sehr aufschlußreich sein herauszufinden, was unser unbewußter Geist über unseren Körper denkt oder vielleicht sogar was unser Körper über sich selbst denkt.
Die Spieler sollten vorher darüber aufgeklärt werden, daß die Bilder und Symbole, die im Verlauf der Reise aufsteigen können, mit Sicherheit kaum etwas über die absoluten Werte oder Einsichten aussagen, die unser unbewußter Geist hat. Spielten wir das Spiel morgen oder in der nächsten Woche noch einmal, so würden wahrscheinlich wieder andere Bilder oder Symbole auftauchen. Die Spieler sollten also zur Kenntnis nehmen, daß das, was während des Spiels erscheint, nur Beispiele sind für vorübergehende Einstellungen, die während *dieses bestimmten* kreativen Prozesses durch das Unbewußte und durch den Körper des Spielers zum Vorschein gebracht werden.
Der Leiter wird die Spieler veranlassen, tiefer zu gehen und genau zuzuhören, da er jetzt verschiedene Körperteile nennen wird, auf die die Spieler ihre Aufmerksamkeit richten sollen. Und während die Spieler ihr Bewußtsein auf jene Körperteile lenken, wird ein Bild in ihnen auftauchen, entweder visuell und sichtbar oder nur verbal und verstandesmäßig bewußt, doch es ist ein Bild, das sehr symbolisch und imstande ist, etwas über diesen Körperteil auszudrücken.
Die Spieler werden sich an dieses symbolische Bild erinnern, und später werden sie eine Art Landkarte oder ein Diagramm ihres Körpers erstellen und dabei die aufgestiegenen Bilder aus den Phantasie-Reisen verwenden.
Als erstes sollte der Reise-Leiter die Spieler anregen, ihre Aufmerksamkeit auf die Füße zu lenken und abzuwarten, bis ein Bild auftaucht, das irgendwie symbolisch darstellt, was die Füße für den Spieler bedeuten. Dann die Hände; die Spieler bekommen

jetzt ein Symbol für die Hände. Und danach vielleicht die Unterleibsregion. Der Leiter sollte den Spielern in jedem einzelnen Fall genügend Zeit lassen, damit das Symbol aufsteigen und vom Bewußtsein der Spieler angenommen werden kann. Als nächstes lenkt der Leiter die Aufmerksamkeit der Spieler auf ihren Brustkorb und ihre Brust, dann zu den Schultern, zum Hals, zum Gesicht, zum Rücken, zur Genitalregion und schließlich zum Gehirn und zum obersten Punkt des Kopfes. Er weist die Spieler von Zeit zu Zeit darauf hin, daß später eine Art Körperlandkarte, ein Diagramm, daraus entstehen wird. In manchen Fällen wird das Symbol sehr schnell auftauchen und vollständig ausgeformt sein, in anderen Fällen kann es geschehen, daß das Symbol einer Entwicklung unterliegt und sich allmählich verändert, bis es sich in seiner endgültigen Form setzt. Es ist sogar möglich, daß das Symbol aus einer Folge von Bildern besteht, die alle gleichermaßen wichtig sind, so daß es keine einzelne endgültige Form gibt. So sahen z. B. die Bilder einer Teilnehmerin – die sie bei geschlossenen Augen sah – folgendermaßen aus:

Unterleib – wirbelnd, die Gestalt eines Zyklons; die Farben wechselten sehr rasch, es ist eine große Menge von Energie da.
Füße und Beine – wie Baumstämme, doch sie sind nicht verwurzelt – es ist sehr lustig.
Schultern –zwei Berggipfel.
Beckenregion – ein Schmetterling mit Flügeln, Kopf und Fühlern, weiche Flügel, die sich bewegen.
Kopf, oberhalb der Augen – Ich schaue in das Innere einer sehr großen Blüte, sehr viele Blütenblätter, ich glaube, es ist eine Lotusblüte, und ich schaue nach oben aus dem Inneren der Pflanze auf die Blütenblätter. Die Blattadern bestehen aus Licht, aus sanftem weißen Licht; es ist wie ein innerer Lüster, so viel Licht entlang der Blattadern. Das Innere der Blütenblätter verändert sich, es sind ganz fließende Farben, grün, weich, die Licht ausstrahlen, und jetzt bleiben nur noch die Farben übrig, die Form ist verschwunden.
Der ganze Körper – Strahlen aus Licht, sehr hell in der Mitte bis hin zu schwachen Farben an den Rändern, in der Art eines Regenbogens mit sehr feinen Lichtstreifen, die das Ganze bilden. Die Streifen sind so schmal, daß es schwer ist, sie zu unterscheiden, und man könnte sie verwechseln und für ein einziges Licht halten.

Die Spielerin wurde dann gefragt, ob sie die Symbole verstände, und sie antwortete, ohne zu zögern, daß sie sie sehr klar verstände, jedenfalls erschiene es ihr jetzt so. Ihre Erklärung enthielt folgende Teile:

Unterleib – eine Kombination von sexuellen Energien und dem Selbstbewußtsein, diese auszudrücken.
Becken – Weiblichkeit.
Füße und Beine – Sehnsucht nach dem Kontakt mit der Erde, denn dies seien die lebendigen Kontaktpunkte.
Kopf – der Beginn spirituellen Wachstums, jedoch gibt es noch sehr vieles zu lernen.
Der ganze Körper – zeigt das Bedürfnis an, das alles zu integrieren.

Beim Arbeiten mit der Gruppe sollte der Reise-Leiter darauf hinweisen, daß jeder die Bedeutung der Symbole verstehen kann, sobald sie auftauchen. Und daß diese Bedeutungen später zurückgeholt werden können, um dann zusammen mit der symbolischen Körper-Landkarte – oder als Teile davon – festgehalten zu werden. Doch der Leiter sollte die Spieler auch darauf aufmerksam machen, daß jede Interpretation, jede Deutung dieser Bilder ebenso anfällig für Irrtümer ist, wie es Deutungen in jedem anderen Bereich auch sind.

7

Für dieses siebente Spiel wird der Reise-Leiter (wie es auch schon beim fünften Spiel war) formal keinen veränderten Bewußtseinszustand (oder Trance-Zustand) einleiten. Und doch ist es bei der Reise wahrscheinlich so, daß viele der Spieler ASC-Zustände mit verschiedenen Tiefegraden entwickeln werden. Der Leiter sollte sich also dieser Möglichkeit bewußt sein, er sollte sorgfältig beobachten und sich dementsprechend verhalten. Am Ende des Spiels, wie überhaupt am Ende einer jeden Phantasie-Reise, muß er deshalb eine Wiedereintritts- und Aufwachübung für die Spieler durchführen. Er wird das so tun, als ob er vorher eine ganz normale Trance-Einleitung gegeben hätte.

Um dieses siebente Spiel zu spielen, sitzen die Spieler im Kreis oder im Halbkreis und blicken auf eine große Pflanze in einem Blumentopf, die ohne Umstände wieder entfernt werden kann, z. B. einen Farn.

Der Leiter fordert die Spieler auf, rhythmisch zusammen zu atmen. Tief zu atmen. Ein und aus, 10 oder 20 mal, oder solange es wünschenswert erscheint. Dann stimmen die Spieler zusammen ein OM an. Einige Minuten lang immer wieder aufs neue: OM. Und während der ganzen Zeit schauen sie auf die Pflanze, so daß das Bild der Pflanze tief in jeden Spieler einsinken kann. Die Pflanze prägt sich so gründlich der Erinnerung ein, daß es nahezu unmöglich für die Spieler ist, diese Pflanze bald zu vergessen.

Das Bild der Pflanze wird nach solch einem langen und außergewöhnlich intensiven Hinschauen genau aufgenommen, und das Bewußtsein der Spieler sollte sich jetzt so eingeengt haben, daß es nur noch das rhythmische Atmen und das Hinschauen auf die Pflanze umfaßt.

Und dann, zwei Minuten lang, gibt es nur noch die intensive und ausschließliche Wahrnehmung dieser Pflanze, nichts anderes als das totale Bewußtsein dieser Pflanze. Der Leiter kündigt den Spielern darauf an, daß die Pflanze jetzt entfernt wird, aber daß jeder Spieler weiterhin intensiv auf jene Stelle blicken soll, an der die Pflanze gestanden hat, und sich jetzt *vorstellen* soll, daß die Pflanze nach wie vor dort stünde. Die Spieler werden sich selbst auch in dem Glauben bestätigen, daß die Pflanze weiterhin dort *ist,* und sie werden jetzt über diese Pflanze, die wirklich dort *steht,* meditieren.

Nach einer kurzen Zeit wird der Leiter die Pflanze wieder an ihren Platz in die Mitte der Gruppe stellen, an jene Stelle, wo sie vorher war, und er wird den Spielern sagen, daß diese Pflanze mehr oder weniger bewußt ist. Und die Spieler sollten die erwiesene Tatsache bedenken, daß diese Pflanze mehr oder weniger bewußt ist, und während sie jetzt auf die Pflanze blicken, sinkt dieses Wissen tief in die Spieler ein, dieses Wissen über die Pflanze als ein bewußtes, lebendes Wesen.

Aus alten Zeiten her ist uns überliefert, daß die Menschen daran geglaubt haben, es gäbe bestimmte Pflanzen, zum Beispiel die Alraune, die schreien, wenn man sie aus der Erde zieht, und der Leiter erinnert die Spieler daran. Er erzählt ihnen auch, daß es um die Jahrhundertwende einen indischen Wissenschaftler gab, der mit seinen Instrumenten angeblich nachweisen konnte, daß ein Baum zu schreien anfängt, wenn ihn jemand mit der Axt schlägt oder ihn anderweitig verletzt; daß andere Experimente mit Pflanzen und Bäumen unternommen worden sind: es wurden in ihrer Anwesenheit negative oder positive Aussagen über sie gemacht, und die Bäume, auf die z. B. ein Fluch gelegt wurde, seien kurz darauf gestorben. Darüber hinaus sollte jeder Spieler wissen, daß heutzutage mit modernen Forschungsinstrumenten Experimente unternommen werden, die auf folgendes hinweisen: Wenn in einem Raum ein lebendes Wesen verletzt oder getötet wird, so zeigt eine in demselben oder in einem angrenzenden Raum stehende Pflanze ein Bewußtsein dessen, was dem verletzten Organismus passiert ist. Ja, sie leidet sogar selber ein wenig unter dem Schmerz mit, der dem anderen Leben zugefügt worden ist.

Die Vermutung liegt nahe, daß es so etwas gibt wie eine grundlegende Einheit aller Lebensformen, eine Art gemeinsames Bewußtsein, so daß jedes Wesen durch das, was jedem anderen Wesen geschieht, beeinflußt wird.

Sogar Pflanzen haben teil an diesem gemeinsamen Bewußtseinsstrom und sind in einem gewissen Sinn und bis zu einem gewissen Grad in der Lage, die Bewußtseinserfahrungen aller anderen Lebewesen zu teilen.

Die Spieler sollten nun ihre Augen schließen und tief atmen; sie entspannen sich und atmen ganz tief und leicht, und dann fangen sie an, der Pflanze zuzuhören; sie versuchen zu erspüren, was die Pflanze empfindet. Sie versuchen sich einzustimmen auf das Bewußtsein der Pflanze.

Und jetzt – für die Dauer dieses Experimentes – werden die Spieler glauben, daß es wirklich so etwas gibt wie einen der Pflanze innewohnenden Geist, mit dem sie in Verbindung treten

können. Einer der Spieler sollte jetzt eine Frage an die Pflanze richten; der Spieler oder die Spielerin sollte die Pflanze fragen, ob sie irgend etwas Wichtiges zu sagen hätte, etwas, das sie die Spieler lehren könnte. Die Antwort der Pflanze kann man als eine Art von Schwingung oder Vibration erleben, als Muskelreflex bei den Spielern oder als ein Gefühl, ein visuelles Bild oder wie auch immer. Worum es dabei geht, ist, offen zu sein für diese Art der Kommunikation, zu empfangen, was vermittelt wird, über welche Kanäle die Kommunikation auch stattfinden mag.
Anschließend werden die Spieler gebeten, die Augen wieder zu öffnen und die Pflanze noch einmal aufmerksam anzuschauen. Dann sollen sie über sie meditieren und dabei genau darauf achten, ob es Veränderungen bei dieser Pflanze gibt, vielleicht Veränderungen in der Form oder in der Farbe oder Veränderungen anderer Art. Die Spieler sollen vergleichen, ob sie in irgendeiner Weise die Pflanze jetzt anders sehen als zuvor.
Die Spieler überdenken dann ihre gesamten Erfahrungen mit dieser Pflanze noch einmal, und dann beginnen sie, sich mit der Pflanze zu identifizieren; sie *sind* jetzt für eine Weile die Pflanze. Sie fühlen, wie es ist, eine Pflanze zu sein, sie erleben das Dasein einer Pflanze und wissen jetzt, wie es ist, eine Pflanze zu sein – sie wissen es buchstäblich. Danach wird der Reise-Leiter jedem Spieler suggerieren, daß er wieder zu seinem normalen, wachen Bewußtseinszustand zurückkehrt, wieder in das Bewußtsein seines Körpers zurückfindet, so daß seine Identität wieder vollständig hergestellt ist. Und nachdem der Leiter diese Rückführung ins Wachsein durchgeführt hat, könnte es interessant sein, über die einzelnen Erlebnisse der Spieler in der Gruppe zu sprechen.

8

Der Leiter kann jetzt zu den Spielern sagen:

Ihr solltet wissen und begreifen, daß ihr die Fähigkeit habt, vergangene Ereignisse *vollständig* wieder zu erinnern. Mit einem solchen Detailreichtum und mit einer solchen Lebendigkeit könnt ihr euch daran erinnern, daß es fast so erscheint, als erlebtet ihr diese Erfahrung jetzt – und bei Licht besehen, erlebt ihr diese Erfahrung auch tatsächlich jetzt.

Die totale Wiederbelebung einer Erfahrung oder eines Ereignisses ist eine Gedächtnisübung in ihrer kraftvollsten Form. Doch es ist auch möglich, sich mit großer Lebhaftigkeit zu erinnern, ohne zu sehr gefangen zu sein von dem, was passiert, so daß das zurückgerufene Ereignis doch noch zu unterscheiden ist von der gegenwärtigen Realität.

Je mehr du lernst, deinen Geist wirkungsvoll einzusetzen, desto mehr wirst du nach und nach auch fähig werden, mehr zu erinnern. Und wenn du viel mehr erinnerst, dann bist du sogar in der Lage, vergangene Ereignisse wiederauferstehen zu lassen, sofern du das möchtest. Nimm klar zur Kenntnis, daß es sich hier nicht um deine alte Art und Weise handelt, etwas zu erinnern – ein undeutliches Wissen, was passiert ist –, sondern um eine Erinnerung, in der du all deine Sinneseindrücke und Gefühle so wiedergewinnst, daß die Vergangenheit in ihrer ganzen Fülle für dich aufersteht. Auf unserer heutigen Reise wollen wir damit beginnen, jene Fähigkeiten zu ergründen, die du in dir hast, um die Teile der Vergangenheit zu erinnern, an die du dich erinnern möchtest oder die ich dir angeben werde.

Wir werden dies ergründen, indem du jetzt deine Augen schließt und indem du mir sehr aufmerksam zuhörst. Du hörst den Worten zu, die zu dir gesprochen werden, und du wirst dabei spüren, daß du in Trance gerätst und daß du immer tiefer hineingehst. Vielleicht benötigst du etwas mehr Zeit, um in Trance zu kommen, aber du wirst es tun. Du gehst tiefer und tiefer, immer tiefer, und du denkst gar nicht mehr nach über diese Bewegung nach unten und nach innen. Du hörst einfach zu und reagierst auf das, was zu dir gesagt wird.

Du läßt einfach die Worte über dich hinwegspülen, hinwegplätschern, um dich herumwirbeln, immer mehr um dich herum; die Worte ziehen dich zurück in die Vergangenheit oder hinunter in die Vergangenheit. Ist die Vergangenheit unten? Oder hinten?

Gibt es irgend einen Platz, wo die Vergangenheit sich befindet, oder eine Richtung, die in die Vergangenheit führt? Oder in die Gegenwart?

Die Gegenwart ist kein Ort, wenn die Vergangenheit kein Ort ist. Doch die Gegenwart bewegt sich zurück oder hinunter in die Vergangenheit, oder die Vergangenheit bewegt sich in die Gegenwart hinauf oder hinein. Was ist jetzt die Vergangenheit, und was ist jetzt die Gegenwart? Und was die Gegenwart ist, ist die Vergangenheit, und die Vergangenheit ist die Gegenwart, jetzt, während du tiefer gehst. Und du fährst fort, tiefer zu gehen, so wie die Worte um dich herumwirbeln, herum und immer um dich herum, sie leiten dich tiefer und immer tiefer nach unten. Du gehst tiefer und gehst zurück in der Zeit, die Vergangenheit wird jetzt für dich begehbar, und du findest dich selbst jetzt in einer Gegenwart vor, von der du glaubst, sie sei die Vergangenheit. Doch jetzt ist sie hier, und du befindest dich mittendrin, und du kannst dich ganz genau erinnern – wenn du es Erinnerung nennen willst – denn du kannst jetzt in der Zeit zurückgehen, und du *gehst* jetzt in der Zeit zurück!

Du gehst ein Jahr zurück, zwei Jahre, drei Jahre, und du weißt, wie alt du drei Jahre vorher warst. Und als du so alt warst, da hattest du eine Erfahrung, die einen sehr starken Eindruck in dir hinterlassen hat, und du wirst jetzt dieses Ereignis sehr lebendig erinnern. Du gehst in das Ereignis hinein, du findest dich mitten in diesem Ereignis, und es geschieht dir *jetzt,* du lebst *jetzt* dieses Ereignis.

Dann gehst du noch weiter zurück, weiter zurück in der Zeit, immer weiter zurück, und dein Körper verändert sich, er wird jünger und kleiner, während du immer weiter zurückgehst durch die Zeit. Zurück bis zu deinem zehnten Lebensjahr oder bis zum neunten – irgendwie um diese Zeit herum – zu jener Stelle, an der irgend etwas passiert ist, etwas, das du gern noch einmal erleben würdest. Etwas sehr Wichtiges oder etwas ausgesprochen Lustvolles, oder ein Ereignis, das ein sehr glückliches Gefühl in dir ausgelöst hat, also etwas, das

du gerne noch einmal erleben möchtest. Und jetzt wird es sehr lebhaft in deinem Bewußtsein auftauchen.
Fühle, wie es ist, jetzt in deinem Körper zu stecken, in diesem kleinen Körper – wie sich dieser Körper anfühlt, seine Stärke, seine Schwäche, wie sich sein Funktionieren anfühlt, und achte aufmerksam auf das gesamte Setting, auf die Personen, die beteiligt sind, die Beziehungen, achte aufmerksam auf das ganze Ereignis, das jetzt so lebendig vor deinem inneren Auge auftaucht. Du hast genügend Zeit, um durch dieses Erlebnis hindurchzugehen, und du gehst durch dieses Ereignis hindurch – *jetzt*.
Du bist dir jetzt wieder meiner Stimme bewußt und gehst noch weiter zurück, noch weiter zurück in der Zeit, du wirst noch jünger, und du trittst jetzt ein in deinen Körper als Kind. Du bekommst jetzt kindliche Gefühle, kindliche Ideen und Bilder, und du weißt, wie du dich anderen Personen gegenüber verhältst, wie du dich der Welt um dich herum zuwendest, und du gehst weiter und weiter zurück, zu dem ältesten, frühesten, außergewöhnlich glückhaften und lustvollen Ereignis, das du erreichen kannst. Du läßt dieses Ereignis in dir aufsteigen, du läßt es einfach geschehen, einfach in deinem Bewußtsein geschehen. Du berührst, riechst, hörst und schaust und schmeckst, und du wanderst herum, und du hast sehr viel Zeit, in der das alles für dich geschehen kann, und es geschieht auch – ausgiebig, in aller Fülle – *jetzt!*
Und nun versuchst du noch einmal, oder vielmehr, du merkst einfach, daß es passiert, daß du noch weiter zurückgehst, noch weiter zurück, zu einer sehr weit entfernten Zeit, und du findest dort das früheste dir mögliche Ereignis, zu dem du überhaupt Zugang bekommen kannst. Es ist ein infantiles Ereignis und du hast das Gefühl, als wärst du ein kleines Baby, falls du so weit zurückgehen kannst. In jedem Fall fühlst du dich sehr klein, sehr, sehr kindlich, und du weißt, daß da etwas ist, das dich ungeheuer glücklich macht, etwas, das dir sehr viel Lust bereitet, und du erlebst dieses wunderbare Gefühl jetzt für eine kleine Weile – lange genug, so daß du es wirklich so vollständig wie möglich durchleben kannst.

Gut, und jetzt geschieht dir, daß du in der Zeit wieder vorwärts schreitest. Während ich zu dir spreche, gehst du wieder vorwärts, und du kehrst zurück in das Alter, das du hattest, bevor du mit diesem Spiel begannst. Und das Alter, das du hattest, bevor ich gerade zu sprechen begann, bewegt sich jetzt mehr und mehr auf die Gegenwart zu. Während du älter wirst, bringst du all jene glückhaften und lustvollen Ereignisse aus der Vergangenheit mit. Du erinnerst sie in jeder Einzelheit, doch du erinnerst sie nicht als verbalisierte Erinnerungen, sondern du erinnerst sie mit deinem ganzen Körper, und du bringst das ganze Glück und die Freude mit. Du bringst sie mit zurück, während du jetzt wieder in die Gegenwart eintrittst.

Der Leiter wird den Spielern jetzt noch die Anleitung zum Aufwachen geben und anschließend mit ihnen über ihre Erlebnisse sprechen.

9

Der Reise-Leiter bittet die Spieler, Paare zu bilden, und jedes Paar sitzt einander gegenüber. Und der Leiter beginnt dann:

Dieses Spiel kann verschiedenartig benannt werden: es ist eine Übung der Rollenübernahme, eine Übung, in der du jemand anderes bist und in der du jemand anderen erlebst, der du bist – es ist eine Übung, um herauszufinden, wie das Bewußtsein sich im Verlauf dieser Annäherung an eine interpersonale Beziehung verändert.
Du mußt diese Worte jetzt nicht verstehen, aber sie werden dir einleuchten, wenn du die Übung ausführst. Du mußt für dieses Spiel noch nicht einmal wissen, wer du bist oder wer dein Partner ist, und in Wahrheit weißt du das ja auch gar nicht! Oder? Doch du schaust deinen Partner jetzt sehr genau an, jetzt, während du meinen Worten zuhörst. Ihr schaut euch beide an und schaut immer weiter einander an, doch zur gleichen Zeit entspannst du

deine Muskeln und atmest tief. Und du bist dir dessen bewußt, daß du dich entspannst und daß du tief und leicht atmest, und du fährst fort, das zu tun, so lange bis deine gesamte Realität nur noch aus deiner Entspannung und deinem Atem besteht und du fühlen kannst, wie sich dein Bewußtsein verändert, wie sich dein Bewußtsein vertieft, während du weiterhin ganz nah und ohne abzuschweifen deinen Partner anschaust und zuhörst, was zu dir gesagt wird – und das alles ist jetzt deine gesamte Realität, während du tiefer und tiefer gehst und immer noch weiter, tiefer und tiefer, gehst. Und jetzt, während du weiter in das Gesicht vor dir schaust, wirst du bald Veränderungen in diesem Gesicht bemerken, zuerst vielleicht ganz feine, unscheinbare Veränderungen, doch bald schon drastische Veränderungen, so daß du schnell herausfinden kannst, daß das Gesicht, in das du jetzt blickst, nicht mehr dasselbe ist wie das, in das du einen Moment zuvor geschaut hast. Und jetzt schau dir das Gesicht eine Weile an und beobachte das Erscheinen dieser Veränderungen.

Es kann sein, daß du viele Veränderungen siehst oder nur wenige, und während du diese Verwandlungen beobachtest, wirst auch du von deinem Partner angeschaut, und auch du durchläufst Metamorphosen, Verwandlungen für deinen Partner, und auch du weißt nicht, wie du aussiehst, du weißt nicht, wie viele Gesichter, wie viele verschiedenartige Identitäten du für deinen Partner angenommen hast, während er dich anblickt. Doch du weißt jetzt, daß jede Person viele Möglichkeiten in sich hat, viele Erscheinungsformen, viele Identitäten, die nur darauf warten, erscheinen zu dürfen; und du weißt auch, daß du die Möglichkeit hast, eine Leinwand zu sein, eine Leinwand für die Erscheinungen, Möglichkeiten und Identitäten, die jemand anders darauf projizieren kann. Dein Gesicht, das du gewöhnlich aufsetzst, und die Art und Weise, wie du normalerweise gesehen wirst, hat nichts Notwendiges oder Zwingendes, denn zu anderer Zeit oder in anderen Räumen erscheinst du sehr verschiedenartig, oder du wirst von anderen Personen ganz andersartig gesehen. Das gilt sogar dann noch, wenn du selbst an deiner Erscheinung keine Unterschiede feststellen kannst, verglichen

mit dem, was du für deine alltägliche Erscheinung in der gegenwärtigen Zeit und in dem gegenwärtigen Raum hältst.
Du gehst jetzt noch tiefer, und du kannst fühlen, wie du tiefer gehst, und du hörst meinen Worten zu und beginnst dir vorzustellen, wie es sein würde, wenn du jetzt die Person wärest, die da vor dir sitzt. Du gehst tiefer und du fragst dich, wie es sein würde, in dem Körper zu stecken, der da vor dir sitzt und dich anschaut. Und du wirst jetzt anfangen, dich in diese leibseelisch-geistige Gesamtheit, die da vor dir sitzt, hineinzudenken und hineinzufühlen. Und du fühlst, wie du hinüberschlüpfst, wie die Identität zwischen den Körpern wechselt. Du gehst noch tiefer in diesen Körper hinein, so daß dieser Körper jetzt *du* bist. Und jetzt fühlst du, daß du wirklich sogar in deinen Gedanken und in deinen Gefühlen von diesem Körper geformt bist, so daß dein neuer Körper dir zunehmend mehr die Identität jener Person verleiht, die noch vor einer Weile ein anderer war. Und du berührst, worauf du jetzt sitzt, du weißt jetzt, wie *dieser* Körper die Dinge berührt, und du läßt deine Finger diese Dinge spüren, deine Handfläche spürt diese Dinge, und du bemerkst diese neuen Sinneswahrnehmungen genau und speicherst deine Wahrnehmungen. Und du fährst weiter fort, mit *diesem* Körper wahrzunehmen, du siehst die Welt durch *diese* Augen, und du schaust dir die Person an, die dir gegenübersitzt und die du selbst einmal *warst,* und aus *dieser* neuen Perspektive siehst du jetzt eine Person, die normalerweise du selbst bist. Und jetzt stehst du auf, du stehst wirklich auf und gehst ein wenig im Raum herum und erlebst das Bewußtsein, das jetzt mit den Bewegungen *dieses* Körpers, in dem jetzt du bist, mitgeht, und du schaust dir auch die Bewegungen *jenes* anderen Körpers an, der mit dir zusammen dieses Spiel spielt.
Zusammen mit deinem Partner erkundest du jetzt die neuen Wahrnehmungsmöglichkeiten; zum Beispiel könnt ihr zusammen Wasser trinken oder irgend einen Gegenstand zwischen euch beiden hin- und herreichen. Oder ihr geht etwas herum, Hand in Hand, und ihr achtet darauf, wie die Hand sich

anfühlt, die einst deine Hand war, wenn du sie berührst mit der Hand jenes Körpers, in dem du jetzt bist.
Und jetzt, wo du ganz diese Aufmerksam bist, ganz diese Person, wie erlebst du die Welt um dich herum? Bist du weniger glücklich, oder bist du klüger, oder bist du jetzt weniger klug, oder bist du mehr oder weniger ängstlich, als du das vorher warst, oder bist du jetzt ärgerlicher oder liebevoller? Fühlst du dich jetzt mehr oder weniger lebendig, fühlst du jetzt alles sehr scharf abgegrenzt, oder voller? Du weißt es jetzt als diese Person in diesem Körper, zu dem du geworden bist und der du jetzt bist.
Kehre dann ganz langsam wieder in jenen Körper zurück, der normalerweise deiner ist. Dein Bewußtsein dringt wieder ein in jenen Körper, und diese Übertragung geht ganz leicht und schnell und komplett vonstatten, so daß du jetzt wieder die Person und die Körperlichkeit bist, die du warst, bevor du dieses Spiel gespielt hast. Doch du behältst all das Wertvolle bei dir, das du dabei gelernt hast.
Du bist jetzt wieder vollständig du selbst, obwohl du wahrscheinlich fühlen wirst, daß du dich noch in einem veränderten Bewußtseinszustand befindest, in einem Trance-Zustand. Und in diesem Zustand beginne jetzt, mit deinem Partner die Erfahrungen auszutauschen, die du während des Spiels hattest. Versuche herauszufinden, wie gültig, wie stichhaltig die gemachten Erfahrungen gewesen sind, wie vollständig eure Identifikation gewesen ist und ob ihr glaubt, daß diese Erfahrungen ein wertvoller Weg sein könnte, etwas über eine andere Person zu erfahren, ob sie vielleicht das wechselseitige Verstehen erleichtert oder ob sie anderweitig die zwischenmenschliche Harmonie und Kommunikation stärkt.

Später wollen die Spieler möglicherweise in der Gruppe diese Erfahrungen besprechen, und vielleicht haben die Spieler Lust, damit zu experimentieren, wenn nicht nur einer, sondern mehrere Spieler die Identität einer Person annehmen und anschließend die Erfahrungen verglichen werden im Hinblick darauf, wie ähnlich die Gedanken und Wahrnehmungen sein können, während man mit einer Person identifiziert ist.

Am Ende der Reise gibt der Leiter wie immer die Suggestion, daß jetzt ein sehr lebendiger, energiereicher und erfrischter Wachzustand eintritt.

Ein Spiel, wie das gerade beschriebene – mit den Beobachtungen veränderter Wahrnehmungen der Partner – kann auch zu zweit oder in Gruppen von Paaren als ein »Reinkarnations-Spiel« gespielt werden. Allerdings sollte man sich dabei bewußt sein, daß die Phänomene, die dabei auftauchen, nicht notwendigerweise die Reinkarnations-Hypothese beweisen. Für die Dauer des Spiels sollten die Spieler diesen Glauben jedoch in dem Maß akzeptieren, daß die beobachteten Gesichter dem Beobachter etwas über frühere Leben und frühere Erscheinungen des Partners offenbaren. Der Beobachter sollte sich die »geschauten« Gesichter merken – er sollte sich Nationalität, Geschlecht und andere Fakten genau einprägen –, und später wird er dem Spieler beschreiben, was er gesehen hat, und er sagt dann: »Versuche einmal, dieses Leben für mich zurückzuholen!«

Und der andere Spieler wird dann abwarten, was ihm dazu einfällt, und so wird er die Frage dann beantworten – ohne irgend eine bewußte Anstrengung und ohne eine Antwort zu erfinden oder anderweitig herbeizuzwingen.

10

Die Gruppe wird angeleitet zu gemeinsamem Atmen und dann zu einem gemeinsamen Singen von »OM«.

Der Führer hat vorher ein großes Stück Leinwand ausgebreitet oder ein großes Stück Pappe, auf dem man malen kann, sowie einige andere Utensilien, die von der Gruppe für eine gemeinsame schöpferische Arbeit verwendet werden können, um ein Kunstwerk zu schaffen.

Er gibt dann folgende Erklärung:

Das Kunstwerk, das wir während dieser Sitzung hervorbringen wollen, ist ein erster symbolischer Ausdruck des kollektiven Bewußtseins aller Spieler.
Wir werden später noch weitere Kunstwerke schaffen, und diese Schöpfungen werden einen wertvollen Maßstab für uns darstellen, um zu sehen, wie sehr sich das Gruppenbewußtsein verändert hat.
Und wenn wir das gemeinsame Werk beendet haben, dann kann jeder Spieler noch ein wenig weiter daran arbeiten, so daß das Kunstwerk später ein wichtiges Meditationsobjekt für die Gruppe sein kann. Betrachten wir dann dieses Kunstwerk, das wir gemeinsam geschaffen haben, so wird unser individuelles Ego durchlässig. Der individuelle Geist hört dann auf, getrennt zu sein. Die Inseln unserer isolierten Individualitäten fangen dann an, sich aufeinander zuzubewegen und sich zu überlappen, sobald wir fortfahren, auf diese Weise ein einziges kollektives Massenbewußtsein zu erzeugen: ein einziger Geist, durch den die Gruppe zu leben beginnt als eine Einheit jenseits der individuellen Existenz eines jeden einzelnen Spielers.
Nach der Fertigstellung dieses ersten Gruppenbildes werden die Spieler darüber reden, und sie sollten in etwa darüber Übereinstimmung erzielen, was ausgedrückt worden ist. Doch diese Phantasie-Reise endet hier noch nicht!
Während der Pause zwischen dieser und der nächsten Sitzung wird es ein Zusammenfließen der Bewußtseinsströme aller Spieler geben: insbesondere geschieht dies während eures Schlafes und eures Traumlebens. Und während dieser Vereinigung eurer inneren Ströme im veränderten Bewußtseinszustand – im Traumschlaf, aber auch im Schlaf ohne Traum – werdet ihr mit der Arbeit beginnen, jenes kollektive Bewußtsein zu fördern und zu stärken, das wir heute in einem ersten Schritt »verkörpern« und materialisieren werden durch jenes Kunstwerk, mit dessen Schöpfung wir jetzt beginnen.
Wir werden mit dem Werk jetzt beginnen und während wir das tun, während wir daran arbeiten, wirst du erleben, daß du in einen veränderten Bewußtseinszustand gehst, und du erlebst auch die

Vertiefung dieses Zustandes. Und dieses Versinken beginnt schon zu wirken, während ich jetzt gleich einen nach dem anderen von euch berühren werde. Und das zeigt euch auch die Reihenfolge an, in der ihr zur Leinwand geht, um unser Kunstwerk zu schaffen.
Wende dich jetzt der Leinwand zu und beginne, das Werk zu schaffen; und es mag zuerst so aussehen, als maltest du etwas, das sehr privat ist für dich; das ein ganz individueller Ausdruck deines eigenen Bewußtseinszustandes ist, oder derjenige der Gruppe, so wie du sie siehst. Doch nach und nach, während du immer wieder zur Leinwand zurückkehrst, gewinnst du ein Gefühl dafür, was die Gruppe tatsächlich mit diesem Kunstwerk auszudrücken vermag. Und mit einem erweiterten Verständnis und in der Einheit der Absichten wird dieses Kunstwerk schließlich zu einem Abschluß gebracht. Und es wird ein Werk sein, das ein Ausdruck ist eines jeden von uns – es ist ein Ausdruck der einen Absicht, die wir alle sind.

11

Der Reise-Leiter beginnt die Sitzung, indem er sich bei den Teilnehmern nach ihren Träumen erkundigt, die sie nach der letzten Sitzung gehabt haben und die mit der Bildung des Gruppenbewußtseins in Verbindung stehen.
Anschließend kündigt er den Spielern an, daß die heutige Sitzung den Zweck hat, eine Art Entität zu erzeugen, die ein Ausdruck des kollektiven Bewußtseins aller Spieler ist, die »Gruppen-Geist« genannt wird.
Diese Entität mag in einem gewissen Sinne unabhängig von den individuellen Spielern existieren, obwohl sie von den Spielern erzeugt und aufrechterhalten wird.
Wenn der Gruppen-Geist dann lebendig geworden ist, so werden die Spieler verstehen, daß sie ein größeres und wesentlich komplexeres Bewußtsein hergestellt haben, als es ihnen möglich wäre, wenn sie lediglich das Wissen und die Talente der einzelnen Spieler in einen großen Topf geworfen hätten.

Der Gruppen-Geist wird mehr sein als nur eine Summe, und er wird bis zu einem gewissen Grad autonom sein. Doch zur gleichen Zeit muß man verstehen, daß dieser Gruppen-Geist nur eine symbolische Form, ein reines geistiges Konstrukt ist, dessen einziger Zweck es ist, den Bedürfnissen der Spieler zu dienen.
Als erstes weist der Leiter die Gruppe an, eine lange rhythmische Atemübung durchzuführen, und er weist sie auch darauf hin, daß sie sorgfältig auf das Atmen aller anderen anwesenden Spieler achten sollen, daß sie sich einstimmen sollen aufeinander, so lange, bis alle Spieler zusammen rhythmisch ein- und ausatmen als eine Einheit und ein Atem.
Daran anschließend weist der Reise-Leiter die Gruppe dann an, für einige Minuten den Laut OM anzustimmen. Jetzt fordert der Leiter die Spieler auf, ihr Bewußtsein sehr genau und intensiv auf die wachsende Einheit, das Einssein zu richten, das die Gruppe zusammenwachsen läßt, und wie aus diesem Gefühl der Gruppen-Geist langsam Nahrung bekommt. Daß die Spieler jetzt in der Lage sind, sich zu einem kollektiven Bewußtsein zu vereinen, daß die Spieler jetzt in der Lage sind, eine Einheit herzustellen – einen Gruppen-Geist – aus dem kollektiven Strom ihres Bewußtseins, all das sollte sich jeder Gruppenteilnehmer bewußt machen, denn das ist außerordentlich wichtig. Was hier getan wird, mag den einen oder anderen Spieler ausgesprochen fremd und seltsam anmuten (insbesondere jene, die mit Praktiken ähnlicher Art aus dem fernen Osten nicht vertraut sind), doch jeder Spieler wird allmählich verstehen, was hier getan wird und wie wichtig und wertvoll es ist, und diese Einsicht wird kommen, sobald das Spiel weiter fortgeschritten ist.
Und jetzt wird jeder Spieler sich entspannen. Entspanne dich, so sehr es dir nur möglich ist, und fahre fort, dich zu entspannen. Du läßt los und entspannst dich total. Doch gleichzeitig hörst du mit einer totalen Aufmerksamkeit auf das, was gesagt wird, und wenn es dir gesagt wird, wirst du die Worte des Leiters still in dir widerhallen lassen, du wiederholst die Worte still in deinem Innern – wenn sie gesagt werden – und du reagierst sehr stark auf jene Worte und auf ihre Wiederholung.

Der Leiter spricht:

> Wiederholt jetzt, wie ich es euch vorspreche,
> Wir werden jetzt eins,
> werden jetzt eins.
> Ein Geist, ein Geist, ein Geist.
> Ein Geist, ein Geist, ein Geist.
> Eine Trance, eine Trance, eine Trance.
> Eine Trance, eine Trance, eine Trance.
> Eine immer tiefer werdende Trance.
> Eine immer tiefer werdende Trance.
> Wir werden eins.
> Wir werden eins.
> Ein Geist.
> Ein Geist.
> Eine Trance.
> Eine Trance.
> Eine immer tiefer werdende Trance.

Und jetzt, während die Trance sich immer weiter vertieft, werden wir alle ohne Vorbehalt für die Dauer dieses Spiels fest daran glauben, daß wir durch unser Zusammenfließen wirklich diese Einheit, diesen Gruppen-Geist herstellen können. Wir können mit ihm Kontakt aufnehmen, wir können ihm Fragen stellen. Und dieser Gruppen-Geist, den wir geschaffen haben, wird Zugang zu Informationen haben und zu Wahrnehmungen, die uns durch andere Hilfsmittel nicht zugänglich sind.

Der Leiter wird dann aus der Gruppe einen Spieler auswählen, der als Orakel dient, der als erster mit dem Gruppen-Geist in Verbindung tritt.
Es sollte dies eine Person sein, falls es eine solche gibt, die schon vorher ihre Fähigkeit demonstriert hat, sehr tiefe Trance-Zustände und Zustände veränderten Bewußtseins zu erreichen, und die auch in der Lage ist, sich zu bewegen und in anderer Weise sich auszudrücken, während sie in tiefer Trance verbleibt. Diese Person wird jetzt den Gruppen-Geist im Auftrag der Gruppe befragen, sie wird Antworten erhalten und manchmal Antworten interpretieren, und sie hat die wichtige Aufgabe, von

dem Gruppen-Geist Antworten und Anweisungen zu erhalten, wie die einzelnen Spieler am besten weiter verfahren sollen, was am sinnvollsten für sie ist, was für ihre Kreativität am besten ist, was ihre Fähigkeiten am meisten fördert, was den Spielern hilft, individuell und kollektiv ihr Potential im höchsten Maß zu verwirklichen.

Mit Hilfe dieser Entität, dem Gruppen-Geist, und mit Hilfe der Person, die als Orakel fungiert, können die großen Reichtümer des kollektiven Unbewußten gewaltig angezapft und ins Bewußtsein gebracht werden. Kenntnisse und Lösungen können hier erlangt werden, die mit anderen Mitteln nicht zu erreichen sind.

Die Spieler werden später bei anderen Gelegenheiten diesen Gruppen-Geist herbeirufen, und er wird zunehmend stärker werden, je mehr die Spieler lernen, ihm wirkungsvoll Leben und Kraft zu geben.

Jetzt aber sollte jeder Spieler erleben, wie ein Hineinfließen in das Becken des Bewußtseins stattfindet, unabhängig von jeder Person, und merken, daß sich in diesem Becken die Wesenheit regt und heraufsteigt, die Gruppen-Geist genannt wird. Wenn diese Entität genügend stark ist, kann die Befragung beginnen. Sollte das nicht der Fall sein, dann könnte entschieden werden, erst bei der nächsten Gelegenheit in einen Dialog mit dieser Wesenheit zu treten.

In jedem der beiden Fälle wird der Leiter die Spieler nach einer angemessenen Zeit anweisen, sich langsam herauszulösen aus diesem Bewußtseinsstrom, wieder herauszufließen aus diesem Becken und wieder seine oder ihre Identität anzunehmen; das Ich wieder vollständig herzustellen und wieder eine Individualität zu werden.

Doch jetzt sind die Spieler besser in der Lage – und zwar mit jeder Übung mehr –, das Ich für eine Weile loszulassen, sie sind leichter in der Lage, eine Einheit hervorzubringen und aus dieser Einheit heraus den Gruppen-Geist mit Energie aufzuladen.

Der Leiter weist jetzt die Gruppe darauf hin, daß die Sitzung bald beendet sein wird und daß es jetzt einen sehr lustvollen und bequemen Wiedereintritt geben wird, eine Rückkehr ohne Eile in

einen munteren, erfrischten Wachzustand. Es wird jetzt von hundert bis eins gezählt, und mit jeder Zahl wird der Spieler mehr die Energien spüren, die in seinen Körper hineinfließen. Er fühlt sich immer gesünder, immer kraftvoller, in jeder Hinsicht lebendiger und munterer, während er jetzt mit dem Zählen der Wachheit entgegengeht.
Und wenn er bei der Zahl eins angelangt ist, dann ist der Normalzustand wiederhergestellt. Doch jeder Spieler ist jetzt wacher und energiereicher als zu dem Zeitpunkt, als das Spiel begann.

12

Nachdem der ASC-Zustand eingeleitet und vertieft worden ist, wird der Leiter den Spielern ankündigen, daß sie jetzt einige sehr wichtige Raum-Zeit-Orientierungen untersuchen und dabei herausfinden werden, wie diese Orientierungen die anderen Sinneseindrücke, ebenso wie die Stimmungen und Denkprozesse, zu beeinflussen vermögen.
Der Reise-Leiter wird die Spieler darauf hinweisen, daß sie gleich die Schläge eines Metronomes hören werden, und dieses Metronom wird *immer* in einer Abfolge von 60 Schlägen in der Minute ticken. Und jeder Spieler sollte genau wissen und es auch so erleben, daß dieses Metronom exakt in einem Rhythmus von genau 60 Schlägen in der Minute tickt, und es gibt auch unter keinen Umständen eine Abweichung von dieser Schlagfolge. Sollte der Spieler doch meinen, daß es irgendeine Veränderung in der Schlagabfolge gibt, so ist diese Annahme ein Irrtum.
Der Leiter wird dann das Metronom in Gang setzen, und es schlägt 60mal in der Minute, und dann – nach einiger Zeit – wird er langsam das Metronom beschleunigen. Zuerst wird die Steigerung sehr gering sein, und wieder wird er die Spieler darauf hinweisen, daß sie ein Metronom erleben, daß exakt einmal in der Sekunde schlägt, sechzig Schläge in der Minute. Doch dann wird er die Schlaggeschwindigkeit erhöhen auf siebzig, auf

achtzig und schließlich auf neunzig Schläge pro Minute. Anschließend wird er langsam die Schlaggeschwindigkeit reduzieren, herunter auf fünfzig, vierzig, dreißig und schließlich auf zwanzig Schläge pro Minute. Ab und zu gibt er den Spielern wieder die Versicherung, daß die Schlagrate des Metronoms genau und unverändert bei sechzig Schlägen in der Minute bleibt. Der Leiter schlägt bei diesem Spiel eine sehr gemächliche Gangart an, und er beobachtet dabei die Spieler sehr aufmerksam. Es mag hinterher wertvoll sein, einige Spieler, bei denen der Spielleiter starke Reaktionen beobachten konnte, genauer zu befragen. Sodann bittet der Reise-Leiter die Spieler, so zu bleiben, wie sie gerade sind, doch jetzt gibt es zwei Veränderungen dieser Situation, aber nur diese zwei: Jeder Spieler soll jetzt seine Augen öffnen, und jeder Spieler soll dem Metronom zuhören, dem Metronom, das genau sechzig Schläge in der Minute schlägt, und jeder Spieler sollte wissen, daß er jetzt wieder ganz genau in der Zeit orientiert ist.

Und an dieser Stelle werden die Spieler gebeten, alles Ungewöhnliche, das während des gerade beendeten Spiels erlebt wurde, zu beschreiben, und es soll eine Diskussion über jedes Phänomen geben, das für die Spieler von Interesse ist.

Typische Berichte dieser Art beinhalten die Information, daß in dem Moment, in dem das Metronom langsam beschleunigt wird, die Spieler sich vielfach euphorisch, aktiv oder erregt fühlen, und sobald die Geschwindigkeit beachtlich erhöht wird, die Spieler sich manisch, überstimuliert und möglicherweise auch etwas ängstlich fühlen.

Während die Schlaggeschwindigkeit des Metronoms verlangsamt wird, fühlen sich die Spieler träge, entspannt, möglicherweise ein wenig benommen oder schläfrig, und bei einem weiteren Absinken des Rhythmus fühlen sie sich lethargisch, es gibt ein Absinken der Energie, Müdigkeit, sie sind ein wenig depressiv und ängstlich.

Noch größere Abweichungen in beiden Richtungen werden noch drastischere und unangenehmere Veränderungen in der Stimmung und im Denken bewirken, möglicherweise auch in ver-

schiedenen Sinneswahrnehmungen. Und es stellt sich heraus, daß bei einem raschen Schlagen des Metronoms die Spieler eine Verlangsamung mit großer Freude genießen, ebenso wie eine Beschleunigung bei sehr langsamen Schlägen.
Noch einmal wird der Reise-Leiter demonstrieren, daß die Spieler auf eine Veränderung der Schlaggeschwindigkeit des Metronoms reagieren können, und die Spieler werden anschließend ermuntert, über die Bedeutung dessen, was sie erlebt haben, nachzudenken. Sie sollten wissen, daß diese Reaktionen noch stärker werden, sobald die Trance-Stadien tiefer sind, und sie sollten auch darüber nachdenken, was das bedeuten mag.

Dann setzt der Leiter die Sitzung fort:
Und jetzt schließe deine Augen wieder, und du gehst tiefer, und du richtest deine Aufmerksamkeit nur auf das, was gesagt wird, und wenn du deine Augen wieder öffnest – ich werde dir sagen, wann – dann werden dir die Farben sehr viel lebhafter erscheinen, du wirst die Töne sehr viel genauer unterscheiden können, und es wird ein bemerkenswertes Ansteigen deiner Tiefenwahrnehmung geben.

Die Spieler werden angeleitet, tiefer zu gehen, noch tiefer, und dann, ohne etwas anderes zu verändern, die Augen geöffnet zu lassen.

Möglicherweise wird dieser Teil nicht nur erlebt als die Wahrnehmung einer sehr reichhaltigen, wunderschönen Welt ringsherum, sondern auch als ein sehr positives Gefühl und in vereinzelten Fällen sogar als ein Erlebnis, das einer religiösen Erfahrung sehr ähnlich ist.
Nachdem die Spieler diese Wahrnehmungen eine Weile genießen konnten, bittet der Leiter sie, ihre Augen wieder zu schließen und die Sinneswahrnehmungen wieder zu normalisieren, und dann sagt er:

Ich werde jetzt von zwanzig bis eins zählen, und während ich das tue, wirst du fühlen, wie die Energien durch deinen Körper gehen, und du wirst dich sehr lebendig fühlen, und wenn ich die Zahl eins erreicht habe, dann wirst du hellwach sein, und du wirst dann wieder sehr lebendig und sehr vital herumgehen können, sehr erfrischt, du fühlst dich richtig wohl, und ich beginne mit dem Zählen *jetzt*.

13

Nach der Trance-Einleitung und -Vertiefung wird der Reise-Leiter deutlich machen, daß Phantasie-Reisen dazu verwendet werden können, die Wahrnehmungsöffnungen und -tore zu reinigen. Phantasie-Reisen sind in der Lage, die Erlebnisfähigkeit bis hin zur vollständigen Entfaltung der verschiedenen Sinne wieder herzustellen. Die Sinneswahrnehmungen der meisten Menschen sind abgestumpft oder abgeschwächt, und einer der Gründe dafür ist der, daß sie – durch Vertrautheit oder Gewöhnung – aufgehört haben, richtig in die sie umgebende Welt hineinzuschauen, sie zu berühren oder einfach hereinzulassen – sie tun dies nur in einer sehr armseligen Art und Weise.
Der Leiter sagt dann zu den Spielern:

Doch jetzt stellst du dir vor, und du glaubst es auch ohne Vorbehalte, daß jedes Erlebnis, das du hier und jetzt haben wirst, ein ganz neuartiges Erlebnis für dich ist, etwas gänzlich Neues für dich, etwas, das du niemals zuvor gekannt oder getan hast.

Der Leiter hält dann jedem Spieler nacheinander einen Behälter mit Wasser hin. Und die Spieler, welche die Augen geschlossen halten, stecken ihre Finger in das Wasser, und der Leiter sagt:

Ich bringe dich jetzt in Berührung mit etwas, was vollständig unbekannt ist für dich, etwas, das du jetzt zum ersten Mal berührst und kennenlernst.

Und der Leiter wird diesen Satz wiederholen, er gibt jedem Anwesenden ein Stückchen Obst, einen Schwamm, einen Stein, etwas Baumrinde – oder was auch immer der Leiter für dieses Spiel mitgebracht haben mag. Dann erhält jeder Spieler etwas Brot zu essen, und dazu wird folgendes gesagt:

Koste jetzt etwas, was du noch nie zuvor gekostet hast, schmecke es sehr langsam, so daß du wirklich damit vertraut wirst, vertraut mit allem, was es da zu schmecken und zu wissen gibt, und auch vertraut wirst mit dir selbst in Beziehung zu dem, was du da kaust. Sehr gut. Und jetzt entspanne dich vollständig, mache es dir bequem und entspanne dich, und bald merkst du, daß du tiefer gehst und tiefer. Immer tiefer und tiefer, in einen Zustand des veränderten Bewußtseins, und du fährst fort, tiefer zu gehen, während du jetzt ganz langsam deine Augen öffnest, herunterblickst und dir deine Hände anschaust.

Schau dir diese Hand an, als ob sie ein Gegenstand wäre, der da liegt, und es ist noch nicht einmal deine Hand, es ist *irgendeine* Hand.

Es ist nicht mehr und nicht weniger als nur eine Hand, ein Ding, und es könnte ebenso ein Stückchen Holz oder ein Stein sein, nur ein merkwürdig aussehender Gegenstand, der deines Wissens gar nichts fühlt.

Und jetzt berühre ihn, streichle ihn, laß deine Finger über ihn hinweggleiten, erforsche seine Hohlräume, erspüre seine Oberfläche und erfahren diesen merkwürdigen Gegenstand, der vor dir liegt, mit der taktilen Erkenntnis, die deine andere, sensible Hand dir gewährt.

Und jetzt wirf einen sehr genauen Blick auf diese leblose, abgesonderte Hand, die da vor dir liegt, und während du auf sie schaust, wirst du eine Art Verbindung zu dieser Hand hin spüren, zuerst sehr schwach, doch dann stärker, denn du fühlst jetzt, daß das Leben in sie hineinzufließen beginnt, du fühlst Lebendigkeit, spürst ein zurückkehrendes Gefühl, daß diese Hand ein Teil deines Körpers ist, daß sie mit dir verbunden ist, daß sie da ist,

und jetzt bewegst du die Finger ein wenig, und du fängst an, mit ihnen etwas zu berühren.
Berühre dein Bein, berühre, was immer in deiner Nähe ist, und spüre dabei, wie deine Hand jetzt immer sensibler wird, wie sie immer sensitiver wird, wie sie besser und immer besser in der Lage ist, zu berühren und zu erkennen.
Diese Hand wird jetzt noch sensibler, noch viel sensitiver und die Sinneseindrücke, die von dieser Hand und durch diese Hand erlebt werden, sind außergewöhnlich eindringlich – äußerst verfeinert. Und jetzt berühre mit ihr deine andere Hand, und wieder bemerkst du, daß deine Hand jetzt wesentlich sensibler ist, besser in der Lage, zu erfahren und zu erleben, als deine andere normale Hand, als jene Hand, die vorher die entsensibilisierte Hand berührte, als sie noch ein abgetrenntes, lebloses, sehr unbewußtes Ding war.
Schau dir noch einmal diese Hand an, diese sensibilisierte Hand, und spüre, wie dein Bewußtsein in sie hineinfließt. Und du gibst mehr und mehr von deinem Bewußtsein und von deiner Mentalität in sie hinein, so daß es dir erscheinen mag, daß diese Hand so viel Bewußtsein hat, als könne sie schon fast sehen und hören und meiner Stimme lauschen. Und jetzt *wird* diese Hand meine Stimme spüren, so, als ob sie Organe für das Hören hätte, und du fühlst jetzt, wie du mit dieser Hand hören kannst.
Und jetzt wirst du merken, daß diese Hand sehr sinnlich, voller Erregungen ist, so daß – was immer du auch berührst – du ein außergewöhnlich lustvolles Gefühl verspürst, eine wollüstige Art der Erregung, sehr ähnlich einem erotischen Gefühl, sehr intensiv. Und Oberflächen sind da, möchten gestreichelt werden von dieser Hand, möchten liebkost werden, und du merkst jetzt, daß du derartig lustvolle Erfahrungen mit dieser Hand machen kannst, mit diesen Fingern, wie du sie auch nicht im entferntesten vorher gekannt hast. Du wußtest nicht, wie sensibel deine Finger und deine Hand sein konnten, wie sehr sie berühren können, wieviel Kenntnisse und wieviel Lust sie vermitteln können, wenn du es nur geschehen lassen kannst – und wenn du weißt, wie du es geschehen lassen kannst.

Schau dich jetzt um, ob du jemanden sehen kannst, mit dem du deine Berührungen, dein Berühren, teilen kannst, und der seine Berührungen auch gerne mit dir teilt.
Und wenn du einen Partner gefunden hast, dann legt die Handfläche eurer beiden Hände zusammen, jene köstlich sensibilisierten Hände, und laßt diese beiden Hände einander kennenlernen. Schaut euch an, wie vieles von dieser anderen Person durch die Hände zu euch hindurch gelangt, durch jene Hände, in denen jetzt Bewußtsein aufbewahrt und intensiviert ist.
Berührt eure Fingerspitzen jetzt eine Weile, und dann bringt die Finger zusammen, so daß ihr die Hände – aber nicht so fest – schließen könnt. Spürt, wie das Bewußtsein und die Energien von einer Hand zur anderen sich bewegt. Wie es durch die Hände hindurch zirkuliert. Und dann entfernt langsam, ganz langsam, eure Hände von einander und trennt sie.
Der ganze Körper lernt dabei, die Spieler lernen, welche Möglichkeiten für Sensibilitäten der Hände (oder für andere Körperteile) es gibt, wenn man einmal die alten Angewohnheiten durchbrochen hat, wenn wir einmal die alten Konzepte verlassen, wenn wir nur einmal anfangen, in neuen Weisen zu denken und uns zu verhalten. Diese neuen Wege erlauben uns, die Türen unserer Wahrnehmung zu säubern und damit etwas von unserer vollständigen Sinnesschärfe wiederzuerlangen. Wir holen uns damit Möglichkeiten zurück, die unser Körper noch besitzt, und die er erleben kann, sobald wir einmal zu seiner Freiheit durchbrechen und ohne Behinderung die reichhaltige Welt der Sinnesreize um uns herum zur Kenntnis nehmen.

Der Leiter gibt den Spielern jetzt die Anleitung, daß alle Körperteile jetzt wieder erlebt werden wie vor dem Spiel. Doch er sagt dazu, daß die Spieler daraus gelernt haben und sich daran auch weiterhin erinnern werden. Und mit etwas Übung sind sie in der Lage, dieses Wahrnehmungsschärfe, die sie in dem Spiel erlebt haben, zurückzuholen.
Er wird die Spieler dann durch Zählen in einen sehr lebendigen Wachzustand zurückrufen.

14

Dies ist ein Spiel, das der einzelne am besten allein spielt – vielleicht in den Pausen zwischen den Sitzungen der Gruppe. Der Leiter wird es, vielleicht am Ende der dreizehnten Sitzung, beschreiben und erläutern. Er wird die Spieler darauf hinweisen, daß der prinzipielle Vorteil dieses Spiels darin liegt, daß man es einfach spielt und sich dabei damit vertraut macht, ungewöhnliche Erfahrungen auch allein zu erleben, und nicht darin, daß man nur in Erwiderung auf spezifische Fragen, die einem während der Meditation gestellt werden, etwas lernt.

Die Spielerin oder der Spieler setzt sich – nackt oder angezogen – vor einen großen Spiegel. Sie (oder er) verwendet eine Kerze oder die flackernde Lichtquelle eines Feuers dazu, einen veränderten Bewußtseinszustand herzustellen, oder zumindest als Hilfe bei der Herstellung.

Und so sitzt sie und schaut auf ihr eigenes Bild in dem Spiegel und atmet dabei eine Weile rhythmisch, sie entspannt sich dabei vollständig, und sie weiß von vornherein, daß ein Trance-Zustand über sie kommen wird. Sie konzentriert sich auf das Bild als ein Objekt für ihre Meditation, sie sieht es nicht, als wäre es ihr Körper, sondern so, als wäre es ein Gegenstand, über den sie meditiert und mit dessen Hilfe sie einen Trance-Zustand herbeiführt.

Die Spielerin (oder der Spieler) konzentriert sich sehr auf dieses Bild, und sie erwartet, während sie einfach schaut, daß eine farbige Aura an den Außenkanten des Bildes erscheint, und sie schaut auf das Bild so lange, bis tatsächlich Farben um die Außenflächen dieses reflektierten Bildes ihres Körpers herum fließen. Und dabei kann sie auch sehen, um welche Farben es sich handelt.

Als nächstes schaut sie aufmerksam auf dieses Bild, und sie gibt sich selbst die Anleitung: Geh tiefer jetzt, tiefer und immer tiefer, und dann – schließlich – wird sie sich laut folgende Frage fragen: »Wer bin ich gewesen?« Und dabei atmet sie tief und rhythmisch und wiederholt still immer wieder diese Frage: »Wer bin ich

gewesen?« Und während sie weiterhin über das sich spiegelnde Bild meditiert, bemerkt sie Veränderungen im Gesicht und am gesamten Körper.
Es mögen Veränderungen im Alter, in der Rasse, im Geschlecht auftauchen, Veränderungen in der Haarfarbe, in der Größe oder im Gewicht der Person. Alle Arten der Veränderungen sind möglich, während sie immer und immer wieder die Frage wiederholt: »Wer bin ich gewesen?« »Wer bin ich gewesen?«
Sollte sie dabei einige außergewöhnliche Veränderungen bemerken, oder fesseln gar einige Veränderungen ihre Aufmerksamkeit, so sollte sie sich bemühen, dieses veränderte Bild aufrecht zu erhalten, und es anreden. Sie sollte so viele Fragen wie möglich an dieses Bild richten, Fragen nach dem Leben, die diese besondere Erscheinung gehabt haben mag.
Nachdem diese Meditation mit der Frage »Wer bin ich gewesen?« lange genug durchgeführt worden ist, sollte sie jetzt aufhören, Fragen zu stellen, doch sie sollte weiterhin auf das reflektierte Bild schauen mit der Absicht, so lange hinzusehen, bis sie sicher ist, daß es sich nicht mehr um ihr eigenes Bild handelt. Das Ziel dieser Meditation sollte sein, die Verbindung zwischen der Person und dem reflektierten Bild so sehr aufzulösen, daß jeder Eindruck einer Identität mit diesem Bild sich verliert.
Nachdem diese Übung zu Ende geführt worden ist, heftet die Spielerin (oder der Spieler) den Blick wieder auf ihr Bild, und sie gibt sich selbst die Anweisung, tiefer zu gehen und immer tiefer, während sie sich dabei sehr aufmerksam auf ihr Bild konzentriert, und sie wird sich dann laut die Frage stellen: »Wer bin ich?«, und sie fährt fort, über ihr Bild zu meditieren und still immer wieder die Frage zu wiederholen: »Wer bin ich?«, »Wer bin ich?«, »Wer bin ich?« Und sie wird dabei wieder Veränderungen ihres Bildes bemerken, während sie immer weiter die Frage wiederholt, und später wird sie diese Veränderungen, die sie beobachtet hat, aufschreiben und darüber nachdenken – und noch später kann sie diese Veränderungen der Gruppe beschreiben, und diese kann dann über ihre Verwandlung – und die

Veränderungen, die andere Spieler an sich beobachtet haben – diskutieren.
Zusätzlich könnten diese Ergebnisse von der Spielerin als Ausgangsmaterial für andere Phantasie-Reisen verwendet werden. So könnte sie sich zum Beispiel erfolgreich suggerieren, daß sie Träume haben wird, in denen diese Personen oder Erscheinungen als Beteiligte auftauchen, und in derartigen Träumen wird es dann eine beachtliche Weiterentwicklung dieses Themas geben, so daß die Spielerin bald sehr viel mehr Informationen über dieses Bild, das ihr erschienen ist, bzw. das Bild, das ihr unbewußter Geist produzierte, erhalten kann.
Und schließlich wird die Spielerin noch einmal sehr genau auf ihr Bild im Spiegel schauen, und sie wird dann laut die Frage stellen: »Wer werde ich sein?«, »Wer werde ich sein?« Und wieder beobachtet sie das Bild, das erscheinen wird.
Dann: »Wer werde ich im nächsten Jahr sein?«
»Wer werde ich in einem Jahrzehnt sein?«
»Wer werde ich in hundert Jahren sein, oder in tausend Jahren, wenn ich überhaupt in einer mehr oder weniger entfernten Zukunft existieren sollte?« Und wieder beobachtet sie die Veränderungen, die stattfinden werden.
»Wer werde ich überhaupt in irgendeiner Zeit in der Zukunft sein, falls ich überhaupt wiederkehren sollte, nachdem dieses jetzige Leben zu Ende ist? Wer werde ich jemals sein?« Und sie beobachtet die Bilder, und sie merkt sie sich, und später notiert sie sie.

Und anschließend:
»Ich schaue jetzt auf *mein* Bild, mein Bild, wie es ist – hier und jetzt – wie es normal und rechtmäßig ist, und es *ist* mein Bild, es ist dies die Widerspiegelung meines eigenen Körpers, wie er jetzt ist.
Und ich werde jetzt diese Phantasie-Reise dadurch beenden, daß ich von zwanzig abwärts bis eins zähle. Und während ich zähle, fühle ich die Frische, die Energie und ein großes Maß an Kraft, die sich jetzt in meinen Körper ergießen, in meinen Körper, der bei der Zahl eins wieder vollständig wach ist, sich sehr gut fühlt mit all den Dingen um ihn herum, sehr wach und frisch, wenn ich die eins erreiche und damit die Phantasie-Reise, die ich gerade unternommen habe, beende.
Ich beginne mit dem Zählen *jetzt!*«

15

Eine Variante des Spiels Nummer 14 besteht darin, daß zwei Personen sich gegenüber sitzen, jeder das Gesicht des anderen meditierend, und beide beobachten die stattfindenden Veränderungen. Wenn zum Beispiel der eine Spieler laut fragt: Wer bin ich? Wer bin ich?, dann schaut der andere Spieler dabei sehr aufmerksam auf den ersten, so lange, bis die Veränderungen, die von der Frage suggeriert werden, sich ereignen.
Sodann fragt der zweite Spieler laut: Wer bin ich? Wer bin ich?, und der erste Spieler wartet ab und beobachtet die visuellen Transformationen, die jetzt stattfinden.
Und die Spieler werden jetzt so lange das Spiel fortsetzen, bis jeder der beiden alle Fragen gestellt hat, die im vorher beschriebenen Spiel vermittelt worden sind; beide Spieler nehmen einmal die aktive und dann wieder die passive Rolle ein, entweder so, daß sie alternative Rollen bei jeder Frage einnehmen, oder daß erst ein Spieler alle Fragen stellt und anschließend dann der zweite Spieler alle Fragen hintereinander stellt.
Am Ende des Spiels stellt jeder Spieler für seinen Partner einen erfrischenden, wachen, energiegeladenen Zustand wieder her und erklärt zudem, daß diese Phantasie-Reise jetzt beendet ist.

16

Der Gruppenleiter begrüßt die Spieler und informiert sie darüber, daß heute für einige von ihnen zum ersten Mal die Möglichkeit besteht, das »Ritual der Befreiung« zu erleben. Mehrere der Spieler werden ausgewählt, um heute an diesem Ritual teilzunehmen, während die anderen Spieler in den nachfolgenden Sitzungen, in denen auch dieser Ritus durchgeführt wird, das Befreiungsspiel erleben werden, so lange, bis jeder diese Befreiung an sich erfahren hat.
Jene Spieler, die als Einzuweihende ausgewählt wurden, stehen zwei anderen Spielern gegenüber, einer davon ist männlich, der andere weiblich.

Der Leiter kündigt jetzt an, daß in dieser Sitzung ein sehr wichtiges Ritual abgehalten wird und daß nur jene Spieler, die restlos bereit sind, an einem Spiel teilzunehmen, das äußerst machtvoll und möglicherweise sehr heilsam ist, eingeweiht werden sollten. Und jeder, der sich für unzulänglich vorbereitet hält, zu ängstlich oder anderweitig nicht bereit ist, der sollte jetzt zurücktreten und zu einem späteren Zeitpunkt seine Einweihung erfahren. Diejenigen Spieler jedoch, die sich bereit fühlen, werden sich jetzt hinsetzen, und an den Seiten der Einzuweihenden stellen sich jeweils ein weiblicher und ein männlicher Spieler auf, welche beide dem Einzuweihenden in dem Ritual assistieren.

Der Leiter wird jetzt eine sehr lange Einleitung in einen Zustand des veränderten Bewußtseins durchführen, und er wird sie so lange vertiefen, bis nach seiner Schätzung jeder der Einzuweihenden eine solche Tiefe des Trance-Zustands erreicht hat, wie sie ihm beim augenblicklichen Stand überhaupt möglich ist.

Der Reise-Leiter wird dann zu sprechen beginnen, und der weibliche und der männliche Assistent in dem Ritual werden sich beide genau entsprechend den Worten, die der Leiter spricht, verhalten.

Und er spricht folgende Worte:

Wir haben uns an diesem Ort eingefunden in der Absicht, ein zeitloses Ritual durchzuführen. Ein Ritual, das deinen Körper und deinen Geist befreien wird von den Einschränkungen und Begrenzungen, die dir entweder absichtlich oder durch Unwissenheit oder durch Zufall von anderen menschlichen Wesen auferlegt worden sind.

Wir, die wir alle die Kräfte repräsentieren, die zu deiner Verkrüppelung beigetragen haben, handeln jetzt, um deine Kräfte und deine Freiheiten wieder herzustellen.

Indem wir die volle Verantwortung übernehmen für das, was jetzt bei dir wieder hergestellt wird, für das Entfernen der Fesseln, die dich binden, nehmen wir jetzt die Lasten und die

Ketten der Vergangenheit fort von dir, und in gleicher Weise akzeptieren wir jetzt vollständig dich und das, was du getan hast und was du bist.
Wir nehmen deine Hände und geben dir die vollständige Fähigkeit zurück, das Gefühl der Berührung wieder zu erfahren und zu genießen, und ebenso geben wir dir alle anderen Wahrnehmungsmöglichkeiten deines Körpers zurück.
Wir berühren deine Augen, und damit geben wir dir dein Sehvermögen zurück, so daß du jetzt klar sehen kannst – mit Freude und mit einer neuen Frische des Blicks.
Wir berühren deine Lippen, und du erhälst damit die Freiheit zu sprechen.
Wir berühren deine Brust, und du erhälst damit die Freiheit zu atmen.
Wir umarmen dich, und du erhälst damit die Freiheit, auf Umarmungen zu antworten, und die Freiheit, dich sexuell auszudrücken.
Wir berühren deine Stirn, du hast jetzt die Freiheit zu denken, etwas zu wissen, und dir über die Fülle deiner Möglichkeiten klarzuwerden.
Wir, die wir für dich Vater und Mutter repräsentieren, deinen Bruder und deine Schwester, deine Freunde, deine Liebenden, wir, die wir die gesamte Menschheit repräsentieren, wir geben dir jetzt deine Freiheit.
Indem wir dich lieben, geben wir dir die Freiheit, zu lieben und geliebt zu werden. Wir akzeptieren dich, wir ehren dich, und wir erkennen dich ab sofort als einzigartig du selbst an, als einen harmonischen Teil des großen Ganzen.
Wir verehren dich, weil du jetzt das Bewußtsein deiner Befreiung kennst. Im Namen des ganzen Menschengeschlechts und im Namen aller anderen Wesen begrüßen wir dich – du bist willkommen. Es *ist* vollbracht.

Der Leiter kündigt dann an, daß es jetzt eine Pause des Schweigens geben wird, während derer die Eingeweihten eine ruhige und doch außergewöhnlich starke Emotion in sich verspüren

werden. Und während dieser Zeit wird all das, was gesagt wurde, von ihnen akzeptiert werden, es wird eingeprägt und verstanden werden, und es schlägt sich nieder, es drückt sich ein in die gesamte Person, in den gesamten Körper und den Geist des Eingeweihten.
Es wird integriert werden und es wird zu einem Teil dieser Person – jetzt und immerdar.
Nach einer Periode des Schweigens, deren Dauer vom Leiter auf Grund sorgfältiger Beobachtungen der Spieler bestimmt wird, leitet der Führer die Eingeweihten sehr sanft wieder über in einen erfrischenden Wachzustand.

17

Der Leiter instruiert die Spieler, daß mit diesem Spiel, das heute gespielt wird, ein Abschluß des ersten von vier Zyklen der Phantasie-Reisen erreicht worden ist.
Es findet jetzt eine Übung statt, die für jeden Spieler aus dem Grund sehr wertvoll sein mag, weil sie ihm etwas sehr Wichtiges vermittelt über sein augenblickliches Stadium des In-der-Welt-seins, über sein Unbewußtes, über die Frage wer bin ich? und über das, was er in diesem Augenblick zu sein meint.
In späteren Phasen der anderen Phantasie-Reise-Zyklen werden wir dieses Spiel wieder spielen, und wir werden die dabei aufsteigenden Symbole von Zeit zu Zeit als eine Art Maßstab für Veränderungen bei diesen Personen betrachten und sie vergleichen. Sie bilden einen möglichen Maßstab für persönliches Wachstum, für spirituelle und andere Entwicklungen, die der Spieler vollzieht.
Die Spieler werden angewiesen, sich zu entspannen, es folgen Atemübungen und anschließend wird ein Zustand veränderten Bewußtseins eingeleitet und vertieft.
Jeder Spieler wird sodann aufgefordert, sich vorzustellen, man selbst würde jetzt repräsentiert werden von einer bestimmten Anzahl konzentrischer Kreise.

Wie viele derartige Kreise innerhalb von Kreisen erscheinen werden, wird von Spieler zu Spieler verschieden sein. Jeder Spieler arbeitet mit der Anzahl von Kreisen, die ihm als visuelles, also sichtbares oder als ein anderweitig gedachtes Bild erscheinen – und der Spieler weiß, daß der äußere, größere Kreis eher die Oberfläche repräsentiert, also eher die oberflächlichen Anteile der Persönlichkeit. Und jeder der Kreise innerhalb des äußeren Kreises repräsentiert einige tiefere und zunehmend tiefgreifendere Aspekte des Selbst, bis er schließlich zum innersten Kreis gelangt, der den Kern, das Wesen der Person darstellt. Das Selbst, zugleich in seiner tiefsten und umfassendsten Realität, die dem Spieler zu diesem Zeitpunkt greifbar sein mag.
Jeder Spieler wird jetzt angewiesen, über den äußeren Kreis so lange zu meditieren, bis ein Symbol aufsteigt, ein Symbol entweder in visueller Form oder ein andersgeartetes geistiges Bild, das das äußere Selbst in seiner oberflächlicheren Manifestation darstellt.
Dann werden die Spieler angehalten, über den nächstinneren Kreis zu meditieren und ein Symbol aufsteigen zu lassen, welches das Selbst auf einer etwas tieferen Ebene abbildet – und diese Art der Meditation wird so lange fortgesetzt, bis die Spieler schließlich zu dem innersten Kreis gelangen.
Den Spielern wird gesagt, daß in dem Moment, in dem sie bereit sind, über den innersten Kreis zu meditieren, ihr Kopf unabsichtlich langsam nach vorne sinken wird und daß sie dann warten werden, und während sie warten, sind sie mit ihrem Bewußtsein nirgends, sie denken nichts, sie sind einfach nur da und warten auf weitere Anweisungen, die der Leiter ihnen geben wird.
Wenn jetzt nach Meinung des Leiters jeder Spieler (der es erlangen kann) dieses Wartestadium erreicht hat, dann wird der Leiter die Spieler auffordern, über den inneren Zirkel zu meditieren. Und durch diese Meditation wird das Aufsteigen eines Symbols ausgelöst, welches das Selbst in seiner tiefsten und umfassendsten Form darstellt.
Über dieses Symbol meditiert jetzt jeder Spieler, und jeder sollte aufmerksam und genau jeden Aspekt dieses Symbols beobach-

ten, und er sollte auch in der Lage sein, alle Facetten zu erinnern und das Symbol später – wenn der Zustand des veränderten Bewußtseins vorüber ist – mit ins normale Bewußtsein hinüberzunehmen.

Falls es möglich ist, sollte jeder Spieler sogar dieses Symbol zeichnen oder malen können. Doch in jedem Fall sollte es sehr klar erinnert werden, denn es bildet eine Grundlage nicht nur für die kritische Einschätzung des zukünftigen Wachstums, sondern auch für das Spielen einiger anderer Phantasie-Reisen.

Jeder Spieler wird angewiesen, dieses Symbol sehr tief zu empfinden, es zu fühlen, es mit dem ganzen Körper kennenzulernen, zu verstehen, daß es ein Werkzeug ist für unser Wachstum und unsere Selbstverwirklichung und daß durch das Ankommen bei diesem Symbol ein Prozeß in Gang gesetzt wurde, daß nämlich eine tiefere Dynamik des Selbst davon berührt worden ist.

Im Inneren eines jeden Phantasie-Reisenden ist jetzt etwas entfesselt worden, das Stärke und Gesundung mit sich bringt, Freude und Selbstverwirklichung, und jeder Spieler sollte sich dessen bewußt sein, während er jetzt – langsam, ganz langsam, jeder in seinem eigenen Tempo – zurückkehrt zu dem Zustand, den wir das normale Wachbewußtsein nennen.

Und jeder Spieler bringt Frieden und Heiterkeit mit hierher, er bringt einige der Energien und etwas von der Harmonie der Tiefen der Seele, die gerade berüht und bewußt gemacht worden sind.

Am Ende dieses Spiels gratuliert der Leiter den Spielern, denn sie haben mit diesem Spiel den ersten Zyklus der Phantasie-Reisen abgeschlossen. Und er kündigt an, daß wir jetzt in der Lage sind, eine zweite, tiefere, noch geheimnisvolle und umfangreichere Erkundung unseres eigenen inneren Raums, unseres eigenen Selbst zu unternehmen, und indem wir entdecken, wer wir sind und was unsere Aufgabe ist, erkunden wir auch gleichzeitig die Welt, in der wir leben.

Phantasie-Reisen
Zweites Buch

Vorbemerkung für Phantasie-Reisende

Es ist nicht möglich, Buch Zwei der Phantasie-Reisen zu verstehen, ohne vorher Buch Eins gelesen zu haben. Es ist ebensowenig möglich, die Phantasie-Reisen des Buches Zwei *durchzuführen,* ohne vorher die Spiele des ersten Buches in ihrer vorgegebenen Reihenfolge gespielt zu haben.

Diese Abfolge des Lesens, und natürlich um so mehr die des Spieles, ist *notwendig,* und eine Auslassung ebenso wie eine Kürzung hat einen unausweichlichen und beachtlichen Verlust zur Folge. Die Phantasie-Reisen des Buches Zwei beginnen einen neuen Zyklus. Sie setzen den Spieler in die Lage, noch tiefer und noch weiter hinter die Erfahrungen und das Bewußtsein der Phantasie-Reisen von Buch Eins zu gehen.

Die Phantasie-Reisen des Buches Drei werden noch tiefer und noch weiter hinter die Erfahrungen des Buches Zwei gehen.

Und die Phantasie-Reisen des Buches Drei sind nur der Auftakt und die Vorbereitung für den letzten Zyklus der Phantasie-Reisen der Buch Vier genannt ist.

Diese Spiele sind so entwickelt, daß sie eine Progression bilden, eine Spirale, eine Vertiefung, eine geplante und erprobte Ausweitung, die dazu dient, die Spieler zu guter Letzt in Wissens- und Daseinsbereiche einzuführen, die ihnen vorher nicht offenstanden.

Einleitende Sitzung

Um den zweiten Zyklus der Phantasie-Reisen zu beginnen, treffen die Spieler sich zu einer einleitenden Zusammenkunft. Sie wählen dort den ersten Gruppen-Leiter, der die Spieler in die Lage versetzen soll, entlang ihres Bewußtseins-Kontinuums voranzuschreiten, in andere Räume vorzudringen, um diese zu erkunden und sich zu eigen zu machen.
Nachdem die Wahl getroffen worden ist, induziert der neue Reise-Leiter bei den Spielern eine Entspannung. Er läßt sie atmen und stimmt das »OM« an, wie es in dieser Gruppe jetzt üblich geworden ist.
Er leitet dann einen ASC-Zustand ein, indem er sich eines Verfahrens aus dem Ersten Buch der Phantasie-Reisen bedient. Es ist dies das Verfahren des Schreibens: Mit dem imaginierten Notizbuch und dem Bleistift schreiben die Spieler ihren Namen und dann das Wort »Trance«. Er setzt die Spieler damit in die Lage, tiefer zu gehen und tiefer, tiefer und tiefer, so lange, bis er das Gefühl hat, daß ein sehr tiefer Zustand des veränderten Bewußtseins erreicht ist, so tief, wie es in der augenblicklichen Situation überhaupt nur möglich ist.
Jeder Spieler wird dann angewiesen, sich zu erinnern:

Erinnere dich vollständig, erinnere *alles,* alles über diesen Zustand, den du jetzt erlebst.
Lerne jetzt, lerne alles über diesen Zustand, der jetzt ist, so daß du ihn wieder erlangen kannst, schnell und leicht, wenn du das möchtest.
Und solltest du in der Vergangenheit irgendeinen Bewußtseinszustand erreicht haben, den du für tiefer hältst als den jetzigen, rufe ihn dir ins Gedächtnis zurück, und fahre fort, tiefer zu gehen und noch tiefer, bis du jene Tiefe erreicht hast, und dann gehe einfach noch tiefer.
Und bei jeder Gelegenheit, wenn wir uns wieder treffen, wirst du in der Lage sein, diesen Zustand leicht und schnell zu erlangen. Du bist sogar fähig, noch weiter zu gehen; du lernst, bei *jeder*

Gelegenheit *tiefer zu gehen,* du lernst, *immer* noch *tiefer und tiefer* zu gehen, und *du tust es,* wenn es dir wünschenswert erscheint, um bei dieser besonderen Phantasie-Reise, die wir dann spielen werden, eine möglichst große Wirkung zu erzielen.

Trance und der Leser

Wenn die Leserin oder der Leser dieses Buches in der Lektüre fortschreitet, so bemerkt man höchstwahrscheinlich, daß sich an irgendeinem Punkt der Lektüre ein Trance-Zustand einstellt. So hat also auch der Leser die Möglichkeit, in direkter Weise etwas über veränderte Bewußtseinszustände zu erfahren, und viele Leser werden das auch tun. *Sie werden in Trance geraten,* und sie werden dabei lernen und ihren Nutzen aus dieser Art des Lernens ziehen – und ebenso aus einigen der Phantasie-Reisen.

Diese Trance, die sich aus dem Lesen der Phantasie-Reisen ergibt, wird möglicherweise als ein angenehmer Zustand einer tiefen Entspannung erlebt und als eine Art hochgradiges Eintauchen in das gelesene Material wahrgenommen. Hinterher mag es so erscheinen, als sei die Zeit, die man mit dem Lesen zugebracht hat, sehr schnell vorübergegangen und es kommt einem vielleicht so vor, als könnte man sich an das Gelesene nur schwer erinnern. Oder das, was man gelesen hat, läßt sich im Gedächtnis nicht festhalten, so wie viele Träume sich nur mit Schwierigkeiten erinnern lassen. Man kann nicht mehr lange daran festhalten, wenn der Traum zu Ende ist.

Es ist für den Leser in der Trance möglich, sofern er sich nicht dagegen sträubt, auf die Anweisung *»gehe tiefer«* zu reagieren, und diese Vertiefung wird von ihm gespürt. Er wird sie fühlen, wenn sie stattfindet, so daß er genau weiß, was ein Trance-Zustand ist, und was es bedeutet, *tiefer* in einen Trance-Zustand hineinzugehen. Und er wird es tun, er wird es erleben, denn es ist ein wertvoller Lernprozeß und kann außerdem eine höchst angenehme Erfahrung sein.

Denn der Leser wird immer wissen, daß er diesen Trance-

Zustand, der durch das Lesen der Worte entstanden ist, auch wieder beenden kann. Er schaut einfach auf das Aufwach-Bild, und gleichzeitig klatscht er laut in die Hände und spricht sehr energisch die Worte »Wach auf«!

Wach auf!

1

Der Reise-Leiter beginnt, indem er zu den Spielern sagt:

Macht es euch jetzt sehr bequem, so bequem, wie ihr nur könnt. Und nachdem ihr das getan habt, entspannt euch einfach eine Weile.
Entspannt euch, entspannt euch, Stück für Stück. Macht das einfach so lange, bis ihr das Gefühl habt, ihr seid jetzt so entspannt, wie ihr nur könnt.
Und jetzt hört bitte ganz genau zu, und eure ganze Aufmerksamkeit ist jetzt auf das gerichtet, was ich euch sagen werde.
Du weißt, was ein veränderter Zustand des Bewußtseins ist, und du weißt auch, was eine Trance ist und daß wir das Wort *Trance* verwenden, um einen Zustand des veränderten Bewußtseins herbeizuführen, und du weißt sehr genau, was eine Trance ist, und ich möchte jetzt, daß du darüber nachdenkst, was eine Trance ist.
Du erinnerst dich, was eine Trance ist, und du erinnerst dich so gut, daß du jetzt sogar wiedererlebst, was eine Trance ist. Du gehst in die Trance, du fühlst die Trance, du weißt, während du in die Trance gehst, was ein Trance-Zustand ist, und du weißt auch, wie er tiefer wird, und du *gehst tiefer,* während dir das alles klar wird.
Du gehst tiefer und tiefer, und während du das tust, lernst du, sogar noch tiefer zu gehen, und du gehst sogar noch tiefer, und du tust das alles in der Zeit, die du zur Verfügung hast, und du willst unendlich viel tiefer gehen, du willst es, und du willst das alles tun – *jetzt!*
Du hörst jetzt wieder genau zu, und du erinnerst dich daran, wie es ist, zu träumen, dieser Zustand in dem du bist, wenn du schläfst und wenn du träumst, und nach einer kleinen Weile, gleich, wirst du wieder in dieses Stadium eintreten und beginnen zu träumen.
Du hörst mir zu, und du reagierst darauf, und du hast jetzt gar keine Aufmerksamkeit mehr für irgend etwas anderes. Es gibt

keine andere Realität mehr außer dieser, und du bemerkst, während du weiter zuhörst, daß du immer schläfriger und immer schläfriger wirst, während ich zu dir spreche und du darauf reagierst. Du wirst immer schläfriger und schläfriger, und du näherst dich immer mehr und immer näher dem Zustand, in dem es dir möglich ist zu träumen.

Und du wirst noch schläfriger, während ich zu dir spreche, und es ist nicht so wichtig, was ich sage, was immer es sei; du wirst einfach immer schläfriger, doch du wirst dich auch daran erinnern, was gesagt worden ist.

Und jetzt, bevor du anfängst zu träumen, möchte ich dir raten, daß du von heute an ein Traum-Tagebuch führst, ein Tagebuch, in das du alles hineinschreibst, was du von einem Traum erinnerst. Und wenn du das regelmäßig tust, wirst du entdecken, daß du dich an Träume mehr und mehr erinnern kannst, immer besser und immer mehr Details, so daß dein Traum-Tagebuch zunehmend detailreicher und genauer wird. Diese aufgezeichneten Träume tragen zu deiner Entwicklung, zum Verständnis deines Selbst bei. Das Führen dieses Traum-Tagebuchs wird auch zum Erfolg zukünftiger Phantasie-Reisen beitragen.

Du gehst tiefer, du wirst schläfriger, und du fühlst dich mehr und mehr so, wie du dich fühlst, wenn du im Traumschlaf bist. Du schläfst, du schläfst, und du gehst schneller in den Schlaf über, schneller und schneller, und nach einer kurzen Weile wirst du einen Traum haben. Du wirst einen Traum haben, und dieser Traum wird beginnen, wenn ich es dir – gleich – sagen werde. Doch du sollst auch wissen, daß ich dir nach einer geraumen Zeit ein Stop-Zeichen geben werde, und wenn die Stimme dir sagt, daß du den Traum stoppen sollst, dann kommt alles schlagartig zum Stillstand. Die Traumbilder, die du hast, werden in dem Augenblick zum Stillstand kommen, in dem du das Stop-Zeichen hörst.

Und jetzt, da du noch tiefer schläfst, wirst du anfangen zu träumen, du beginnst jetzt zu träumen, und du wirst träumen, du beginnst *jetzt!*

Der Reise-Leiter erlaubt den Teilnehmern jetzt einige Minuten – oder länger, falls es wünschenswert für die Spieler erscheint, damit sie auf die Suggestion reagieren und eine Trance haben können. Dann gibt er das Stop-Zeichen, und anschließend sagt er: Und jetzt, während du in diesem Zustand verbleibst, in diesem Zustand, in dem du träumen kannst, beobachtest du die Bilder dieses Traums, den du gerade gehabt hast und die jetzt noch sehr deutlich sind, und du beobachtest auch, wie sie dann blasser werden und dann langsam entschwinden. Doch du wirst dich an den Traum erinnern, und du wirst ihn in das Buch schreiben, in das du alle deine Erfahrungen mit Phantasie-Reisen einträgst, jedoch nicht in das Tagebuch für deine nächtlichen Träume, denn diese sollten getrennt davon aufgeschrieben werden. Sie erfordern ein eigenes Buch, ein Buch nur für Träume.

Und jetzt schlafe tief – tief schlafen – und du wirst einen weiteren Traum haben, und dieser Traum wird eine Wiedererinnerung sein, eine Wiederholung, ein Wieder-Erleben eines Traums, den du vor langer, langer Zeit einmal hattest. Ein Traum, den du vollständig vergessen hattest, doch der zu jener Zeit, in der du ihn hattest, sehr wichtig für dich war. Und jetzt wirst du diesen Traum wieder haben, du wirst ihn wieder träumen – und damit beginnst du *jetzt!*

Wenn genügend Zeit verstrichen ist, damit der Traum geträumt werden kann – man kann das an den Reaktionen der Spieler genau feststellen –, dann sagt der Reise-Leiter:

Sehr gut, und du wirst dich auch an diesen Traum erinnern, und am Ende der Sitzung wirst du ihn aufzeichnen. Du wirst ihn direkt im Anschluß an die Niederschrift deines ersten Traums aufschreiben.

Und bitte höre jetzt genau zu, denn ich gebe dir jetzt eine sehr starke Suggestion, einen sehr bedeutsamen Hinweis, und was ich dir sage, ist folgendes: heute nacht, wenn du ins Bett gegangen bist, und wenn du eingeschlafen bist – tief eingeschla-

fen –, dann wirst du ebenfalls einen Traum haben, und dieser Traum wird von dem Traum, den du gerade gehabt hast, handeln.
Präge dir ein: Heute nacht wirst du träumen, und dieser Traum wird ein Traum sein, der von dem Traum handelt, den du gerade hier hattest, doch der Traum heute nacht wird eine Interpretation, eine Klärung enthalten über den wiedererinnerten Traum, den du gerade hattest.
Aber heute nacht, sobald du den Traum gehabt hast, wirst du aufwachen, du wirst hellwach sein, und du bist dann stark motiviert, diesen aufklärenden Traum als erste Eintragung in dein Traum-Tagebuch hineinzuschreiben, in das Traum-Tagebuch, das du von jetzt ab sehr gewissenhaft führen wirst.
Dann wirst du wieder einschlafen, und später – am Morgen – wirst du dir anschauen, wie dieser Traum dir Klarheit und Aufschluß gibt über jenen Traum, den du vor langer Zeit hattest und den du heute, vor einer kleinen Weile, hier hattest.
Jetzt schläfst du weiter – tief – einen tiefen, erfrischenden Schlaf, aus dem du so erwachen kannst wie aus einem sehr guten, ununterbrochenen, eine ganze Nacht währenden Schlaf. Und obwohl du jetzt – der Uhrzeit nach – nur einige Minuten schlafen wirst, wird es für dich ausreichen, um einen sehr guten, tiefen und erfrischenden Schlaf zu haben. Anschließend werde ich wieder zu dir sprechen. Doch jetzt wirst du deinen Schlaf haben, und du beginnst damit *jetzt!*
Und nach einigen Minuten bittet der Leiter die Spieler wieder, zuzuhören und auf seine Worte zu reagieren, und er gibt ihnen dann die Anweisung für die Rückkehr in einen munteren und erfrischenden Wachzustand.

2

Der Leiter führt jetzt bei den Teilnehmern einen ASC-Zustand herbei und vertieft ihn. Sodann begleitet er sie durch bestimmte Bilder, die entwickelt worden sind, um die Fähigkeiten, reiche, subjektive Realitäten zu erfahren, noch weiter voranzubringen. Durch das Hervorbringen sehr lebendiger Bilder wird die Vorstellungskraft angeregt, und dadurch gibt es ein Wachrufen des kreativen Prozesses.
So mag der Leiter zum Beispiel zu den Spielern sagen:

Und du merkst, wie du immer tiefer gehst, deine geschlossenen Augenlider sind schwer, aber entspannt. Es wird dunkler um dich herum, und du hast das Gefühl, du treibst nach unten ab, immer mehr nach unten, und irgendwie gelangst du an einen Ort, den du in der Dunkelheit wahrnimmst, als stündest du vor dem Eingang einer Höhle.
Du stehst da, und dann gehst du hinein, du gehst hinein in die Höhle, und während du um die erste Biegung in der Höhle gehst, siehst du, daß sie beleuchtet ist von Fackeln, die mit Haltern in den Felsspalten der Höhlenwand befestigt sind.
Du siehst, wie das Licht flackert, und du siehst die Schatten, und du setzt deinen Weg fort, tiefer und tiefer, und du bist *vollständig* allein in dieser Höhle, du gehst tiefer, und du spürst die Feuchtigkeit hier, und jetzt hörst du es auch tröpfeln, als ob es kleine Wasserquellen hier gäbe, irgendwie außerhalb deiner Sicht.
Du streckst deine Hand aus, und du berührst eine Art Pilzgewächs, das hier die Wände und die Felsbrocken bedeckt, die entlang des Weges, den du gehst, verstreut liegen. Und weit entfernt, in einem anderen Teil der Höhle, kannst du das Flattern von Flügeln hören, als ob Fledermäuse aufgeschreckt worden wären, aufgeregt herumfliegen und mitunter sogar in der Luft zusammenstoßen. Doch dann beruhigen sie sich wieder, und du hörst nichts mehr.
Du steigst hinunter, und immer weiter hinunter, nach unten, tiefer und tiefer, und während du immer tiefer hinuntergehst,

merkst du auch, daß dein Trance-Zustand ebenfalls tiefer wird, und du weißt, daß er sich vertieft, und du gehst tiefer, so lange, bis du an einen See kommst. Es ist ein kleiner, kreisrunder See mit sehr klarem Wasser. Und es ist hell genug hier, daß du dich über den Rand des Sees hinaus beugen kannst und dein Bild siehst, wie es ganz deutlich von der Wasseroberfläche reflektiert wird.

Schau in das Wasser, schau genau hin und laß dein Gesicht eine Weile von der Wasseroberfläche gespiegelt werden, ein Gesicht, das fast vollständig unbeweglich bleibt, nur ganz minimal bewegt von der geringsten Bewegung des Wassers.

Jetzt werde ich meine Hand in das Wasser stecken und das Wasser in dem kleinen See bewegen, und während ich das tue, wird das Wasser immer mehr strudeln, immer mehr um das reflektierte Bild herumwirbeln, und dann wird das Bild in diesen Wirbel, in diesen Sog hineingezogen.

Das Bild erscheint dir jetzt so, als wäre es im Zentrum eines Strudels, der das Bild nach unten zieht, nach unten und immer weiter nach unten. Und du spürst dein Bewußtsein in diesem Bild, und daß dein Körper auch da ist, du bist es, und du wirst jetzt nach unten gezogen, in diesen Wirbel hinein. Du wirst nach unten gezogen, und im Kreis herum, immer tiefer und tiefer und tiefer, und du spürst, wie du sinkst, nach unten, nach unten, durch das Wasser hindurch, in dem sich aufzuhalten sehr angenehm ist.

Es gibt kein Problem mit deinem Atem, ja du brauchst noch nicht einmal darüber nachzudenken, du bist dir einfach nur darüber klar, daß du nach unten treibst, immer weiter nach unten, nach unten, und daß du tiefer gehst, immer tiefer, bis du dich wiederfindest, daß du jetzt außerhalb des Wassers stehst, an einem kreisrunden Ort, der trocken ist. Und du bemerkst, daß du auf einem steinernen Fußboden stehst, auf dem untersten Grund eines unglaublich tiefen, zylindrisch ausgehöhlten Platzes, sehr tief unter der Oberfläche der Erde.

Und während du dich umschaust, bemerkst du, daß die Wände aus schwerem grauen Fels geformt sind, und an keiner Stelle ist

eine Öffnung zu sehen, außer du bewegst deinen Kopf nach hinten und blickst direkt nach oben.
Dort kannst du den Schimmer einer Öffnung erahnen, weit, weit oben, und durch diesen Schimmer erreicht etwas Licht diesen tiefen, tiefen Platz, an dem du dich befindest. Und es wird dir klar, und du kannst es auch sehen, daß ich hier bei dir bin in diesem kreisrunden Raum oder Ort, und wir stehen innerhalb von etwas, das wie eine Art magischer Kreis aussieht. Du kannst sehen, daß eine Reihe von merkwürdigen Symbolen an die Ränder dieses Kreises eingraviert sind. Du weißt nicht, was diese Symbole bedeuten, doch du weißt, und bist davon überzeugt, daß diese Symbole sehr mächtig sind und daß du absolut geschützt bist, solange du dich mit mir im Inneren dieses Kreises aufhältst. Hier bist du mit mir an einem sehr tiefen Ort, und ich möchte, daß du in die Richtung siehst, in die mein Arm weist. Ich werde mit meinem Arm eine wischende Bewegung ausführen, und dabei siehst du, wie sich ein Teil der Wand öffnet. In dieser Öffnung wirst du eine Welt entdecken, die du schon lange vergessen hattest oder an die du dich kaum noch erinnern kannst.
Es ist eine Welt, die in andere Zeiten gehört, eine Zeit deines Lebens, die sehr weit zurückliegt, nämlich die Zeit, als du ein ganz kleines Kind warst. Während du sie betrachtest, empfindest du für diese Welt eine angenehme und nostalgische Erinnerung. Du erkennst sie mit den Sinnen und dem Geist des Kindes, das du zu dieser Zeit warst, als du in dieser Welt lebtest. Du erfährst noch einmal diese kindliche Welt, du erfährst diese Welt nochmals als Kind, du tust das jetzt eine Weile, bis ich wieder zu dir spreche.
Jetzt sollst du dir vollständig bewußt sein, daß du dich mit mir in diesem magischen Kreis befindest, und ich mache wieder eine Wischbewegung mit meinem Arm, und die Wand schließt sich wieder, und wir sind wieder alleine, umgeben von dieser massiven Felswand, und während sie uns einschließt, befinden sich zu deinen Füßen jene mystischen, mächtigen Symbole, die in den Stein gehauen sind.
Ich bewege meinen Arm wieder, wische über eine Stelle, ein

wenig neben der, wo vorher die Öffnung war, und du siehst, wie sich die Wand öffnet; dort ist ein Felsvorsprung, und auf diesem Felsvorsprung befindet sich eine große Kristallkugel.
Du kannst deutlich in diese Kristallkugel hineinsehen, und du siehst, daß dort ein winziger Foetus in dem Kristall schwimmt. Er ist lebendig. Er ist menschlich und lebt, und während du zuschaust, entwickelt sich der Foetus und wächst, und während deiner weiteren Beobachtungen hast du genügend Zeit zu sehen, wie er den gesamten Zyklus seiner embryonalen Entwicklung abschließt und dann geboren wird.
Du beobachtest, wie dieses Baby geboren wird, und siehst es wachsen, es wird ein Jahr, zwei, vier und fünf Jahre alt, es lebt sein Leben weiter und wird zehn. Du siehst, wie sich das ganze Leben vor dir entfaltet.
Verfolge nun mit lebhaftem Interesse, wie sich dieses menschliche Leben vor deinen Augen entwickelt und entfaltet und schau ihm zu, bis du siehst, bis zu welchem Alter dieser Mensch heranreift, wie alt er während deiner Betrachtung wird. Du hast reichlich Zeit, all das anzuschauen.
Es scheint alles in einer normalen Geschwindigkeit abzulaufen, obwohl dies alles im Vergleich mit der Zeit deiner alltäglichen Existenz, die nach der Uhr gemessen wird, nicht viel Zeit braucht, um zu geschehen. Beobachte nun aber genau, und nimm nichts anderes wahr als die Entwicklung dieses Lebens.

Der Leiter läßt dann etwa vier oder fünf Minuten verstreichen, es sei denn, die Beobachtung der Spieler zeigt ihm an, daß sie etwas mehr oder weniger Zeit brauchen, und dann sagt er:

Du wirst dich genau daran erinnern, was du gesehen oder sonst erfahren hast. Du wirst wissen, daß du dieser Art von Welt Besuche abstatten kannst, daß in diesen subjektiven Realitäten die verschiedensten Dinge sich ereignen können, die dir vollkommen magisch vorkommen, wenn sie in deiner Umwelt passierten, in deiner normalen Realität, bei normalem Bewußtsein.

Du mußt wissen, daß du in diesen anderen Bereichen, in die wir uns während der Phantasie-Reise begeben, frei bist von verschiedenen Begrenzungen, die dich normalerweise binden. Du hast Zutritt zu Kräften, Erkenntnissen, experimentellen Fähigkeiten, die normalerweise blockiert sind, aber du wirst lernen, viele dieser Fähigkeiten produktiv in die äußere Welt der übereingekommenen Realität zu übertragen, die zwar beibehalten werden muß, die aber erweitert werden kann und muß.

Der Leiter weckt dann die Spieler und fordert sie auf zu berichten, was sie erlebt haben, als sie die Kristallkugel beobachteten und das Leben, das darin wuchs. Es wird sich in vielen Fällen herausstellen, daß jeder Spieler in dem Kristall die Geburt gesehen hat, die später als die eigene erkannt wird. Während der Spieler das Kind aufwachsen sieht, wird es offensichtlich, wer das Kind ist, und es wird normalerweise nichts durch Symbole verschleiert. Es kommt zu keinem Irrtum über die Identität dessen, was man sehen konnte.
In einigen Fällen jedoch sieht der Spieler sein eigenes Leben, aber es wird durch Symbole verschleiert. In diesem Fall ist es besser, nicht zu versuchen, die Symbole zu erforschen oder den Spieler darauf hinzuweisen, daß die Symbole auf sein eigenes Leben anspielen könnten, es sei denn, der Leiter hätte bereits große Erfahrung.
Die typische Form dieser Erfahrung wurde von einem Spieler so zusammengefaßt:

»Der Foetus mußte ich gewesen sein, obwohl ich erst lange Zeit nicht wußte, daß ich es bin. Die Kugel war ein Spiegel, der vor einem anderen stand, so daß man alles tausendfach sehen konnte. Jede Vorstellung war eine fortschreitende Stufe, so daß ich wußte, daß ich wirklich jede Minute dieses Lebens sah und daß nichts wichtiges ausgelassen wurde. Als ich in der Kugel mein jetziges Alter erreicht hatte, zertrümmerte ein Blitzschlag den Kristall, all die Tausende von gespiegelten Bildern, und ich sah mich selbst in diesem glücklichsten Moment, den ich jemals erleben werde. Ich trug eine Art ockerfarbenes Gewand. Es strahlte eine Freude von mir aus, mein ganzer Körper glühte vor Freude und Wärme.«

3

Eine ganze Nacht lang wird eine Gruppensitzung abgehalten, am besten im Freien in einer schönen und ungestörten Umgebung. Der Hauptzweck dieser Sitzung ist es, Methoden zur Einführung und Vertiefung von veränderten Bewußtseinszuständen zu erproben und, wichtiger noch, eine größere Tiefe der Trance zu erreichen.
Die gewählten Leiter und Spieler, die bereits tiefe Trancezustände erreichen, arbeiten intensiv mit den anderen Spielern.
Bei der Trance-Einleitung kann ein Feuer als Brennpunkt der Konzentration verwendet werden. Weiterhin kann man Trommelschlägen zuhören, tanzen, singen oder welche Vorgänge der Leiter sich auch immer vorgenommen hat, als er die Sitzung plante.
Die Spieler werden ermutigt, Selbsteinführungen in ASCs zu praktizieren, und während einiger Stunden ist es wünschenswert, mehrere Einführungen durchzuführen, daß eine ohne Unterbrechung auf die andere folgt, um das Bewußtsein noch tiefer zu verändern.
Die Leiter experimentieren bei dieser Gelegenheit mit Einführungsverfahren, die sie sich selbst ausdenken, und beobachten, welche Verfahren am erfolgreichsten sind, und machen dann die anderen darauf aufmerksam.
Jedem Spieler, einschließlich dem Leiter, wird eine ASC-Einleitung gegeben, wobei folgendes gesagt wird:

Und jetzt wird nicht nur dein Geist in Trance sein, sondern dein gesamter Körper, und du merkst auch gleich, daß folgendes geschieht: du fühlst es in deinen Händen und in deinen Füßen, und es bewegt sich von deinen Extremitäten aus, bis dein ganzer Körper in Trance ist, dein gesamter Geistesapparat in Trance ist, und du gehst tiefer und tiefer.

Nach dieser detaillierten Einführung, die noch in weit größerem Detail ausgeführt werden kann, bedenkt der Leiter, daß er beim

Wecken der Spieler die Instruktion hinzufügt, daß »der Geistesapparat aufwacht, wenn die Zahl eins genannt wird« – nicht schon bei »Du wachst auf«, wie es normalerweise getan wird.

4

Die Spieler nehmen von Zeit zu Zeit an einer Art von Phantasie-Spiel teil, das wir »visionäre Anthropologie« nennen: die Erforschung und das Studium von Vorstellungswelten.
Die Spiele helfen dabei, die Spieler mit Aspekten kreativer Prozesse vertraut zu machen, wie sie immer von Personen mit genialer oder hochgradig entwickelter Kreativität erfahren werden, in der Kunst sowie in vielen anderen Bereichen.
Der Leiter stellt den ASC-Zustand her und vertieft ihn. Dann kann er zu den Spielern sagen:

Jetzt merkst du, wie dein Körper rund wird, so daß du dich selbst wie ein Kreis fühlst, du empfindest dich selbst in Form einer Kugel, eines Erdballs, und du bist jetzt ganz rund.
Als nächstes bemerkst du, daß sich der Erdball bewegt, und tatsächlich saust du mit hoher Geschwindigkeit durch ungeheure Räume, du reist weiter und weiter, weiter und weiter, bis du bemerkst, wie du dich allmählich verlangsamst und zum Stillstand kommst.
Dein Körper nimmt wieder seine normale Gestalt an, er fühlt sich jetzt wieder normal, und du schaust dich um, um festzustellen, an welchem Ort du dich befindest. Aber er ist dir fremd, du bist in einer neuen Welt, einer Realität, die du nie vorher kennengelernt hast, sie ist wirklich fremd und neu, so daß es für dich sehr interessant ist, sie zu erforschen.
Du wirst diese Welt untersuchen, ihre Flora, ihre Fauna, all ihre lebendigen und leblosen Formen, die einen Teil dieser Welt ausmachen. Wenn es dort menschenähnliche oder andere intelligente Wesen gibt, mit denen man kommunizieren kann, wirst du sie treffen und dich ausführlich mit ihnen unterhalten, du wirst

alles in dich aufnehmen, was du über ihre Kultur herausfinden kannst.
Wenn es bei ihnen Musik gibt, kannst du vielleicht ein oder mehrere Lieder von ihrer Welt mitbringen. Wenn sie eine Kunst entwickelt haben, könntest du nach deiner Rückkehr einige ihrer Bilder so gut für uns wiedergeben, daß wir alle eine Vorstellung davon bekommen, wie sie aussehen.
Vielleicht kannst du auch Nachforschungen über Gesetze, Sitten, Philosophie, Religion – alles, was von Interesse sein kann – durchführen.
Dies ist nur die erste von vielen Reisen, die du als Anthropologe unternehmen wirst, als Forscher, der andere Welten und Dimensionen besucht und andere Realitäten ausgiebig im Detail erlebt. Nun wirst du einige Minuten nach irdischer Uhrzeit zur Verfügung haben, um deine Studien auszuführen, Zeit genug, um in der Welt, in der du dich jetzt befindest, Tage, Wochen, Monate, oder sogar Jahre zu erleben, bevor ich dir sage, daß die Zeit gekommen ist, um in jene Welt zurückzukehren, von der aus du deine Reise begonnen hast. Und jetzt setze dich in irgendeine Richtung in Bewegung, die dir vielversprechend erscheint und fange die Forschungsreise an.
Nach etwa fünf Minuten – er beobachtet die Spieler, um den genauen Zeitpunkt herauszufinden – gibt der Leiter die Anweisung, daß die Spieler sich auf den Rückweg zur Raum-Zeit des Ausgangspunktes begeben, und dann folgt die übliche Wiederherstellung eines munteren, erfrischten Wachzustandes, und danach kann eine Diskussion über das Erlebte stattfinden.
Den Spielern, die das Gefühl haben, daß sie nicht zu Ende führen konnten, was sie in dieser Welt tun wollten, sollte mitgeteilt werden, daß es normalerweise möglich ist, in die selbe Welt wiederholt zurückzukehren, um sie so ausgiebig zu erforschen, wie sie wollen. Spieler, die eine ungewöhnlich reichhaltige Welt beschrieben haben, sollten vom Leiter ermutigt werden, erneut zurückzugehen, um von diesen Welten Schätze zurückzubringen, die unsere eigene Welt mit Kunstwerken, Liedern, Geschichten, wissenschaftlichen Erkenntnissen, mathemati-

schen Entdeckungen, Erfindungen – oder was immer wert ist, mitgebracht zu werden und auch mitgebracht werden kann – bereichern werden.

5

Es gibt viele Möglichkeiten, diese visionären anthropologischen Phantasie-Spiele zu spielen.
Nach Einleitung und Vertiefung der ASCs können die Spieler dazu angehalten werden, sich in einen Zeit-Tunnel zu begeben, einen Tunnel voll sprudelnder Energien, die sie weit, weit zurücktragen in frühere Zeiten, an einen Ort und in eine Zeit, die von dem Leiter bestimmt wird. Oder es wird dem Spieler aufgetragen, die Wahl selbst zu treffen, oder dem Spieler wird gesagt, daß er spontan anhalten soll, wenn ihm die Zeit und der Ort richtig erscheinen.
Diese Reise in die Vergangenheit kann auch als ein Reinkarnationsspiel durchgeführt werden, indem der einzelne Spieler den Auftrag bekommt, daß er jetzt zurückgeht vor sein eigenes derzeitiges Leben, in eine Zeit und an einen Ort, wo es ihm vorkommt, als hätte er dort ein früheres Leben gelebt. Und er lebt dann eine Zeitlang dieses Leben, er erfährt den Charakter, den er in dem vergangenen Leben hatte und sammelt gleichzeitig Informationen über diese Welt, in der er damals lebte.
Bei all diesen Spielen sollte der Leiter die Spieler darauf programmieren, daß sie an die Realität, die sie erleben, glauben. Dies sollte geschehen, nachdem der ASC-Zustand eingeleitet, doch noch bevor die Anweisungen, die den Spielverlauf betreffen, gegeben worden sind. Dabei wird den Spielern gesagt, daß sie für die Dauer ihrer Phantasie-Reise an die Realität ihrer Erlebnisse glauben – zum Beispiel, daß sie das vergangene Leben wirklich gelebt haben –, daß sie fest daran glauben, ohne das Erlebnis in Frage zu stellen, daß sie so lange daran glauben, und nur so lange, bis sie das Spiel mit dem Aufheben der Trance beendet haben.

6

Der Leiter leitet den ASC-Zustand ein, vertieft ihn und richtet dann folgende Worte an die Spieler:
Wendet mir jetzt bitte eure volle Aufmerksamkeit zu, hört *nur,* was ich sage, ich möchte euch daran erinnern, daß viele der besten wissenschaftlichen Köpfe unserer Zeit darin übereinstimmen, daß sich in der Weite des Universums viele andere intelligente Lebensformen entwickelt haben müssen. Sie halten die Annahme für völlig vernünftig, daß gegenwärtig an vielen Stellen des Universums ein vernunftbegabtes Leben existiert.
Nun kann dieses intelligente Leben auf anderen Planeten existieren, es kann aber auch im Weltraum existieren. Es kann in Dimensionen existieren, die unsere eigene Raumzeit überschneiden. Es ist sehr wahrscheinlich, daß solche fremde, intelligente Lebensformen wirklich existieren, und zwar auf eine Art und Weise, und an Orten, die wir bisher nicht einmal ahnten.
Darüber hinaus ist es ziemlich wahrscheinlich, daß einige dieser Lebensformen sich auf Wegen entwickelt haben, die unseren ähnlich oder verwandt sind. Es ist auch möglich, daß für den Fall, daß sie sehr verschieden sind, ihre Intelligenz so groß ist, daß sie sich mit uns verständigen können, daß sie verstehen, was wir ihnen sagen wollen, und daß sie uns in die Lage versetzen, das zu verstehen, was sie uns mitzuteilen wünschen.
Sie können sich durch unsere Sprache mitteilen oder auch durch Bilder, die dir erscheinen, oder durch Erscheinungen, die du hörst, oder du verstehst ihre Botschaft einfach so, ohne zu hören, ohne Anwendung irgend einer unserer gewohnten Sinneswahrnehmungen.
Nimm außerdem zur Kenntnis, daß der beste und zur Zeit auch einzige Weg einer Verständigung über die Anwendung veränderter Bewußtseinszustände zu erreichen ist. Dies verhält sich deshalb so, weil innerhalb der Zustände, die wir als normal erachten, ein bewußter Kontakt mit diesen Wesen durch eine Art von Abschirmung, eine unfreiwillige Abwehr die wir ausführen, ohne zu wissen, daß wir es tun, unmöglich gemacht wird. Durch

die Veränderung des Bewußtseinszustandes lassen wir manchmal diesen Schild fallen, und dann werden Kontakte möglich.
Geh jetzt tiefer, tiefer und tiefer. Jetzt, in diesem veränderten Zustand, glaubst du fest daran und weißt, für die Dauer dieses Spieles *ist* es möglich für *dich,* einen solchen Kontakt herzustellen, und du kannst bis zu einem gewissen Maß auch angeben, welche Art von Kontakt du knüpfen willst.
Du wirst die Absicht haben, dich einem Kontakt mit einem Wesen von übermenschlicher Intelligenz zu öffnen, die jedoch nicht so hoch ist, daß eine Kommunikation nicht mehr möglich wäre. Und während du dich der Kommunikation öffnest, sendest du starke Gefühle von Liebe und gutem Willen aus, bist völlig empfangsbereit, aber du akzeptierst und du heißt nur solche Wesen willkommen, deren Gefühle Menschen gegenüber wohlwollend sind, die dich weder absichtlich, noch unabsichtlich verletzen, die die Liebe und den guten Willen zurückgeben, den du ihnen entgegenbringst, die dir wirklich etwas mitteilen wollen.
Du fühlst, wie du jetzt sehr passiv und empfänglich wirst, sehr offen, du saugst die Intelligenz auf, das Wesen, das auf diese Offenheit, diese Gefühle reagiert.
Einige Minuten irdischer Zeit werden ausreichen, um dir eine vollständige und scheinbar viel länger andauernde Erfahrung mit einem Wesen, wie auch immer es ausehen mag, zu ermöglichen.
Du hast vielleicht den Wunsch, von diesem Wesen Instruktionen darüber zu erhalten, wie du bei späteren Gelegenheit wieder Kontakt mit ihm herstellen kannst, so daß wiederholte Treffen stattfinden können.

Nach vier oder fünf Minuten, wenn Beobachtung nicht anzeigt, daß mehr Zeit erforderlich ist, sagt der Leiter zu den Spielern:

Nimm jetzt zur Kenntnis, daß die Zeit, die für die Kommunikation zur Verfügung steht, verstrichen ist, und jedes Wesen, mit dem du in Kontakt getreten bist, versteht, daß du die Beziehung für dieses Mal beenden mußt. Sie geht zu Ende, und du merkst, wie du dich sanft von dem Kontakt trennst, dich langsam ent-

ziehst, und es versteht sich von selbst, daß es keine weitere Kommunikation zwischen dir und der fremden Lebensform mehr geben wird, bis zu dem Zeitpunkt, in dem wir absichtlich die Bedingungen für diesen Kontakt wiederherstellen.
Der Leiter stellt dann den Wachzustand der Spieler wieder her, und die Erfahrungen werden beschrieben und diskutiert. Sollte es vorkommen, daß irgendein Spieler ein ungewöhnlich wichtiges Erlebnis hatte, dann leitet der Leiter eine Trance ein und vertieft sie, und dieser Spieler versucht, den Kontakt noch einmal herzustellen, während die anderen Spieler so lange Beobachter sind. Ist der Kontakt dann hergestellt, dürfen der Leiter und die anderen Spieler in der Form teilnehmen, daß sie das intelligente Wesen befragen. Und sie befragen dieses Wesen, in dem sie die Fragen an den Spieler, der sich in Trance befindet, adressieren.
Wie bei allen Spielen, bei denen Glaubenssysteme einprogrammiert sind, beinhaltet der Vorgang der Beendigung des ASC-Zustands einen Hinweis, daß das programmierte System nur für die Dauer der Phantasie-Reise gilt und den Spieler nicht mehr beeinflußt, wenn das Spiel einmal beendet ist.

Beschleunigte geistige Prozesse (AMP)*

In veränderten Bewußtseinszuständen ist es möglich, von einem Phänomen Gebrauch zu machen, das »Zeitverzerrung« genannt wurde und das wir lieber »beschleunigte geistige Prozesse« oder »AMP« nennen wollen.
Es ist schon lange bekannt, daß es in Träumen und Trancezuständen, psychedelischen Drogenzuständen und anderen veränderten Bewußtseinszuständen möglich ist, geistige Aktivitäten so zu beschleunigen, daß eine enorme Menge an subjektiven Erfahrungen in einem sehr kurzen Abschnitt normal gemessener Zeit stattfinden kann.
Ein Mann, der von einer Brücke fiel und seinem Tod entgegen-

* AMP = Accelerated mental process

sah, durch einen glücklichen Umstand jedoch gerettet werden konnte, erzählte später, daß während des Falles sein ganzes Leben vor ihm abgelaufen sei oder daß er nochmals sein ganzes Leben durchlebt habe, oder daß er wenigstens alle signifikanten Ereignisse nochmals durchlebte, und es schien ihm, als durchquere er nochmals seine ganze Lebenszeit, und er durchlebte sie ohne Hast. Die Ereignisse schienen alle in der gleichen Zeitspanne stattzufinden, wie sie in der alltäglichen Erfahrung passieren.

Leute, die psychedelische Drogen genommen haben, glauben mitunter, daß Stunden verstrichen sind oder Tage oder sogar viel, viel längere Zeitabschnitte, um dann festzustellen, daß all diese geistigen Erlebnisse lediglich in einer oder zwei Minuten stattgefunden haben.

Es ist diese sehr stark gesteigerte Funktionsrate auf einer subjektiven experimentellen Ebene, die mit der Beschleunigung des geistigen Prozesses oder mit AMP gemeint ist.

Durch die Herstellung von ACS-Zuständen oder Trance-Zuständen kann dieses AMP-Phänomen sehr gut kontrolliert werden, so daß es zum Beispiel möglich ist, einen Phantasie-Reisenden, der einen bestimmten Film gesehen hat – nehmen wir einen sehr langen Film, wie z. B. »Vom Winde verweht« – so zu instruieren, daß er zwei Minuten Zeit hat und daß diese zwei Minuten ihm ausreichend Zeit geben, um das Erlebnis zu ermöglichen, zur Kasse des Kinos zu gehen, in dem er den Film »Vom Winde verweht« gesehen hat, dort seine Karte zu kaufen, in das Kino hineinzugehen, Platz zu nehmen, sich den ganzen Film wieder anzusehen, von Anfang bis Ende, dann aufzustehen, aus dem Kino zu schlendern, und all dies scheint in einem normalen Zeitraum zu geschehen, und doch hat er all das in zwei Minuten normal gemessener Zeit, jedoch mit suggeriertem AMP erlebt.

Die Unterscheidung zwischen subjektiver oder experimenteller Zeit auf der einen Seite und objektiver oder gemessener Zeit auf der anderen sollte vom Leiter gut verstanden und den Spielern gut erklärt werden. Es muß von jedem einzelnen so lange

diskutiert werden, bis sichergestellt ist, daß das Konzept von allen Mitgliedern der Gruppe erfaßt worden ist.
Es wird sich als sehr produktiv erweisen, den AMP in vielen Phantasie-Reisen anzuwenden, die im zweiten, dritten und vierten Zyklus zu spielen sind.
Sowohl der Leiter, wie auch die anderen machen sich mit dem AMP oder der »Zeitverzerrung« und ihren vielen wichtigen Anwendungsmöglichkeiten vertraut. Dazu können sie das Buch vom Cooper und Erickson, das im Phantasie-Reise-Führer empfohlen wird, lesen, sowie das Buch der Autoren, *New Ways of Being,* das demnächst publiziert wird.*

7

Der Leiter leitet den ASC-Zustand ein und vertieft ihn. Er weist dann die Spieler an, ihre Fähigkeit des beschleunigten Geistesprozesses oder AMP in Anwendung zu bringen. Gleichzeitig erforscht diese Phantasie-Reise ein anderes, höchst interessantes Phänomen: musikalische Vorstellungen in kreativen Prozessen.
Es ist dies die Musik, die vom Unbewußten produziert wird, die als gehörte Vorstellung erfahren wird. Viele große Komponisten waren irgendwie in der Lage, sich wiederholt dieser Musik des Unbewußten zu öffnen, und bei vielen ihrer Kompositionen handelte es sich um kaum mehr als das Niederschreiben dessen, was sie innerlich gehört hatten.
Zu diesen Komponisten zählen neben vielen anderen auch Brahms, Wagner und E. T. A. Hofmann. Hofmann pflegte zu sagen, daß er niemals bewußt Musik komponiert habe, wenn damit ein angestrengter Schaffensprozeß gemeint sei. Stattdessen sagte er: »Ich setze mich einfach hin, schließe meine Augen und spiele, was ich höre.«

* Dieses Buch ist bisher nicht erschienen, dafür aber die beiden Bücher von Jean Houston: *Life-Force,* New York 1980, und *The Possible Human,* Los Angeles 1982.

Dann kann der Leiter zu den Spielern sagen:

Du verstehst jetzt, was ein AMP ist, und du weißt etwas von musikalischen Vorstellungen, und du wirst nun die Erfahrung machen, eine musikalische Erfindung zu machen, du hörst sie so, wie die Komponisten bei ihren Kompositionen.
Wenn ich dir sage, daß du anfangen sollst, hast du zwei Minuten normaler Zeit mit AMP, und du machst eine Erfahrung unter Bedingungen, die ich dir jetzt beschreiben werde. Aber du beginnst nicht, bevor ich dir sage, daß du anfangen sollst.
Geh jetzt tiefer und höre nur zu; nimm nur das wahr, was dir gesagt wird, und bald merkst du, wie du eine mit Steinen gepflasterte Straße hinuntergehst, und bald darauf kommst du zu einem kleinen, sehr sympatisch aussehenden Café, und du gehst hinein, du gehst wirklich hinein. Du gehst hinein und setzt dich, bestellst ein Sandwich und eine Flasche Bier oder was du gerne trinken möchtest, obwohl das Bier unheimlich gut ist, das beste Bier, das du jemals getrunken hast.
Nachdem du eine Weile dein Getränk und dein Sandwich genossen hast, schaust du auf und bemerkst, daß die Musiker auf der Bühne gerade zu spielen beginnen wollen. Es kann sein, daß ein Sänger dabei ist oder auch nicht. Sie werden dann ein oder mehrere Lieder spielen, es sind alles Lieder, die du nie zuvor und nirgendwo gehört hast, Lieder, die erstmals hier in unserem eigenen internen Theater erklingen.
Du erlebst es als ein reales Theater, und du hörst diesen Liedern aufmerksam zu und versuchst, sie zu lernen, damit du dich später daran erinnerst. Du bleibst dort so lange du Lust hast, und dann gehst du wieder hinaus auf die Straße und schlenderst weiter, bis ich wieder zu dir spreche. Zu einem späteren Zeitpunkt willst du vielleicht den anderen Spielern eins oder mehrere Lieder vorsingen, die Lieder, die du bald hören wirst, während du dich auf der Straße befindest, dich dem Café näherst, du beginnst *jetzt!*

Man kann auch ein ähnliches Spiel durchführen, in dem man dem Spieler sagt, daß er in einer, zwei oder drei Minuten eine kurze

Dichtung erlebt, eine Art Vignette, die er hört oder auch visuell erlebt oder gar mit allen Sinnen wahrnimmt, und er erinnert sich später daran, so daß er sie mündlich wiedergeben oder niederschreiben kann.

8

Diese Phantasie-Reise kann sowohl mit als auch ohne AMP und vorher festgelegter zeitlicher Begrenzung gespielt werden. Sie kann in beiden Formen durchgespielt, und die Ergebnisse können dann verglichen werden. Besser ist es aber, wenn von zwei ähnlichen Spielen eins mit Anweisungen und eins ohne die Vorgabe eines beschleunigten geistigen Prozesses gespielt wird und die Resultate dann von den Spielern verglichen und diskutiert werden.
Der Leiter führt die Einleitung und Vertiefung durch und sagt dann zu den Spielern:

Du wirst jetzt gleich eine Erfahrung machen, die dich in viele sensitive, emotionale und symbolische Veränderungen, in Neuorientierungen bezüglich Zeit und Raum einführt, die du als internen Rhythmus und Zyklus der Natur des Planeten Erde erlebst, und du erkennst dies alles, während es spontan deinem und mit deinem leib-seelisch-geistigen Apparat geschieht.
Wenn ich dir sage, daß du anfangen sollst, erlebt dein Körper und dein Geist die Jahreszeiten, wie sie in dir ablaufen, so daß du das Kommen und Gehen der Jahreszeiten als objektives Geschehen, aber gleichzeitig in seiner tieferen, mythischen Bedeutung des Fortschreitens fühlst. Diese Bedeutung erscheint dir sehr persönlich und gleichzeitig viel größer, nämlich universal.
Geh jetzt tiefer und sei ganz aufmerksam, und wenn dir gesagt wird, daß du anfangen sollst, erlebst du zuerst den Frühling, du erlebst neues Leben, das wächst und zu werden beginnt. Dann den Sommer, die Hitze und das Reifen, die schwüle Sinnlichkeit des Sommers.

Und dann den Herbst, die Fülle, die Leichtigkeit nach der schweren Hitze des Sommers, den Verfall, die Unterschiede in der Lebendigkeit und im Wachstum. Danach den Winter, die Reife, das Wissen, das Enden, die Kälte und das Sterben, das Wissen über dein eigenes Sterben.
Und danach schließlich wieder neu den Frühling.
Und mit dem Frühling Wiedergeburt, ausgelassene Ekstase, Hoffnung im Sinne der Erneuerung allen Lebens, Gefühle von Jugend und ein Gefühl des Anschwellens, die Gewißheit, daß das Leben weitergeht, und eine intensive Heiterkeit. Du erlebst all das und noch mehr, und du lebst es voll aus.
Bald sage ich dir, daß du anfangen sollst, und du hast fünf Minuten normaler Zeit, was erfahrungsgemäß all der Zeit entspricht, die du brauchst, um im ganzen Umfang das zu erleben, was dir gesagt wurde. Du erlebst es in deiner einzigartigen Form, indem du selbst, deine eigene Person, alle Details hinzufügst.
Jetzt fängst du an, beginnst mit dem Frühling, du beginnst *jetzt!*

Nach Beendigung der fünf Minuten kann der Leiter die Spieler bitten, im veränderten Bewußtseinszustand zu verbleiben, jedoch die Augen zu öffnen und sich umzusehen und Objekte ihrer unmittelbaren Umgebung zu berühren. Dann werden die Spieler gebeten, ihre Augen zu schließen, und die Trance wird beendet.

9

Phantasie-Reise-Sitzungen sollten so häufig abgehalten werden, wie es den Bedürfnissen der Gruppe entspricht. Sie haben das prinzipielle Ziel, die Spieler zu befähigen, immer tiefere Trance- oder ASC-Zustände zu erreichen.
Durch Übungen sollten die meisten Spieler schnell und leicht lernen, veränderte Bewußtseinszustände herzustellen, sie selbst einzuleiten und zu vertiefen, sowie auf Suggestionen des Leiters zu reagieren.

Nachdem die Spieler die Selbsteinleitung und Selbstvertiefung der Trance gelernt haben, üben sie, diese ASC-Zustände und die Fähigkeiten, die in veränderten Bewußtseinszuständen verfügbar sind, zu nutzen. Mögliche Anwendungsformen lernen die Spieler beim Spielen. Die Anwendungen sollten unter Berücksichtigung individueller Wünsche und Probleme vorgenommen werden – möglich ist alles, angefangen von der Selbstunterhaltung und von Problemlösungen bis zu Selbstregulierung von Schmerzempfindungen oder dem Ausdruck von Freude oder irgendeine der unzähligen anderen Möglichkeiten, die dir einfallen.
Wenn ein Spieler erst einmal gelernt hat, auf die Einleitung des Leiters zu reagieren, ist es gewöhnlich möglich, ihm ein Wort zu geben, das er benutzen kann, um sich selbst schnell in Trance zu versetzen.
Nach Einleitung und Vertiefung des veränderten Bewußtseins sagt der Leiter zu den Spielern:

Jetzt wirst du bald eine Erscheinung haben, die mit einem einzigen Wort beschrieben werden kann. Diese Erscheinung wird so sein, daß sie eine größere Wirksamkeit als Mittel zur Einleitung veränderter Bewußtseinszustände für dich in sich birgt.
Sie ist so stark, daß du, wenn du den Trance-Zustand selbst einleiten willst, dieses Wort nur einmal, vielleicht auch ein paarmal aussprechen mußt, und deine Augen schließen sich von selbst, und du *siehst* diese Erscheinung, oder du erfaßt sehr stark deren Aussehen, falls es passieren sollte, daß du sie nicht siehst. Und nun werden deine Augen sehr schwer, deine Augen sind fest geschlossen, jedoch ohne jegliche Anstrengung. Geht tiefer und tiefer, und bald wird dir diese Vorstellung erscheinen, und wenn du diese Erscheinung hast, sagst du mir, was es ist.

Es ist auch möglich, daß der Leiter dem Spieler ein Wort vorgibt, obwohl es meist viel wirkungsvoller ist, wenn der Spieler seine eigene Vorstellung und sein eigenes Wort findet, da das Unbewußte dem Bewußten diese Vorstellung anträgt.

Der Spieler findet, oder der Leiter gibt das Wort »Schmetterlinge« vor. Dann weckt der Leiter den Spieler und übt wiederholt mit ihm, bis der Spieler schnell in Trance verfällt, wenn er das Wort spricht oder denkt. Wiederholungen dieses Wortes können von dem Spieler oder dem Leiter auch als Mittel der Vertiefung angewandt werden. Oder es kann im Falle einer Wortvorstellung, wie z. B. »Schmetterling«, der Einsatz der Vorstellungskraft angewandt werden, und dies ist meist effektiver.
Dann kann der Leiter sagen:

Gut, sage das Wort und ich beobachte, wie du in Trance bist, und ich sehe, daß sich deine Augen von alleine geschlossen haben. Gut, sie sind geschlossen, und nun siehst du den Schmetterling, und wenn du diesen Schmetterling siehst oder ihn sehr deutlich erkennst, dann nicke mit dem Kopf. Und nun beschreibe ihn mir, halte an der Vorstellung fest, und du lernst tiefer zu gehen, indem du diese Vorstellung festhältst und deine Beobachtungen vornimmst.
Und nun siehst du, und dies wirst du auch in Zukunft sehen, wie sich dieser Schmetterling von dir entfernt, so daß du ihm folgen mußt, um ihn im Blickfeld zu behalten, aber er fliegt so langsam, daß es für dich nicht schwer ist, ihm zu folgen. Und während du ihm folgst, gehst du tiefer.
Du gehst tiefer, der Schmetterling bewegt sich über ein kleines Feld, hinein in einen Wald, wo du wunderschöne Blumen sehen und riechen kannst. Du spürst die Brise und hörst Vögel singen, und der Weg windet sich in den Wald hinein, tiefer und tiefer, bis du dir sicher bist, daß du so tief gegangen bist, wie es dir zur Zeit möglich ist, und ich werde erkennen, wann du diesen Punkt erreicht hast, weil dein Kopf langsam zu nicken beginnt.
Du bist an diesem tiefen Ort angelangt, und du kannst zu ihm mit der Wortvorstellung »Schmetterling« zurückkehren. Aber erinnere dich sorgfältig daran und präge es dir ein, diese Vorstellung und das Wort Schmetterling berühren deinen Bewußtseinszustand nicht, wenn du das nicht beabsichtigst. Hast du das verstanden? Gut, so wird es in Zukunft funktionieren, und jetzt stellst du

selbst wieder einen erfrischten, munteren Wachzustand her, indem du von zwanzig bis eins zählst, und bei eins öffnest du deine Augen, klatscht in die Hände und sagst laut und energisch: *Jetzt hellwach!*

Nachdem den Spielern ein solches Schlüsselwort gegeben worden ist, werden sie in den folgenden Tagen dazu angehalten, damit zu arbeiten, bis sie es gut zu gebrauchen gelernt haben.
Die Methode, die von den Spielern schon früher angewandt wurde, nämlich in ein imaginäres Notizbuch zu schreiben, ist ebenfalls eine gute Technik zur Selbsteinführung und beinhaltet auch einen Vertiefungsvorgang. Leiter und Spieler können ihre eigenen Einführungen erfinden, bis jeder Spieler gelernt hat, die Bewußtseinszustände zu verändern und zu vertiefen und sich von einer tiefen Ebene zur nächsten zu bewegen.
In jeder Gruppe wird es immer einige Spieler geben, die mit größerer Leichtigkeit als andere, einfacher und schneller in Trance geraten, und einige von ihnen werden eine bessere Fähigkeit besitzen, jene profunde Tiefe zu erreichen, in der die weiteste Bandbreite von Fähigkeiten zu erreichen ist und die reichsten Erfahrungen und Anwendungsmöglichkeiten dieser Fähigkeiten gewährleistet sind.
Einige Spieler werden etwas weniger schnell lernen, und einige werden sehr langsam auf die Vertiefungssuggestionen reagieren. Eine bestimmte Anzahl wird einen beträchtlichen Widerstand entwickeln, überhaupt in Trance zu gehen. Aber jeder Spieler mit Willenskraft und Übung sollte in der Lage sein zu lernen, veränderte Bewußtseinszustände zu erreichen und tief genug zu gehen, um die meisten der Erfahrungen zu machen, die die Phantasie-Reisen mit sich bringen.
Eine andere Minorität von Spielern kann relativ rasch solche tiefen Bewußtseinsveränderungen erreichen, die »somnambulistisch« (schlafwandlerisch) genannt werden. Der Leiter sollte aufpassen, damit er diese glücklichen und talentierten Personen herausfindet, da sie besonders wichtige Beiträge in den Spielen leisten können.

Diese Somnambulisten können in einem tiefen veränderten Bewußtseinszustand alle Aufgaben durchführen, die sie im normalen Wachzustand erfüllen können, und viele Beobachter merken nicht einmal, daß diese Personen in einem veränderten Bewußtseinszustand sind. Dennoch haben sie in Trance stark erweiterte Möglichkeiten, sich zu konzentrieren und genau zu beobachten, und bemerken jeden noch so subtilen und nichtverbalen Hinweis. Sie haben ebenfalls Zutritt zu einer beträchtlichen Bandbreite von geistigen Fähigkeiten, die im normalen Wachzustand nicht verfügbar sind, und dies schließt eine ungewöhnliche Aufmerksamkeit gegenüber Gedanken und Bedürfnissen anderer Personen ein.

Bei den Spielern, die Schwierigkeiten beim Erreichen von ASC-Zuständen haben, sollten Somnambulisten eingesetzt werden, um diese während der Einleitung der Trance zu beobachten, und es wird sich oft erweisen, daß sie Einführungen vorschlagen, die sehr viel wirkungsvoller sind. Sie sind auch in der Lage, Trancezustände von Spielern zu vertiefen, die sich gegen eine Vertiefung wehren. Dieser außergewöhnlichen Talente wegen sollten Somnambulisten in der Gruppe ermutigt werden, sich so gut wie möglich in der Einleitung und Vertiefung von ASC-Zuständen zu üben, und der Leiter sollte sich darum kümmern, daß ihr Training so vollständig wie möglich ist.

Übungsstunden, die die Spieler in die Lage versetzen sollen, ASC-Zustände einzuleiten und selbst zu regulieren, sollen weiterhin von Zeit zu Zeit abgehalten werden, und zwar so lange, wie es dem Leiter nötig erscheint. Wenn die meisten Spieler sie nicht mehr brauchen, kann der Leiter separate Treffen ausmachen, um mit denen, die mehr Training brauchen, weiter zu arbeiten; er arbeitet dann mit diesen Spielern einzeln oder in kleinen Gruppen.

10

Dieses Spiel ist eine erheblich intensivere Version eines Spieles, das früher im ersten Phantasie-Reise-Zyklus gespielt worden ist.
Es geht um die Vorstellung, ein Tier zu sein, und leitet sich aus Tiermetamorphose-Ritualen ab, die seit undenklichen Zeiten und an allen möglichen Orten ausgeführt wurden, und zwar wirklich seit »grauer« Vorzeit. Diese Rituale werden noch heute von vielen Menschen und an vielen Orten auf der ganzen Welt durchgeführt. Weiterhin können in veränderten Bewußtseinszuständen, die durch bewußtseinsverändernde Chemikalien oder durch andere Mittel verursacht werden, spontan entstehende Tiermetamorphosen beobachtet werden.
Das Spiel wird jeweils nur von einem Spieler gespielt. Der Leiter leitet bei allen Spielern einen Trance-Zustand ein oder weist sie an, eigene Einleitungen und Vertiefungen vorzunehmen, und dann wird ein einzelner Spieler, der bereits vorher durch Wahl bestimmt wurde, als Subjekt des Metamorphoserituals vorgestellt. Der Leiter sagt dann zu dem Spieler:

Geh jetzt tiefer und glaube für die Dauer dieses Spiels ohne Vorbehalt an die Fakten und Möglichkeiten, die dir beschrieben werden.
Geh tiefer und du merkst, daß du Elemente eines evolutionären Zyklus' in dir trägst, die weit hinter dein eigenes Leben zurückreichen, hinter menschliches Leben überhaupt, in eine vormenschliche Zeit von Tieren, Reptilien und anderen nichtmenschlichen Lebensformen, von denen alle Menschen, auch du, abstammen.
Geh tiefer und merke, daß in deinem Körper die Fähigkeit angelegt ist, sogar jetzt, den Kontakt mit dem Bewußtsein eines oder mehrerer dieser vormenschlichen oder nichtmenschlichen Lebensformen aufzunehmen. Und bald wirst du in der Zeit zurückgehen, weit hinter dein gegenwärtiges Leben zurück, entlang der evolutionären Kette, bis du in dir ein Element des

Tierbewußtseins spürst, ein Bewußtsein, das wiederbelebt werden kann und das jetzt wiederbelebt wird.
Fühle es jetzt, fühle, wie es jetzt geschieht, und dieses Tier, das du zu erleben beginnst, war für einige deiner Vorfahren ein Totemtier, ein Tier, das sie deutlich als einen Aspekt ihrer selbst erkannten und das er, oder vielleicht auch sie, jederzeit werden konnte, und zwar durch Metamorphose, indem der das Bewußtsein dieses Tieres, das in ihm ruhte, und zwar seit Anbeginn der Existenz dieses Körpers dort ruhte, wiedererweckte.
Geh tiefer, du gehst zurück, um dieses Bewußtsein zu finden, das in dir aufzusteigen beginnt. Und du gehst weiter zurück, rückwärts in der Zeit, du gehst jetzt bereits zurück, gehst weit hinter dein eigenes Leben zurück, gehst Hunderte von Jahren zurück, gehst sehr schnell zurück und tiefer, bis dieses Tier, was immer es auch sei, zunehmend und unausweichbar in deinen Wahrnehmungen zu dominieren beginnt. Es sammelt Kraft, indem es jetzt wiedergeboren wird, und nimmt den Körper in Beschlag, der deiner war an diesem Ort und zu dieser Zeit, wo du warst, als du anfingst, das Spiel zu spielen, und als dieser Körper dein eigener war.
Fühle es jetzt deutlich, wie du so stark verändert wirst, wie dein Bewußtsein einer Transformation unterzogen wird und dein derzeitiger Körper von dem Tierbewußtsein als der Körper des Tieres begriffen wird, das jetzt erwacht, wie aus einem langen, tiefen Schlaf, und die Wahrnehmung, über die ich jetzt spreche, wird zunehmend und fast vollständig die Wahrnehmung dieses Tieres.
Du wirst mehr und mehr zu diesem Tier, unterliegst aber weiter meinen Befehlen, die ich erteile, weil ein feiner Faden bestehen bleibt, ein Verbindungsfädchen, das nicht zerreißt, zu dem Menschen, der du warst, zu der Zeit und dem Ort, wo du warst, und diese Verbindung wird ermöglicht durch Kommunikation, dieses dünne Fädchen verbindet dich und mich.
Du wirst zu diesem Tier, du bist dieses Tier, aber du reagierst immer noch auf mich, und nun ist es Zeit, daß dieses Tier völlig hervorbricht, und dieses Tier existiert nun als vitale und unbe-

streitbare Realität für uns alle, hier und jetzt, und außer diesem Faden, von dem aber nun keine Kenntnis genommen wird, bis ich wieder spreche, ist das Tier *ganz* Tier und *frei*.

Der Leiter und die Spieler beobachten dann das Verhalten des Spielers, der das Subjekt des Spieles ist, und überlegen sich die Fragen, was der Spieler wohl für ein Tier ist und wie vollkommen die Metamorphose erreicht worden ist in Hinblick auf die Erscheinung des Spielers, die Aktionen des Spielers und die Mentalität, die sich für sie momentan manifestiert.
Nachdem der Spieler eine Weile beobachtet worden ist, und je nachdem, was passiert, holt der Leiter den Spieler wieder in seinen normalen Körper- und Geisteszustand zurück. Er gibt ihm den Auftrag, sich detailliert an alles zu erinnern, was er gerade erlebt hat.
Derselbe Vorgang kann dann mit verschiedenen anderen Spielern wiederholt werden.

11

Das jetzt folgende Spiel enthält taktische Übungen und navigatorische Hilfen für die Erforscher der inneren Räume. Die Spieler werden informiert, daß sie mit einer Reihe von symbolischen Formen und Situationen einer Vorstellungswelt konfrontiert werden, daß sie wissen müssen, wie man damit umgeht, und daß sie entsprechende Instruktionen im Verlauf des Spiels erhalten werden.
Trance-Zustände werden eingeleitet und vertieft, und der Leiter kann dann sagen:

Du wirst jetzt sehr aufmerksam dem folgen, was zu dir gesagt wird, und im Moment befindest du dich in einem zeitlosen Raum, wo nichts passiert und wo du nichts tust, als zu warten, und du weißt, daß du in diesem Raum nun eine Weile bleibst, und die beste Art, mit dieser Situation fertig zu werden, ist, tiefer zu schlafen, denn es scheint so, daß, je tiefer du schläfst, desto schneller kannst du aus dem Raum herauskommen, in dem du dich befindest.

Und jetzt – du wirst nicht aufwachen und nicht weniger fest schlafen – aber jetzt entdeckst du dennoch, daß du emporsteigst wie aus einer Höhle, und du bist in einer Berglandschaft, und du mußt einen steilen Abhang hinunterklettern. Du kletterst nun diesen Abhang hinab, umgeben von großen grauen Felsen, mit einer Menge losen Gerölls unter deinen Füßen, so daß du sehr vorsichtig sein mußt, um nicht auszurutschen, und du bist vollkommen mit der Aufgabe beschäftigt, sicher hinunterzuklettern.

Das ist es, was du tun mußt, hinabsteigen, weil es im Moment nicht möglich ist, in irgend eine andere Richtung zu gehen, und du begreifst, daß du weiter hinuntergehen *mußt,* weiter diesen Abhang hinunter und tiefer und tiefer in Trance, bis du plötzlich merkst, daß du dich am äußersten Rand eines tiefen Abgrunds befindest, Hunderte und Hunderte von Metern hinabschaust, hinunter in eine Schlucht, so tief, daß du kaum, wenn überhaupt, den Boden erkennen kannst.

Aber du weißt, daß ganz tief unten scharfe, speerförmige Felsen emporragen, und du siehst zur Seite und siehst dann hinter dich und erkennst, daß es fast unmöglich ist, den Aufstieg in die Richtung zurück zu versuchen, aus der du gekommen bist, und es ist nicht möglich, nach irgendeiner Seite weiterzukommen, und du weißt, es hat keinen Sinn, die Anstrengung zu unternehmen, sich nach einer Seite zu bewegen.

Du befindest dich also jetzt in dieser Situation, und es ist eine Situation, in der du irgend eine Art finden mußt, dich mit ihr auseinanderzusetzen, und während du darüber nachdenkst, bemerkst du, daß dies *gewöhnlich* eine äußerst gefährliche und sehr beängstigende Situation ist. Aber jetzt verstehst du, und du weißt sicher, daß in dieser *Vorstellungswelt* andere Gesetze herrschen. Stärker als in anderen Welten ist es hier die Vorstellungskraft, die die Realität formt und die Gesetze bestimmt, und indem dir dies bewußt wird, weißt du, daß du *immer* die Ober-

hand behältst, wenn du nur deine Vorstellungskraft kreativ und vertrauensvoll anwendest.
Du weißt dies jetzt genau, und während du hinunterschaust in diese tiefe, tiefe Schlucht vor dir, weißt du, daß du nicht fallen mußt, sondern daß du langsam und sachte schweben kannst. Wenn du willst, kannst du sehr sachte hinunterschweben, langsam, langsam landest du mit der Leichtigkeit einer Feder.
Oder wenn du wirklich hättest zurückgehen wollen, hätte dich ein einziger Sprung zurück auf die Bergspitze bringen können, aber dann hättest du nichts über deine Möglichkeiten herausbekommen, wie du mit einer Schlucht umgehen kannst. Während du am Rande des Abgrunds stehst, kann es sein, daß du nur deinen Arm auszustrecken brauchst, und du tust das jetzt, und du führst eine kreisförmige Bewegung mit deinem Arm aus, beschreibst drei Kreise und veranlaßt so, daß sich die Schlucht mit Wasser füllt, Wasser, das sehr schnell steigt und steigt, so daß du auf die andere Seite schwimmen kannst.
Das Wasser steigt, bis du nicht mehr am Rande einer Schlucht, sondern am Ufer eines Sees mit wunderschönem blauen Wasser stehst, und du hast den Wunsch, deine Schuhe abzuschütteln und deine Zehen und Füße in das Wasser zu tauchen. Du fühlst, wie erfrischend das Wasser ist und nimmst wahr, wie außergewöhnlich schön dieser Ort ist, bis plötzlich deine Aufmerksamkeit von einer Unruhe im Wasser angezogen wird.
Es ist ein Wirbeln im Wasser, immer turbulenter, und es nähert sich der Stelle, an der du stehst. Es kommt etwas auf dich zu, hebt sich empor, erhebt sich aus dem Wasser und nähert sich dir, eine schrecklich aussehende Seeschlange, monströs und bedrohlich, sie öffnet ihr großes Maul und zeigt ihre gelben Zähne, die wie Dolche aussehen. Und dieses Monster kommt näher und näher, und du fühlst dich jetzt so verängstigt wie in Träumen, die du als Kind hattest; du fühlst, wie du dich momentan nicht bewegen oder schreien

kannst, aber dann passiert es, daß diese Seeschlange vielleicht gar keine richtige ist, sondern ein anderes Wesen, das von einem bösen Zauber in ein Monster verwandelt wurde durch einen Spruch, den eine Hexe oder ein Zauberer ihm auferlegt hat.
Und durch diesen Gedanken fühlst du dich frei und kannst deinen Arm bewegen, beschreibst Kreise in der Luft und streckst dann beide Arme dem Monster entgegen, das sich bereits zu verwandeln beginnt.
Es verwandelt sich und steht plötzlich direkt vor dir, ergreift deine Hand, und so, wie du entschieden hast, wird es eine wunderschöne junge Prinzessin oder ein Prinz sein, der verwünscht worden war, jetzt aber von dir gerettet worden ist.
Rede nun mit demjenigen und schließe Freundschaft, du hast eine Minute Zeit, und das wird ausreichen, um diese Freundschaft reifen und sich vertiefen zu lassen, und ihr werdet Stunden, oder Tage zusammen verbringen, du tust dies und beginnst *jetzt!*
Ich rufe dich zurück, da wir dringende Aufgaben vor uns haben, aber vielleicht triffst du deinen Freund oder deine Freundin wieder, und dieser Freund kann dir in Zukunft ein sehr wertvoller Verbündeter sein, eine starke, nützliche Kraft in dir, und sie erscheint in deinen Träumen oder in Trance oder wann immer sie gebraucht wird, um dir eine wichtige Hilfestellung zu leisten.
Jetzt aber, wenn du nach links schaust, siehst du einen wild aussehenden Berglöwen die Felsen herunter auf dich zukommen, der dich allem Anschein nach gerade angreifen will.
Aber du beobachtest, daß deine Ängstlichkeit dieses Mal weit geringer ist, und du weißt, daß du die Situation unter Kontrolle hast und daß es sich lediglich um die Frage handelt, eine angemessene Methode der Behandlung des Problems zu finden, und zwar eine einfallsreiche Methode, da das bloße Herumkommandieren »Geh weg« nicht funktionieren könnte und diese Art der Herangehensweise nicht der Natur der Gesetze dieser Realität entspricht.
Aber du kannst bewirken, daß du plötzlich Futter in der Hand hältst, das ganz auf den Geschmack des Löwen abgestimmt ist, und auf diese Art und Weise kannst du jedes Monster und jedes

gefährliche Raubtier abspeisen, das dir in irgendeiner Vorstellungswelt erscheint, egal unter welchen Bedingungen es dir begegnet. Auf diese Weise kannst du mit Gefahren umgehen, und du kannst dich mit den wilden Raubtieren anfreunden, so daß du den Löwen erlebst, wie er dir zu Füßen liegt und fast wie ein Kätzchen schnurrt, wenn du es streichelst.

Wenn der Löwe aber immer noch nicht freundlich ist, kannst du einfach mit dem Finger auf ihn zeigen und sagen: »Und nun wirst du kleiner und kleiner, direkt vor meinen Augen, bis du nicht größer bist als eine Katze.« Und du siehst den Löwen schrumpfen, bis er die Größe einer Katze erreicht hat, und du sagst ihm dann: »Wenn du dich noch nicht entschlossen hast, daß wir Freunde werden, lasse ich dich genau so, wie du bist.«

Jetzt merkst du wieder, wie es dunkler wird, überall um dich herum ist es dunkel. Du hast keine Vorstellung, an welchem Ort du dich befindest, und du konzentrierst dich darauf, was man dir sagt, und lernst es; dein bewußter Geist und dein unbewußter lernen jetzt und ziehen Folgerungen, und du verstehst, daß du sogar durch wenige Beispiele Wege kennenlernst, die dir bei einer großen Vielfalt von Situationen, mit denen du in Zukunft konfrontiert wirst, weiterhelfen.

Ob es sich darum handelt, daß du dich mit bedrohlichen Mächten auseinandersetzt, wie wir es gerade getan haben, oder ob du positive, kreative Anwendungsformen vorziehst, wie wir es in vielen anderen Spielen tun, es handelt sich immer um ein Lernen, und durch diese Lernprozesse wirst du befähigt, deine eigenen Lösungsmöglichkeiten und Taktiken zu entwickeln, und du wirst darin immer besser, je weiter wir mit den Spielen fortfahren.

Und nun weise ich dich an, zu einem erfrischten und munteren Wachzustand zurückzukehren, und ich das tue *jetzt!*

12

Den Spielern wird aufgetragen, zu dieser Sitzung ihre Traum-Tagebücher mitzubringen, die sie geführt haben. Jeder Spieler war auch gebeten worden, einen oder zwei Träume möglichst vollständig aufzuschreiben, von denen er annimmt, daß sie eine besondere Wichtigkeit haben. Sollte der Spieler eine Interpretation eines oder beider Träume haben, so kann er auch dies aufschreiben und zu dieser Sitzung mitbringen. Interpretationen sollten sich jedoch hauptsächlich damit beschäftigen, was man meint, daß der Traum bedeuten könnte, was sich sozusagen von einer Analyse der ursprünglichen Bilder und Ideen des Traumes unterscheidet, es sei denn die Bedeutung dieses Traumes kann nicht ohne eine solche Analyse festgestellt werden.
Der Leiter führt einen Trance-Zustand ein und vertieft ihn und sagt dann: du gehst zuerst tiefer, du versinkst tief in einen Zustand, der so nahe wie möglich an deinen normalen Schlaf- und Traumzustand herankommt, während du weiterhin den Kontakt mit mir behältst. Du kannst jetzt tiefer gehen und gehst jetzt schnell in diesen träumenden, schlafähnlichen Zustand über, und ich gebe dir eine Minute, was wesentlich mehr Zeit ist, als du brauchst, um diesen Zustand zu erreichen.
Du schläfst und kannst träumen, und ich werde dir den Traum beschreiben, den du haben wirst, aber du wirst ihn auf deine Weise träumen, wenn er über dich kommt. Verstehe dies, du wirst diesen Traum nicht genau der Beschreibung entsprechend träumen, die ich dir vorlese, sondern du hast deinen eigen Traum, der dem entspricht, wie dein Unbewußtes die Bedeutung des Traumes, den ich dir vorlese, versteht. Dein Unbewußtes bekommt ein gutes Verständnis von dem, was der Traum bedeutet, den ich dir vorlese, so daß dein eigener Traum eine ähnliche Bedeutung haben wird, doch werden nicht die gleiche Szenerie oder die gleichen Personen darin vorkommen, und dein Traum wird für dich in seiner Bedeutung ganz klar sein. Nachdem du dann deinen eigenen Traum gehabt hast, wirst du mir zuerst den Traum beschreiben und dann eine Interpretation anbieten. Verstehst du?

Gut, ich lese dir jetzt den Traum vor, und wenn ich mit dem Vorlesen fertig bin, sage ich zu dir: Das ist alles, träume deinen eigenen Traum und beginne damit *jetzt!*

Später werden die beiden Träume und die beiden Interpretationen verglichen und die Ergebnisse von der Gruppe diskutiert und ausgewertet. Dieses Spiel wird mit so vielen Spielern und Träumen durchgeführt, wie es der Leiter für wünschenswert hält. Eine zweite Art von Traumspielen wird anschließend durchgeführt, wobei ein Spieler eingesetzt wird, der die Fähigkeit bewiesen hat, sehr tiefe Trancezustände zu erreichen, und der amnesisch sein oder nachher vergessen kann, was in diesem Traum passiert ist. Einem solchen somnambulen Spieler wird von dem Leiter folgendes aufgetragen:

Wenn du die Anweisung dazu erhältst, wirst du einen Traum haben, deshalb wirst du jetzt schlafen wollen, und du schläfst genau so, wie du nachts träumst und schläfst, nur daß du die Fähigkeit beibehältst, mit mir zu kommunizieren. Ich weiß nicht, wovon der Traum handeln wird, und du weißt es auch nicht, aber es *wird* ein komplexer, bedeutungsvoller Traum sein, und seine wirkliche Bedeutung wird durch viele Symbole verschleiert sein. Schlafe tief, und wenn dein Traum zu Ende ist, wirst du mir diese Tatsache durch ein unwillkürliches, langsames Nicken deines Kopfes zu verstehen geben, und du hast diesen Traum *jetzt!*

Wenn der Spieler nickt, bittet der Leiter um eine Erzählung des Traumes, und dieser Bericht wird auf ein Tonband aufgenommen. Der Spieler wird dann mit der Anweisung geweckt, daß er sich nicht erinnert, irgendeinen Traum gehabt zu haben. Anschließend wird erneut ein Trancezustand bei demselben Spieler eingeleitet, und der Leiter sagt:

Ich werde dir gleich die Erzählung eines Traumes von einem Tonband vorspielen, den jemand hatte, und du hörst die Stimme dieses *Fremden,* die einen Traum erzählt, der dir ganz fremd ist,

und du hörst diesen Traum und diese Stimme zum allerersten Mal. Du hörst dem Tonband genau zu, und nachdem ich es dir vorgespielt und eine entsprechende Anweisung gegeben habe, schläfst du sehr tief und träumst einen Traum, der deutlich die wahre Bedeutung dieses Traumes offenlegt, den ich dir auf Tonband vorgespielt habe.
Dieser interpretierende Traum von dir, der einfach abläuft, während du schläfst, hat wenige oder keine Symbolik, seine Bedeutung ist sehr klar und gibt auch klar die Bedeutung des Traumes wieder, den er interpretiert. Ich spiele dir jetzt das Tonband vor, und wenn die Aufnahme beendet ist, sage ich zu dir: Schlafe und träume, beginne *jetzt!*

Wenn der Spieler wie vereinbart durch Nicken anzeigt, daß der Traum vorbei ist, bittet der Leiter um die Beschreibung und Interpretation des Traumes.
Wenn der Traum den früheren nicht zu interpretieren scheint oder nur teilweise und einige Symbole in ihrer Bedeutung immer noch unklar sind, sollte dieselbe Prozedur noch einmal wiederholt werden, mit einer weiteren Amnesie, einer weiteren Trance. Das Band des zweiten Traumes wird gespielt, so daß der Spieler einen dritten Traum hat, um die Interpretation zu vervollständigen. Manchmal ist ein vierter und fünfter Traum erforderlich, bevor man bei der Bedeutung des ersten Traumes ankommt, und der Leiter kann der Sache so weit nachgehen, bis es klar ist, daß von einem Traum zum nächsten ein Fortschritt gemacht worden ist. Schließlich schlägt der Leiter vor, daß alle Spieler schlafen und einen Traum träumen, der die Gefühle und Gedanken des jeweiligen Spielers über die Phantasie-Reisen ausdrückt, den Fortschritt, den derjenige gemacht hat, und wie der Fortschritt des einzelnen und der Gruppe verbessert werden kann. Es wird auch vorgeschlagen, daß dieser Traum oder auch ein Traum der folgenden oder nächsten Nächte eine neue Phantasie-Reise beinhaltet, die den Spieler oder die Gruppe weiterbringt, wenn sie gespielt wird.
Die Spieler werden auch aufgefordert, von neuen Wegen zur

Einleitung und Vertiefung einer Trance zu träumen, und sie beschreiben diese, so daß die Gruppe sich entscheiden kann, ob sie die geträumten Spiele und Vorgehensweisen ausprobieren wollen.
Nach Beendigung der Trance untersucht und diskutiert die Gruppe die verschiedenen Traumtagebücher, und der Leiter kann sie für eine Weile behalten, um sie zu lesen oder sie mit einzelnen besprechen zu können, wenn er oder die Spieler dies für sinnvoll erachten.
Die Spieler sollten auch dazu angehalten werden, diese Tagebücher weiterzuführen, so detailliert wie möglich, und sie vielleicht mit Skizzen von Vorstellungen oder irgendwelchen anderen anschaulichen Beigaben auszuschmücken.

13

Veränderte Bewußtseinszustände werden wiederholt eingeleitet und vertieft, bis eine maximale Tiefe erreicht worden ist. Dann wird den Spielern gesagt, daß dieses Spiel für sie von großem Vorteil sein kann, aber sie müssen akzeptieren, daß es wichtig ist, dieses Spiel sehr ernst zu nehmen, und daß sie den größten Gewinn daraus ziehen, wenn jeder Spieler eine möglichst tiefe Trance erreicht. Deshalb stehen mehrere Minuten zur Verfügung, während der eine immer profundere Tiefe erreicht werden kann.
Am Ende dieses Abschnittes informiert der Leiter die Spieler, daß sie nun an einem Ritual teilnehmen, das »Das Zertrümmern der versklavenden Idole« genannt wird.
Der Leiter sagt zu den Spielern:

Wisse, falls du es nicht weißt, daß du in deiner Fähigkeit, die Welt mit deinen verschiedenen Sinnen zu erfahren, beeinträchtigt und abgestumpft bist, und vielleicht bist du dir nicht einmal über das Ausmaß dieser Verkrüppelung im Klaren.
Aber mit jedem deiner Sinne und in unterschiedlicher Stärke

erfährst du deine Welt, als ob eine mehr oder weniger dicke, transparente Substanz, sagen wir eine Art Glaswand, zwischen dich und diese Welt gestellt wurde. Du erlebst alles wie durch dieses Glas, und damit erfährst du es nicht direkt, sondern so, als ob du getrennt bist von dem, was du unmittelbar und ohne jegliche Trennung oder Verfremdung dieser künstlichen Art erleben könntest.

Du solltest dieses wissen, und jetzt siehst du vor dir eine Landschaft mit Bäumen und Gras und Himmel, Blumen und Tieren und Menschen, aber du bist jetzt in der Lage, zwischen dir und der vollständigen Realität dieser Szene eine glasige Substanz wahrzunehmen, die blendet und manchmal stört und die immer verhindert, daß du die Realität vollständig empfindest.

Du verstehst das jetzt, und du glaubst, daß du nicht wissen mußt, woraus diese glasige Substanz besteht oder was sie bedeutet oder wie sie da hinkam, denn es wäre verlorene Zeit und Mühe, sich zum jetzigen Zeitpunkt mit einem solchen Problem zu beschäftigen. Das einzige, was du jetzt wirklich tun mußt, ist, durch dieses Hindernis durchzubrechen zu der vollen Anerkennung und Kenntnis der Welt, die deinen Sinnen zur Verfügung steht.

Du weißt, was getan werden muß, und du hebst vom Boden nahe deinen Füßen einen schweren, langstieligen Hammer auf, eine Art Schmiedehammer, und du schlägst dieses Glas ein, wahrhaftig, und damit zerschlägst du gleichzeitig und wirkungsvoll alle Gewohnheiten und Begriffe, die deine Empfindungswelt verarmt haben und was sonst noch an anderen Elementen in dieser glasigen Substanz eingeschlossen ist.

Das Zerschlagen dieser Substanz in kleine, unschädliche Stücke und das Wissen über den symbolischen Akt der Zerstörung von Hindernissen zugunsten deiner unmittelbaren Wahrnehmung übertragen sich ins alltägliche Leben und in den normalen Wachzustand. Du kannst jetzt mit voller Intensität alles wahrnehmen, so daß deine Welt deutlicher, genauer und mit mehr Freude von dir erlebt wird.

Darüber hinaus sollst du wissen und akzeptieren, daß man durch die Zerstörung solch symbolischer Formen und Hemmungen oft sehr stark die Macht der Symbole und des Ursprungs ihrer Macht, d. h. das, was sie für dein Unbewußtes ausgedrückt haben mögen, untergräbt oder sie sogar gänzlich außer Kraft setzt. Du bist nun nicht länger von dieser Macht beherrscht, und es entsteht eine Erweiterung sowohl deiner Freiheit als auch deiner Wahrnehmungen. Du verstehst jetzt, daß wir alle Opfer von Idolen und symbolischen Formen sind, in denen sich bestimmte Werte und Ansprüche und Arten des Fühlens und Denkens ausdrücken, die uns in der Vergangenheit durch irgend jemand anders auferlegt wurden oder die wir als Produkte unserer eigenen Irrtümer entwickelt haben. Du gehst jetzt tiefer und gehst hinein in dich selbst, wie durch einen dunklen Tunnel, bis du einige dieser unerwünschten, schädlichen Symbole und Idole findest.

Es kann sein, daß einer dieser Ideen die Angst vor einer Autorität repräsentiert, einer Angst, die tief in deiner Vergangenheit verwurzelt ist, und wenn du diese symbolische Form findest, kann sie das Gesicht deines Vaters tragen oder eines Lehrers, den du als Kind hattest, oder du erkennst sogar die Vorstellung von Gott, wie sie dir vor langer Zeit aufgezwungen worden ist. Wir alle tragen Symbole, Vorstellungen, Idole dieser oder ähnlicher Art in uns, und sie verkrüppeln uns unterschiedlich stark und in verschiedener Art. Nun gebe ich dir fünf Minuten normaler Uhrzeit, und in dieser Zeit erheben sich viele dieser Symbole vor dir. Es sind dies Symbole von Mächten, die dich hemmen, die deine Freiheit, zu fühlen und zu handeln, beschränken und die auf allen möglichen Wegen dazu beitragen, dich davon abzuhalten, das zu werden, wozu du die Fähigkeit hättest und die dich hindern, die Erfahrungen zu machen, die du machen möchtest und die dir zustehen.

Und so wie sich die Symbole vor dir als Vorstellungen erheben, schlägst du nach ihnen, und du zerschlägst sie, und du weißt gleichzeitig, daß du den größten Teil oder ihre ganze Macht zerstörst, damit sie dich nicht länger beeinflußt, und du beginnst damit *jetzt!*

Der Leiter beobachtet die Reaktion der Spieler und entscheidet auf dieser Basis, wann er das Ende des Rituals ansagt.
Dann, ganz langsam und mit vielen Hinweisen auf den Erfolg dieses Rituals und darauf, wie gut sich jeder Spieler als Resultat dieses Rituals fühlt, bringt der Leiter die Spieler in einen munteren und erfrischenden Wachzustand zurück.

14

Nach Einleitung und Vertiefung der Trance sagt der Leiter zu den Spielern:

Nimm jetzt nur das wahr, was zu dir gesagt wird, und konzentriere dich vollständig darauf, verstehe und lerne, daß dieses Spiel, das wir jetzt spielen, dir von großem Nutzen sein kann, weil du hier etwas Wichtiges lernen wirst, das du später selbst anwenden kannst.
Ich möchte, daß du weißt, daß Freude und Schmerz nur selten mit einer notwendigen Intensität oder Dauer erfahren werden müssen, und es ist möglich, daß es *keine* notwendige Dauer oder Intensität von Freude oder von Schmerz gibt.
Freude und Schmerz können als schwach oder intensiv, als lang oder kurz anhaltend erfahren werden. All dies hängt stark vom Ermessen der betroffenen Person ab, das heißt, davon, ob derjenige weiß, daß es möglich ist und wie man dabei vorgeht, die Reaktionen auf Reize selbst zu regulieren. Eine solche Selbstregulierung muß gelernt werden, und du wirst anfangen, sie zu lernen, und du vollziehst zunächst den überaus wichtigen Schritt, auf experimenteller Ebene zu erfahren, daß solche Kontrollen wirklich möglich sind.
Noch etwas anderes mußt du verstehen, nämlich daß wir in unserer Kultur dazu tendieren, das Schmerzempfinden zu verstärken und seine Dauer auszudehnen. Und wir tendieren ebenfalls dazu, das Empfinden von Freude abzuschwächen und zu verringern und ihre Erfahrungsdauer herabzusetzen.

Wir tun dies im Grunde wahrscheinlich wegen unseres Glaubens- und Wertsystems, das unserem religiösen oder anderen ideologischen Erbe entspringt. Vor langer Zeit glaubten wir, daß Materie etwas Schlechtes sei, daß materielle Freuden Sünde seien, daß wir als materielle Wesen leiden müssen und daß unsere Freuden geistig sein sollten und uns nur zugänglich sind, wenn wir von unserer Bindung an das Materielle befreit sind. Aber materiell zu sein, bedeutete in der Welt zu sein und in unserem Körper, und so lernten wir, mehr zu leiden als nötig und unser Leiden zu verlängern, und wir lernten, weniger Freude zu haben als möglich und unsere Freude zu verkürzen.
Wir spielen jetzt ein Spiel, das wir bereits im ersten Zyklus der Phantasie-Reise gespielt haben, aber dieses Mal spielen wir es mit Fähigkeiten und Erkenntnissen, die du seither gesammelt hast, und mit Anwendungsformen, die du einzusetzen gelernt hast.
Besonders wichtig für deine Erfahrung ist die Fähigkeit, geistige Prozesse zu beschleunigen, d. h. den AMP zu nutzen.
Höre jetzt genau zu und gehe tiefer, fühle, wie du tiefer und tiefer gehst, und ich spiele dir jetzt etwas Musik vor. Diese Aufnahme dauert, gemessen an der normalen Uhrzeit, nur drei Minuten. Aber du erlebst sie als so lange, daß die Tatsache der Dauer für dich keine Bedeutung mehr hat. Oder die Dauer wird von dir als so ausgedehnt erlebt, daß du nicht mehr darüber nachdenkst, ob diese Erfahrung einen zeitlichen Anfang hatte oder daß sie irgendwann enden wird.
Und wie du es bereits bei dem früheren Spiel getan hast, empfindest du die Musik mit deinem ganzen Körper, und du wirst von ihr berührt, nur hast du jetzt schon eine Menge an Reaktionen dazugelernt, so daß diese Erfahrung weit intensiver sein wird, als es die frühere war. Deine Empfindungen werden in der Tat außerordentlich angenehm sein, so daß du es kaum aushältst; sie ist fast unerträglich sinnlich und wollüstig, sie stimuliert deine physische Lust mehr, als du es jemals kennengelernt hast, und ist von ihrer Dauer her weit ausgedehnter als irgendein Vergnügen, das du bisher kennengelernt hast.

Während du dies erlebst, ist es wirklich nur ein reines Erleben, d. h. du wirst überhaupt nicht darüber nachdenken, aber trotz alledem lernst du jetzt, wie groß die Kapazität deines Körpers ist, Freude zu empfinden, und wie ausgedehnt die Dauer der Erfahrung von Freude sein kann.
Und nun, da du vorbereitet bist, werde ich dir die Musik vorspielen, sie beginnt *jetzt!*

Wenn nach Ansicht des Leiters die Spieler noch nicht ganz darauf vorbereitet sind, die vollständige Erfahrung in drei Minuten zu machen, so werden die gleichen Anweisungen erteilt mit der Ausnahme, daß der Leiter eine längere Zeitspanne festlegt, möglicherweise so lang, daß man die ganze Seite einer Langspielplatte spielen kann.
Der Leiter kann es auch für wünschenswert halten, mehrere Musikstücke zu spielen, um die Spieler in den Pausen darauf hinzuweisen, daß ihre Reaktion auf das zweite Stück noch intensiver, reichhaltiger und vollkommener sein wird, als es die Reaktion auf das erste gewesen ist, und ähnliche Anweisungen werden vor dem Abspielen des dritten Stücks gegeben.
Nachdem alle Musikstücke gespielt worden sind, kann es sein, daß der Leiter auf zukünftige Anwendungsmöglichkeiten dessen, was die Spieler gelernt haben, hinweisen will. Er sagt:
Entspanne dich jetzt, entspanne für eine Weile und gehe tiefer, halte an der Nachwirkung deiner Freude fest, aber entspanne dich, fühle dich frei von allen Spannungen, und du bist entspannt in deinem ganzen Körper, und du gehst tiefer, tiefer, tiefer, und du hörst zu, und du lernst.
Ich möchte, daß du weißt, daß du wirklich weißt, daß sogar der intensivste aller Schmerzen sowohl in der Intensität verringert, als auch in seiner empfundenen Dauer verkürzt werden kann, indem man die Art von geistigen Fähigkeiten nutzt, mit denen wir gerade gearbeitet haben. Es gibt noch andere Schmerzen, mit denen du noch zu tun haben willst und zu tun haben mußt, und für diese Arbeit legst du jetzt das Fundament.
Wenn jemand von euch einmal ein Baby bekommt, ein Kind zur

Welt bringt, und wenn die Geburtswehen lange dauern, dann kann die Frau bewirken, daß diese Zeit gar nicht so lange erscheint und daß der Schmerz verringert werden oder sogar, wie wir schon beobachtet haben, in Empfindungen von Freude verwandelt werden kann. Ich will dies noch einmal sagen, damit du es dir noch besser einprägst, daß sogar eine Geburt, die normalerweise sehr schmerzhaft ist und sehr lang dauert, von diesen geistigen Kräften transformiert werden kann, so daß die Dauer kurz oder unerheblich und die Erfahrung des Gebärens erfreulich ist, sogar bis zu einem Punkt, wo sie ungeheuer ekstatisch sein kann.
Wenn du in dieser oder einer anderen Situation bist, wirst du wissen, und dein Körper lernt es jetzt, daß es dir möglich ist, Freude und Schmerz in dieser Form zu erleben, und das kann dir von großem Nutzen sein.

Der Leiter beendet dann den veränderten Bewußtseinszustand, regt eine anschließende, sorgfältige Diskussion der Erfahrungen und Ideen an.

15

Der Leiter informiert die Spieler, daß sie heute erneut eine Übung durchführen, in der es darum geht, ein kollektives Bewußtsein zu schaffen und einen Gruppen-Geist zu evozieren, wie er erstmals im ersten Buch des Phantasie-Reise-Zyklus hervorgerufen wurde.
Die Gruppe führt zunächst rhythmische Atemübungen durch, bis die gesamte Gruppe wie eine Person atmet, und dieses Atmen wird einige Minuten fortgesetzt.
Der Leiter vermittelt den Spielern, daß dieses Atmen sie näher und näher zusammengebracht hat, daß sie jetzt schnell eins werden und sie zusammen in Trance gehen werden, um einen kollektiven Geist herzustellen, der größer ist und unabhängig vom Geist eines jeden einzelnen Spielers exisitert.

Der Leiter schließt sich allen Spielern in einem fünf oder zehn Minuten langen Gesang von OM an und bittet alle, ihre Augen zu schließen und zu fühlen, wie sie schnell und sehr, sehr tief in Trance gehen. Sie haben zwei Minuten normaler Zeit, während der mit beschleunigtem geistigen Prozeß eine Vertiefung in eine noch größere Tiefe der Trance erreicht wird.
Am Ende dieses Zeitabschnitts führt der Leiter die Spieler im Singen dieser Worte:

Ein Geist, ein Geist, ein Geist.
Ein Geist, ein Geist, ein Geist.
Eine Trance, eine Trance, eine Trance.
Eine Trance, eine Trance, eine Trance.
Die Trance wird immer tiefer.
Die Trance wird immer tiefer.

Nach mehreren Minuten dieses Singens und nach vorheriger Absprache geht ein Spieler, der in tiefer Trance gut reagiert, ein bereits erkannter Somnambule, in die Mitte der Gruppe und sagt:

»Jetzt fließt ihr alle auf mich zu. Jetzt fließt ihr alle auf mich zu.
Ich bin die Mitte, und ihr fließt alle auf mich zu.
Tiefer und tiefer, tiefer und tiefer, während ich jetzt in dieser tiefen Trance euch anziehe, bis wir alle zusammentreffen an diesem tiefen, tiefen Ort.
Wir gehen zusammen tiefer und tiefer, gehen tiefer, fließen alle zusammen, bilden einen Geist, eine Trance, eine immer tiefer werdende Trance.
Und aus diesem kollektiven Geist heraus erhebt sich diese symbolische Form, dieses Wesen, das wir Gruppen-Geist genannt haben, und du *wirst* jetzt fühlen, wie er sich erhebt, und du *fühlst* jetzt, wie er sich erhebt, aus dieser einzigen Trance, aus diesem einzigen Geist, aus diesem einzigen Becken des Bewußtseins, in das unser aller Geist fließt.
Fühle es jetzt. Wisse es jetzt. Geboren aus diesem Bewußtsein, aus ihm aufsteigend, sich jetzt von uns ablösend, entsteht dieser Gruppen-Geist, dem wir alle zum Leben verholfen haben.
Nehmt ihn wahr, nehmt seiner Existenz zur Kenntnis und wißt, daß *er Wirklichkeit ist.*«

Der Somnambule, der diese Instruktionen gegeben hat, wird nun einige andere Spieler aufrufen, die in sehr tiefer Trance zu sein scheinen. Er weist diese Spieler an, den Gruppen-Geist noch stärker wahrzunehmen, noch stärker mit ihm in Beziehung zu treten und zu beschreiben, welche Art von Kommunikation ihrem Gefühl nach von ihm ausgeht. Diese Spieler dienen den anderen als Empfänger der Antworten auf Fragen, die dem Gruppen-Geist von irgendeinem Spieler gestellt werden, der sich nicht in Beziehung mit diesem Wesen fühlt.

Wenn es keine Kommunikation gibt oder wenn der Leiter meint, daß genug geschehen ist, bittet er den Somnambulen, zur Gruppe zurückzukehren, und alle Spieler werden gebeten, noch tiefer in Trance zu gehen, tiefer, über den vorherigen Stand hinaus, und während dies passiert, fühlt jeder Spieler, wie seine Trance sich zunehmend von der kollektiven Trance löst.

Gleichzeitig wird den Spielern aufgetragen zu beobachten, wie der Gruppen-Geist zurückgezogen wird in das Becken des kollektiven Bewußtseins, aus dem er hervorkam, und wie er seine Kraft verliert und seine Existenz nachläßt, während das Becken aufgelöst wird und der Gruppen-Geist nicht mehr existieren kann, bis dieses Becken wiedererrichtet wird und die Spieler ihn wieder hervorrufen.

Der Leiter instruiert dann die Spieler, daß jetzt jeder vollständig vom Kollektiv getrennt ist, daß jeder Spieler wieder vollständig individuell ist, getrennt und vollständig individuell. Der Leiter nimmt sich Zeit, die Spieler langsam anzuweisen, daß sie zu einem munteren Wachzustand zurückkehren sollen. Nahe der Oberfläche, kurz bevor die Spieler aufwachen, informiert sie der Leiter, daß bei nächster Gelegenheit ein Spiel gespielt wird, bei dem sie erneut den Gruppen-Geist hervorrufen, und bei dieser Gelegenheit werden sie sich bemühen, den Gruppen-Geist sichtbar darzustellen und ihm einen gewissen Grad von Substanz zu verleihen.

Dann kann der Gruppen-Geist über irgendein oder alle Sinnesorgane wahrgenommen werden. Dies geschieht, wenn das Experiment erfolgreich ist, und während des Spiels glauben die Spieler fest daran, daß sie Erfolg haben werden.

Der Leiter erklärt, daß den Spielern rechtzeitig bekannt gegeben wird, was geplant ist, damit sowohl der bewußte als auch der unbewußte Geist sich vorbereiten kann und für die nächste Sitzung vorbereitet ist und daß jeder Spieler, der das spezielle Spiel nicht spielen will, einfach der Sitzung fernbleiben kann und das auch tun sollte.
Danach vervollständigt der Leiter die Instruktionen für die Rückkehr zu einem erfrischten, munteren Wachzustand.

16

Derselbe Ablauf wie im vorigen Spiel wird bis zu dem Punkt verfolgt, an dem der Gruppen-Geist vom kollektiven Bewußtsein abgetrennt wurde und für die Dauer des Spiels eine unabhängige Realität verliehen bekam.
Der Leiter weist dann die Spieler an, daß der Gruppen-Geist für eine Weile als unabhängige Existenz bestehen bleibt, aber er ist für die Kontrolle des Leiters empfänglich. Und er existiert weiter während des ganzen Spieles oder bis seine Existenz als Teil des Spieles beendet wird.
Den Spielern wird dann die Instruktion erteilt, sich von dem kollektiven Bewußtsein abzulösen, so daß jeder seine eigene Individualität und Trennung von anderen Spielern wiedererlangt, während sie tief in Trance bleiben. Der Gruppen-Geist existiert getrennt von dem kollekltiven Bewußtsein, aus dem er kam.
Danach bittet der Leiter einen Somnambulen, sich dicht neben den Gruppen-Geist zu stellen, und die Spieler, die tief in Trance bleiben, öffnen ihre Augen und beobachten, wie der Somnambule dreimal eng den anwesenden Gruppen-Geist umkreist, so daß seine Anwesenheit für alle lokalisiert wird, die ihren Blick fest an diese Stelle heften.
Den Spielern wird dann gesagt, daß sie sich intensiver auf diesen Ort konzentrieren und jetzt fühlen sollen, wie sie aus sich selbst herausfließen in diese Substanz des Raumes hinein und daß sie die Energien spüren sollen, die dem Gruppen-Geist jenen Grad

an Substanz verleihen, der ausreicht, um ihn mit den Sinnen der Spieler wahrnehmen zu können.
Der Leiter stellt fest, ob es notwendig sein wird, dem Gruppen-Geist noch weiter Energien zu verleihen, damit er für *alle* Spieler ausreichend materialisiert wird, so daß sie ihn wahrnehmen können. Aber *einige* Spieler haben ihn bereits unzweifelhaft wahrgenommen, andere sind sicher gerade dabei, ihn in diesem Moment wahrzunehmen, oder sie stehen kurz davor.
Und möglicherweise nehmen ihn *alle* Spieler wahr – sehen ihn, vielleicht hören sie ihn auch und können ihn anfassen, und der Gruppen-Geist kann sich dann mit allen Spielern unterhalten.
Der Leiter sagt den Spielern dann an:

Dieser Gruppen-Geist wurde durch die Variation einer Methode geschaffen, die seit Tausenden von Jahren in Tibet bekannt ist und praktiziert wird, wo solche Wesen als *Gedankenformen* oder *Tulpas* bekannt sind.

Dann wendet sich der Leiter an den Gruppen-Geist, um ihn zu befragen, ob eine geistige Verkörperung des kollektiven Wissens und der kollektiven Fähigkeiten geschaffen worden ist. Und wenn dies nicht der Fall sein sollte, wird der Gruppen-Geist darum gebeten, seine Natur und die Fähigkeiten, die er besitzt, zu definieren. Antworten auf diese Fragen können von allen oder einigen der Spieler empfangen werden; es kann auch ein Spieler als Empfänger der Kommunikation bestimmt werden, und er wird diese dann an die anderen Spieler weitergeben.
Die Fähigkeiten dieses Wesens können überprüft werden, indem man von ihm Antworten auf Fragen aus jenen Gebieten erhält, in denen es Kompetenz beansprucht. Es kann auch gebeten werden zu versuchen, verschiedene zukünftige Ereignisse vorauszusagen, und über Spiele befragt werden, die in die Gruppenaktivitäten eingereiht werden können, so daß die Entwicklung der Spieler schneller fortschreitet und auf verschiedene Weise gefördert wird. Die Fragen sollten ausreichend variiert werden, um das

Wissen und die Denkprozesse des Wesens auf die Probe zu stellen.

Wenn der Leiter meint, daß die Befragung beendet werden sollte, weist er die Spieler dazu an und instruiert sie wahrzunehmen, wie der Geist aller Spieler wieder zusammenfließt, um einen einzigen Geist zu bilden, eine Trance, ein Becken des Bewußtseins, und ihnen wird Zeit gegeben, um die Bildung dieses Beckens geschehen zu lassen.

Der Leiter befiehlt dann dem Gruppen-Geist, in das Bewußtseinsbecken zurückzukehren, aus dem er hervorkam, und ordnet an, daß der Gruppen-Geist zu existieren aufhört, bis er in künftigen Übungen wieder hervorgerufen wird.

Danach gibt der Leiter Instruktionen wie im vorausgegangenen Spiel, daß sich die Spieler von dem Zustand, ein einziger Geist zu sein, zurückziehen sollen, und jeder Spieler wieder seine eigene separate Identität einnimmt.

Der Leiter erinnert die Spieler jetzt daran, daß der Gruppen-Geist nur eine symbolische Form ist, ein psychisches Konstrukt, das in der Phantasie-Reise nur dazu benutzt wurde, bestimmte geistige Fähigkeiten der Spieler zu testen und auch um einige Wahrnehmungen und Fähigkeiten zu erforschen, die in den Schriften, Religionen und Philosophien einiger anderer Kulturen seit Urzeiten beschrieben wurden.

Solche Erfahrungen, wie sie die Spieler mit dem Gruppen-Geist gemacht haben, verdienen eine Untersuchung, und eine Erforschung der inneren Räume muß sich in Bereiche wagen, die die westliche Psychologie bisher vernachlässigt hat. Der Leiter fügt hinzu, daß die Spieler an alle Pänomene, die im Verlauf der Spiele erforscht wurden, noch einmal rational und kritisch herangehen sollten.

Der Leiter beendet die Trance, und es folgt eine Diskussion.

17

Der Leiter fordert die Spieler auf, eine kollektive Trance einzuleiten und zu vertiefen und in diese Trance durch Atemübungen und Gesänge einzutreten, die er selbst leitet.
Der Leiter vertieft den Zustand weiter durch seine Anleitung oder indem er einem Somnambulen die Leitung bei dem erneuten, gemeinsamen Gesang der Gruppe überträgt:

Wir sind ein Geist, eine Trance.
Wir sind ein Geist, eine Trance.
Wir sind ein Geist, eine Trance,
eine immer tiefere Trance.
Wir sind ein Geist, eine Trance,
eine immer tiefere Trance.

Danach ruft der Leiter die Spieler auf, ein Kunstwerk zu schaffen, das das kollektive Bewußtsein der Spieler ausdrückt, da sie sich dem Ende des zweiten Zyklus der Phantasie-Reisen nähern. Und was sie bereits im ersten Zyklus getan haben, wiederholen die Spieler jetzt noch einmal.
Die Spieler malen nacheinander ihre Beiträge, bis das Werk vom Leiter als vollständig beurteilt wird und eine Mehrheit der Spieler mit dem Urteil des Leiters übereinstimmt.
Den Spielern wird dabei gesagt, daß sie mit dieser Arbeit nicht nur die Herstellung eines Kunstwerks erreichen wollen, sondern ein Symbol, das den derzeitigen Stand ihrer Entwicklung ausdrückt, und ein Symbol, das ihnen als ein Objekt für die Meditation dienen kann.
Sobald es fertig ist, wird dieses Kunstwerk mit dem, das im ersten Zyklus angefertigt wurde, verglichen, und die Spieler diskutieren, inwiefern sich die beiden Werke unterscheiden, und erkunden den Charakter und die Bedeutung der Veränderung und was sie durch die Unterschiede der beiden Arbeiten, die von ihnen angefertigt wurden, erreicht zu haben scheinen.

18

Der Leiter heißt die Spieler zur letzten Phantasie-Reise des zweiten Zyklus willkommen.
ASC-Zustände werden eingeleitet und vertieft, und die Spieler werden gebeten, die Meditationen zu wiederholen, mit der sie den ersten Zyklus der Spiele abgeschlossen haben.
In dieser Meditation wird jeder Spieler durch eine Reihe konzentrischer Kreise repräsentiert, wobei die Anzahl dieser Kreise von jedem einzelnen Spieler selbst bestimmt wird, während ihm die Vorstellung dieser Kreise ins Bewußtsein tritt.
Jeder Spieler beginnt mit dem äußeren Kreis und fragt: »Wer bin ich?«, und findet heraus, daß ihm ein symbolisches Bild als Antwort auf seine Frage erscheint.
Und der Spieler fährt fort zu fragen: »Wer bin ich?«, und indem er das tut, bewegt er sich immer weiter nach innen, bis er das Zentrum des Kreises erreicht hat.
Der Spieler versteht, daß jeder Schritt einwärts, jeder folgende Kreis den Spieler näher zum Zentrum des Kreises und zu einem Symbol führt, das das tiefste und umfassendste Symbol des eigenen Selbst ist, das er beim derzeitigen Stand der Entwicklung zu erreichen in der Lage ist.
Wenn das Symbol des innersten Kreises erreicht worden ist, öffnet der Spieler seine Augen, bleibt dabei aber, wenn möglich, in tiefer Trance und zeichnet mit den dafür zur Verfügung stehenden Materialien ein Bild dieses tiefsten, umfassendsten Symbols und dann der anderen Symbole, die er während der Meditation wahrgenommen hat, und bewegt sich vom innersten zum äußersten Kreis und Symbol. Oder wenn der Spieler das Symbol nicht zeichnen kann, dann schreibt er es verbal mit seinen Worten auf.
Und diese Darstellung der vollendeten Meditation wird mit dem Resultat jener Meditation verglichen, die am Ende des ersten Phantasie-Reise-Zyklus durchgeführt wurde, und der Spieler reflektiert diesen Vergleich und versucht, die Veränderungen der Symbolik im Vergleich zu den persönlichen Veränderungen, die er gefühlt hat, zu verstehen.

Danach können Mitglieder der Gruppe sich zusammensetzen, um die Bedeutung der Veränderungen in den Symbolen auszuwerten oder zu entdecken, wie diese mit erkannten oder offensichtlichen Veränderungen im Verhalten oder in den Wertvorstellungen einer Person oder irgendwelchen anderen Veränderungen einer Person zusammenhängen, die während des Verlaufes der Spiele stattgefunden zu haben scheinen.
Derselbe Vergleich wird am Ende des dritten und vierten Zyklus wieder gezogen, und deshalb sollten die Erinnerungen für diese zukünftigen Vergleiche gut aufgehoben werden.
Schließlich gratuliert der Leiter den Spielern zu ihrer Leistung und zu dem Erreichen des Endes des zweiten Zyklus. Den Spielern wird noch einmal der Wert der Spiele versichert und daß jeder Spieler etwas Wertvolles für sich selbst, für andere Mitglieder der Gruppe und für die Menschheit erreicht, und zwar durch seinen Beitrag zum allgemeinen Verständnis des menschlichen Geistleibs und seiner Fähigkeiten.
Und der Leiter sagt:

Gestärkt durch all das, was du getan hast, bist du nun vorbereitet, eine neue, schwierigere und anspruchsvollere Reihe von Phantasie-Reisen zu unternehmen, und du wirst merken, daß diese Spiele auch komplexer sind und dich immer tiefer in profunde und geheimnisvolle Bereiche und Dimensionen von Erfahrungen führen.

Der Leiter beendet den ASC-Zustand, nachdem er noch einmal den Spielern zu ihren Erlebnissen gratuliert hat.

Phantasie-Reisen
Drittes Buch

Vorbemerkung für Phantasie-Reisende:

Das Dritte Buch der Phantasie-Reise erfordert von den Spielern Fertigkeiten, Einsichten und Erfahrungen, die sie nicht besitzen, sofern sie die vorherigen Phantasie-Reisen des Ersten und Zweiten Buches nicht erfolgreich abgeschlossen haben. Diese Spiele waren eine notwendige Vorbereitung, so wie die Spiele des Dritten Buches eine grundlegende Vorbereitung für die noch anspruchsvolleren Spiele des letzten Zyklus sind, die im Vierten Buch dargelegt werden.

Die Spieler sollten jetzt in der Lage sein, tiefer zu gehen und in Bereiche der Wahrnehmung einzudringen, die von der Oberfläche des Bewußtseins losgelöst sind und über die vorher gemachten Erfahrungen der einzelnen Spieler hinausgehen. Diejenigen, die dazu bereit sind, können hier sehr weit gehen, sie können zu den Antipoden des Geistes durchbrechen, in das Reich der Archetypen, der reinen Wesenheiten und zu den Quellen psychischer Energien vordringen, denen die Spieler nie oder selten zuvor begegnet sind.

Die Wahrnehmungen vertiefen sich und steigern sich spiralenartig, wobei die Tiefe und die erweiterten Dimensionen als eins erlebt werden.

Wenn der Spieler dazu bereit ist, führen die Spiele – erfolgreich durchgeführt – zu Wegen der Erkenntnis und des Seins, die ihm bisher nicht erreichbar waren.

Ein solcher Spieler wird nicht an ein Ende, sondern an eine Öffnung kommen.

Es gibt immer mehr und ständig mehr.

Geh jetzt tiefer
und tiefer,
indem du spielst,
indem du diese Spiele spielst.

Anleitung für den Leser, um Phantasie-Reisen zu erlernen

Gleichgültig, ob der Leser diese Zeilen zur Vorbereitung auf das Spiel und das Leiten der Spiele oder zu einem anderen Zweck liest, so sollte er, wenn er es nicht schon getan hat, dafür sorgen, daß diese Worte auf die seine Augen, sein Geist und Verstand gerichtet sind, zum gesamten Inhalt seines Bewußtseins werden. Wenn du nur das wahrnimmst, was du liest, und nur das, so wird deine Teilnahme stärker sein, so daß dein Lernprozeß vollständiger wird. Was du jetzt lernst, lernst du gründlich, mit Verständnis auf allen geistigen Ebenen; das Gelernte schlägt tiefe Wurzeln und wird zu einem dauerhaften Teil von dir.

Was hier dem Leser nahegelegt wird, ist nicht das Bemühen um Konzentration, sondern daß er *keine Anstrengungen* macht, sich nur *entspannt,* einfach *losläßt* und die Worte ins Bewußtsein steigen läßt, so daß sie es ganz ausfüllen.

Dann wirst du sanft von ihnen getragen, und die Worte werden leicht als Vorstellungen aufsteigen, so daß du, wenn du eine Phantasie-Reise liest, sie deutlich visualisieren kannst und eine klare Vorstellung hast von den Geräuschen, den Gerüchen, dem Geschmack und den Gefühlen der Berührung, den Gefühlen der Bewegung, fast *als wärest du dabei.*

Und während du *lernst,* so gut darauf *einzugehen,* wirst du an dem Spiel teilnehmen; du wirst *lernen,* ein einfühlsamer Spieler und Leiter zu sein und bereits etwas von den veränderten Bewußtseinszuständen oder den ASC-Zuständen *zu erleben, Trance* zu erleben, und du wirst lernen, tiefer zu gehen, so daß du immer mehr erfährst und *immer mehr* lernst.

Du kannst tatsächlich lernen, darauf einzugehen und *tiefer zu gehen* und somit fähig zu sein, all das besser zu lernen, was in den Phantasie-Reisen gelehrt wird, es mit deinem Körper fließen zu lassen und auf die Einladung und Anweisung, *tiefer und tiefer* zu gehen, so *zu reagieren,* daß du spürst, wie du *tiefer gehst,* und du *weißt, daß du es tust,* und du bist von den Worten und deiner Reaktion auf das, was zu dir gesagt wird, *vollkommen* erfüllt.

Und je mehr du liest, um so mehr wirst du wissen über ASC-Zustände, über Trance, über das Tiefergehen. Du lernst wahrscheinlich, ohne überhaupt wahrzunehmen, daß es passiert, wie man in ASC-Zustände geht und wie man tiefer geht, weil es in den Phantasie-Reisen so gelehrt wird und sogar in vielen Fällen nur beim Lesen geschieht, also bei dem, was du gerade eben tust.

Da du es jetzt kannst, entspanne dich, entspanne und erinnere dich daran, woran man dir vorschlägt zu erinnern, und zweifle nicht im geringsten, daß das, woran du dich erinnern sollst, wirklich passiert ist, dir wirklich passiert ist, obwohl du es seit langer Zeit vergessen haben magst.

Erinnere dich und akzeptiere, ohne daran zu zweifeln, daß du als ganz kleines Kind einen Traum hattest, der immer wiederkehrte. Es kann sein, daß du an einige Einzelheiten dieses Traumes erinnert werden mußt, doch dann wirst du wissen, daß du diesen Traum wirklich hattest und daß er für dich so wichtig war, daß du diesen Traum sehr oft hattest.

Nachts, wenn du als kleines Kind in einem Bett schliefst, an das du dich gleich erinnern wirst, kehrte derselbe Traum immer und immer wieder, so daß du nicht sicher warst, ob es ein Traum war, obwohl es auch nicht die übliche Wirklichkeit deines Wachzustandes war. Es war vielmehr so, als gingst du in eine andere Welt, verglichen mit deinen anderen Träumen, und so hatte er eine besondere Art von Wirklichkeit an sich, wie du dich immer deutlicher erinnern kannst. Und es beginnt immer in gleicher Weise – so wie im Traum: du glaubst, du wärst wach, und du träumst, du wärst wach, und du stehst auf aus deinem Bett und gehst quer durch den Raum in eine kleine Kammer. Dort findest du ganz hinten eine Tür, die niemals dort ist, wenn du sie im wachen Zustand suchst und nicht träumst, obwohl du manches Mal nach dieser Tür gesucht hast, nach Schiebetüren oder Knöpfen, die man drückt, oder irgend etwas, das die Tür öffnen könnte.

In der Vergangenheit, als du von diesen Gelegenheiten träumtest, öffnete sich die Tür nie, doch jetzt in deinem Traum öffnet sie sich, so daß du durch sie hindurchgehst und dann stehst du am oberen Ende einer steinernen Treppe, die nach unten führt.

Es ist eine sehr alt aussehende Treppe, die sich nach unten windet. Und in dem dämmrigen Licht beginnst du, nach unten zu gehen. Du hast keine Angst, sondern ein großes Verlangen, nach unten zu gehen, tiefer und tiefer. Du steigst abwärts in deinem Traum, du gehst immer weiter nach unten, eine Stufe nach der anderen, bis du schließlich am unteren Ende der Treppe stehst und merkst, daß du dich jetzt am Rande eines dunklen, großen Etwas befindest, das sich bei näherem Hinsehen als das Ufer eines dunklen Gewässers herausstellt, schwarz wie Tinte oder wie das Wasser eines Zypressensumpfes. Wellen schlagen leise ans Ufer, und ein kleines Boot wartet dort auf dich.

Und du legst dich in das Boot – es liegen dort weiche Decken am Boden – und du merkst, wie das Boot langsam abtreibt und in die Dunkelheit hinausschwimmt. Es ist dunkel überall, doch du wirst durch die Bewegung des Wassers sanft geschaukelt, während das Boot weiter und weitertreibt, das Boot treibt mit dir tiefer und tiefer. Du fühlst nur das sanfte Schaukeln, hörst nur das Schlagen der Wellen, riechst den angenehmen Geruch von Feuchtigkeit und merkst dann, daß das Boot sich auf ein fernes Licht zubewegt. Dann fährst du durch eine höhlenartige Öffnung hinaus in das warme Sonnenlicht.

Immer noch treibst du auf dem Wasser abwärts, und du spürst den warmen Sonnenschein, und eine sanfte Brise streicht zärtlich über dich hinweg, während du tiefer und tiefer auf dem Wasser hinabgleitest.

Vögel singen auf einer Sandbank, Insekten zirpen und summen, Fische springen im Wasser auf deiner linken Seite, dann hinter dir. Du kannst sogar schon den Duft von Blumen riechen und von frisch gemähtem Gras auf den Feldern, wo die Mäher noch an der Arbeit sind.

Und du gewinnst daraus ein Gefühl großer Zufriedenheit und Heiterkeit, während du etwas verträumt und benommen weiter abwärts treibst, tiefer und tiefer, tiefer und tiefer und die Wellen schaukeln dich sanft. Laß das jetzt alles eine Weile auf dich einwirken. Sei dir der gesamten Situation jetzt sehr bewußt, spüre die Bewegung, die Wärme, die Töne, die Gerüche, während du sanft weitertreibst, tiefer und tiefer, tiefer und tiefer. Als kleines Kind hast du dies geträumt, und vielleicht erinnerst du dich jetzt daran oder du erinnerst dich, etwas anderes geträumt zu haben, bei dem du aus deinem Bett aufstandest und irgendwo hingingst, hinaus durch die Tür hinten in der kleinen Kammer oder auf irgendeine andere Art und Weise, jedoch aus diesem Bett heraus, hin zu einer anderen Realität, einer wirklicheren Realität, als du sie aus deinen anderen Träumen kanntest, zu der du immer und immer wieder zurückkehrest. Der Traum, der dir beschrieben wurde, oder ein anderer, doch sehr lebendiger, wirklicher, läßt dich durch die Erinnerung die Erfahrung zurückrufen, das Kind von früher sein, und die Träume, wie du sie damals träumtest, die lebendig erlebten Welten, die subjektiven Realitäten, die magischen, tranceähnlichen Wahrnehmungen, die du hattest, rufen dir diese Zustände ins Bewußtsein zurück, so daß dein Geist von ihnen ganz erfüllt ist.

Du tust dies nicht, um wieder ein Kind zu werden, sondern es ist ein Hilfsmittel, um die Möglichkeiten, die du als Kind hattest, wieder einzufangen, jene Fähigkeiten, die du als Kind hattest, die für eine Zeit verloren gegangen waren, die aber nicht unwiederbringlich sind.

Die Phantasie-Reisen sind dazu da, um etwas zurückzuholen, und der Spieler, der in der Lage war, sich während der Spiele auf das Erleben der ASC-Zustände einzulassen, hat wichtige Schritte unternommen, um verschlossene Türen zu öffnen, um Zutritt zu unterdrücken oder vergessenen Fähigkeiten wiederzuerlangen. Leser, die noch keine Reaktion an sich feststellen konnten, erleben es eben später, oder sie brauchen während der Spiele ein stärkeres Stimulans durch andere Mitspieler.

Die Leser, die auf den Text *angesprochen haben,* haben jetzt die Wahl, den derzeitigen Zustand zu unterbrechen oder ihn beizubehalten, ganz wie es ihnen für den Ablauf des dritten Teils der Spiele besser erscheint. Diejenigen, die eingestiegen sind, jetzt aber die Trance unterbrechen wollen, sehen sich nun das Zeichen unter diesem Abschnitt an, klatschen drei Mal kräftig in die Hände und sprechen laut die Worte unter dem Zeichen nach. Die gleichen Handlungen sollen auch weiterhin beim Lesen der Phantasie-Reisen als Auslöser derselben Resultate im Zustand einer Trance dienen.

Wach auf!

1

Zu dieser ersten Sitzung (wenn es nicht schon in vorausgegangenen Sitzungen geschehen ist) wählen die Spieler die erste derjenigen Personen, die als Leiter während des dritten Teils der Phantasie-Reise fungieren sollen.
Der so gewählte Leiter wiederum bestimmt zwei Personen als seine Assistenten, möglichst eine männliche und eine weibliche, die in der Lage sind, tiefe, veränderte Bewußtseinszustände zu erreichen und die gleichzeitig leitende Funktionen ausführen können. Die meisten Gruppen (jeder Größe) werden bis jetzt solche Spieler gefunden haben, doch falls dies nicht so ist, wählt der Leiter zwei Spieler als Assistenten, die er ihrer Sensibilität wegen zur Unterstützung der anderen Spieler für geeignet erachtet. Solange die beiden Assistenten nicht selbst eine leitende Aufgabe haben, nehmen sie mit den anderen Spielern am Spiel teil.
Bevor der Leiter mit dem ersten Spiel beginnt, begrüßt er die Spieler, beglückwünscht sie zu ihren bisherigen Erfolgen und weist sie darauf hin, daß noch ein sehr großes Stück Arbeit zu tun verbleibt.
Die Spieler werden aufgefordert, mit dem rhythmischen Atmen zu beginnen, und sie singen dann das OM, um die Einheit der Absichten und die Harmonie für die Gefühle in der Gruppe zu stärken; und jetzt fangen wieder alle Spieler zusammen an und gehen tiefer, tiefer und hinaus über die Regionen und Erfahrungen, die sie bis jetzt gemacht haben. Tiefer und tiefer, hinein in die Bereiche des Mysteriums, das sie zusammen erforschen wollen.
Der Leiter – oder auch die Spieler selbst – leiten jetzt eine Trance ein, die dann so lange vertieft wird, bis jeder Spieler jenes Höchstmaß an Tiefe erreicht hat, zu dem er bis zu diesem Zeitpunkt in der Lage ist. Der Leiter sagt jetzt zu den Spielern:

Während du diese Worte hörst, fühlst du, wie deine Glieder schwer werden, du fühlst die schwere Wärme, die sich in deinem

Körper ausbreitet – Lethargie, Müdigkeit und eine tiefe Entspannung überkommen dich. Dein Körper wird schwerer, und die Trance ergreift Stück für Stück deinen ganzen Körper, bis sie endlich deinen Körper durch und durch erfüllt.
Du erreichst einen Zustand, der einen Traum im Tiefschlaf nahekommt, einem tiefen Schlaf, in dem du andere Realitäten wahrnehmen kannst. Diese können subjektiv oder persönlich oder auch etwas ganz Anderes, Undefinierbares, Unbekanntes sein.
Und jetzt gleich wirst du etwas erfahren, was Hunderte oder gar Tausende von Jahren hindurch eine der wichtigsten und nutzbringendsten menschlichen Erfahrungen war, ein Mittel der Heilung, wenn jemand geheilt werden mußte, aber auch ein Mittel zur Reifung und des Wachstums, ein Weg, um der Erleuchtung näher zu kommen.
Es war Brauch in diesen Tausenden von Jahren, daß die Menschen in einen Tempel gingen, eine Nacht im Tempel schliefen, und in dieser Nacht kamen Götter oder andere Wesen zu dem Schlafenden, die mehr als menschliche Kräfte und höheres Wissen hatten.
Der Schlafende war zu dem Zweck gekommen, daß die Wesen ihn prüften, sich ein Urteil über ihn bildeten und festsetzten, was zu tun sei, um eine Heilung herbeizuführen oder um die natürlichen Kräfte zu aktivieren, die diese Person zur Selbstverwirklichung benötigen würde.
Diese Götter oder Wesen kamen zu dem Schlafenden in einer Vision, die ein Traum zu sein schien, und sie setzten diese Energien und Mechanismen in Gang, die dann weiterwirkten, solange es erforderlich war. Der Schlafende wachte in einer gewissen Weise verändert auf.
Während abertausend Jahren wurde dies praktiziert, und es geschah wirklich auf diese Weise. Es war eine gewaltige Erfahrung, die überaus wohltuende Auswirkungen auf die Person hatte, die sich diesem Tempelschlaf oder dieser Inkubation – wie man es nannte – unterzog.
Es sollte dir jetzt klar sein, und du mußt fest daran glauben, daß es

heute immer noch möglich ist, die gleichen Erfahrungen zu machen. Dieselbe Fähigkeit wohnt uns immer noch inne, und dieselben Kräfte oder Wesen, diese symbolischen Gestalten können noch angerufen werden, um ihre alten und mächtigen Rituale durchzuführen. Sie *werden* erscheinen und ihre Rituale praktizieren, und diese Rituale können auch erlebt werden; sie *können* und *werden tatsächlich* erlebt, und zwar im Zusammenhang mit der Phantasie-Reise. Gehe jetzt tiefer und tiefer und immer tiefer, begib dich jenseits aller Einzelheiten, jenseits von Raum und Zeit, tiefer und tiefer. Du hörst und reagierst nur auf diese Worte, die dir helfen werden, diesen wohltuenden und ewigen Ort zu erreichen und dort eine Zeitlang zu verweilen.

Gehe tiefer und immer tiefer, bis du dich in einem Tempel wiederfindest, einem Tempel außerhalb der Zeit, in einem heiligen Raum. Und du wirst hier von Gestalten begrüßt, die in Gewänder gehüllt sind, Gestalten, deren Gesichter sich im Schatten zu verlieren scheinen, und selbst wenn du sie für einen Moment erblicken solltest, wirst du sie vergessen. Du fühlst, daß du diesen Gestalten folgen mußt.

Folge ihnen, sie werden dich führen. Sie führen dich einen langen Korridor hinunter, tiefer und tiefer, hinunter in einen kreisförmigen Raum. In diesem Raum, in seiner Mitte befindet sich nur eine Steinplatte, auf die du dich legst und tief einschläfst, so daß das Ritual stattfinden kann. Nachdem du dich auf diese Steinplatte niedergelegt hast, wunderst du dich, wie bequem es ist, hier zu liegen, und du merkst, wie schläfrig, wie schrecklich schläfrig du dich auf einmal fühlst, und du beginnst in einen tiefen Schlaf hinüberzugleiten, und dabei merkst du noch, daß die in Gewänder gehüllten Gestalten, die dich an diesen Ort brachten, auch allmählich verschwinden. Sie ziehen sich wie Schatten aus diesem Raum zurück, über dem jetzt eine schwere, warme Dunkelheit liegt, die dich einhüllt.

Du schläfst jetzt, und du schläfst tief, sehr tief. Du schläfst so tief, daß dich bald nicht einmal mehr meine Worte erreichen können. Und während du diese Anweisungen ausführst, will ich dir noch etwas in den letzten Augenblicken sagen, bevor du so

tief schläfst, daß du nichts außer dem Inhalt deines Traumes wahrnimmst.
Während deines Traumes werden die Götter oder Wesen zu dir kommen, weil du bestens ausgerüstet bist für das, was getan werden muß, um in dir Energien und Mechanismen in Gang zu setzen, die die Kraft haben, dich in einigen entscheidenen Punkten zu verändern.
Du weißt jetzt, daß die Wesen diese Macht haben, du glaubst und weißt, daß sie sie tatsächlich haben, daß sie in der Lage sind, diese Macht anzuwenden, daß du wirklich die Erfahrung dieser uralten Rituale und ihrer Auswirkungen machen wirst.
Du wirst den Ritus vollständig erfahren, in all seiner zeitlosen Kraft und Tiefgründigkeit; du erlebst ihn in deinem eigenen, extrem tiefen Schlaf, in dem du nur den Inhalt deines Traumes wahrnimmst, in deinem Schlaf, der alles andere auslöscht, und dieser Traum beginnt *jetzt!*

Der Leiter beobachtet sorgfältig alle Spieler und gibt ihnen genügend Zeit, um die individuellen Erfahrungen ihres Tempelschlafes zu machen.
Dem Spieler wird es vorkommen, als hätte dieser Traum stundenlang oder sogar eine ganze Nacht gedauert, jedoch wird er – gemessen nach der herkömmlichen Uhrzeit – kaum länger als einige Minuten dauern.
Der Leiter macht keinerlei spezifische Angaben, wieviel Zeit zur Verfügung steht, sondern er *erwartet,* ohne es zu sagen, daß einige Minuten normaler Uhrzeit ausreichend sein werden. In keinem Fall ist bisher bei einem Spieler beobachtet worden, daß er mehr als fünfzehn bis zwanzig Minuten gebraucht hat, um die Inkubation oder den Tempelschlaf zu beenden. Das heißt natürlich nicht, daß es auf keinen Fall vorkommen darf.
Die Erlebnisse werden von Spieler zu Spieler sehr unterschiedlich sein. Der Leiter hat nur eine grundlegende Situation geschaffen, aus der sich eine unbegrenzte Vielfalt von Ereignissen entwickeln kann.
Am Ende des Spiels, wenn alle Spieler von dem Leiter in einen

erfrischten, belebten Wachzustand zurückgerufen werden, können sie ihre Erfahrungen austauschen. Die Spieler sollten auf die Verschiedenheit der Erlebnisse aufmerksam gemacht und darauf hingewiesen werden, daß der Leiter die Erfahrungen nicht vorgibt oder kontrolliert, sondern nur hilft, Bedingungen zu schaffen, die solche Erfahrungen ermöglichen.
Die Spieler sollen ermutigt werden, ihre Erfahrungen zu diskutieren, und dazu angehalten werden, ihre persönlichen Erlebnisse in einem Tagebuch festzuhalten, das über den ganzen Verlauf des dritten Teils der Phantasie-Reise geführt werden sollte. Es sollte jedoch *nicht darauf bestanden* werden, daß sie diskutieren, was während des Tempelschlafes oder irgendeiner Phantasie-Reise an tiefen psychologischen Bereichen oder an intimen, persönlichen Themen berührt wurde und welche psychischen Prozesse aktiviert wurden. Es kann sein, daß der Spieler dies erst still verarbeiten und reflektieren will; man kann durch voreiliges Diskutieren möglicherweise sehr wichtige Prozesse unterbrechen.
Es ist nie der Zweck einer Phantasie-Reise, einen Spieler zu Offenbarungen vor der Gruppe zu zwingen; die Privatsphäre jedes Spielers muß geachtet werden. Dabei ist die Gruppe gleichzeitig jederzeit dazu da und bereit, alles auszutauschen und zu besprechen, was der Spieler mitteilen will.

2

Ein veränderter Bewußtseinszustand oder eine Trance werden zuerst durch den Leiter herbeigeführt – oder von den einzelnen Spielern selbst – und dann vertieft. Anschließend sagt der Leiter zu den Spielern:

Du hörst jetzt nur noch der Stimme zu, die zu dir spricht, und nimmst nur noch bestimmte Bereiche deines Körpers wahr, du fühlst die Schwere deiner Glieder, du fühlst die Wärme, die mit der Schwere verbunden ist, du fühlst die Umrisse deines Körpers,

so daß du eine Vorstellung deines Körpers innerhalb dieser Umrisse besitzt. Außerhalb dieser Umrisse existiert jetzt nichts mehr.
Es gibt keine Zeit, es gibt keinen Raum, es gibt kein Hier, es gibt kein Jetzt, so daß es gleichgültig ist, ob Zeit Raum ist oder Raum Zeit oder ob dort hier ist oder jetzt dann oder hier dann oder wo jetzt ist oder wo jetzt war, und du wirst tatsächlich merken, wie die Umrisse deines Körpers verschwimmen, und du verlierst das Gefühl für deinen Körper. Du verlierst es, bis du nur noch die Stimme hörst, die spricht.
Du bist nur noch reiner Geist, reine Wahrnehmung und Bewußtsein außerhalb jedes Zusammenhangs, ganz und gar konzentriert auf diese Stimme, die dich daran erinnert, obwohl du derzeit kein Gefühl für deinen Körper hast, daß du einen Körper besitzt, den du aber nicht wahrzunehmen brauchst. Aber er existiert noch, und er funktioniert, ohne daß du darauf achten mußt, daß er funktioniert. Er kümmert sich um alle notwendigen Aufgaben, während du nur auf das hörst, was gesagt wird.
Du wirst wissen und begreifen, daß du seit Anfang deines Lebens unzählig viele Eindrücke aufgenommen hast, immense Berge von Wissen gesammelt, Ideen gestapelt, Symbole, alle Arten von Informationen, und du hast diese Daten kreativ auf Ebenen umgesetzt, die sich größtenteils außerhalb deines Bewußtseins befinden. So besitzt du eine große Vielfalt an Wissen, das weit über jenes Wissen hinausreicht, zu dem dein bewußtes Denken jemals Zutritt hätte. Darüber hinaus hat dein Unbewußtes kreativ mit diesem Wissen gearbeitet, und die Produkte all dieser Arbeit stecken in dir, Konstrukte deiner Phantasie, die dir eigen sind, dir aber nicht zugänglich waren.
Gehe jetzt tiefer und du weißt, daß die bereits gemachten Erfahrungen uns Wege gezeigt haben, Zutritt zu einer Menge dieses Materials zu finden und auch zu anderem Wissen, einem Wissen, das du scheinbar schon bei der Geburt mitgebracht hast, ererbtes Wissen und solches, das in deiner genetischen Struktur angelegt ist. Und so scheint es Spuren alter Erinnerungen zu geben, die weit, weit über dein eigenes Leben hinausgehen und vielleicht

sogar über alles menschliche Leben hinaus, zeitlich zu weit zurück, als daß du versuchen könntest, es zu begreifen. Und doch scheinst du mit diesem weit Entfernten verbunden zu sein und trägst in dir diese Vorstellungen und andere Spuren, die, wenn sie ganz verstanden werden, Geheimnisse entschlüsseln und Mysterien, die von deinem bisherigen Denken niemals ganz ergründet werden konnten.

Und mehr noch, dein Unbewußtes scheint Zugang zu einem Wissen zu haben, das weder in dir angelegt, noch von dir erlangt wurde, es hat diesen Zugang durch Hilfsmittel, die wir bis jetzt nicht kennen. Dieses Wissen, das dein Unbewußtes hat, scheint einer Art Reservoir von Bildern oder anderer Kenntnisse einer Kultur oder eines Volkes zu entspringen, einem Sammelbecken von Bildern und Symbolen und anderen Elementen, die das Unbewußte der einzelnen Mitglieder dieser Kultur oder dieses Volkes füllt. Im Unbewußten befinden sich Symbole und Archetypen, einschließlich jener Bestien und Götter und Personifikationen, die man manchmal in Mythen oder Träumen trifft oder in veränderten Bewußtseinszuständen, in ASC-Zuständen, die entweder eingeleitet oder auch spontan entstanden sind. Diese Archetypen können, wenn sie ins Bewußtsein gelangen, viel von dem aussagen, was das Unbewußte einer Person weiß, und damit auch viel von dem, was das Bewußte dieser Person *nicht* weiß. So kann man, indem man einen dieser Archetypen, eines der Symbole ins Bewußtsein bringt, manchmal dem Bewußtsein vermitteln, was das Unbewußte weiß, und diese Kenntnis kann von großem Wert sein.

Gehe wieder tiefer und tiefer und wisse, daß eines dieser Symbole, das in dir existiert und in der Lage ist, dir dieses Wissen zu vermitteln, der »weise, alte Mann« genannt wird. Dieser weise, alte Mann existiert in dir, und du kannst auf ihn aufmerksam werden.

Gehe immer noch tiefer. Und während du tiefer gehst, kommst du diesem weisen, alten Mann näher, der sich dir offenbaren wird. Du bemerkst eine zunehmende Dunkelheit, und während sich deine Trance vertieft, findest du dich auf einer Straße, auf der du dich entlangkämpfst, du schlägst diese Richtung ein, während du tiefer in Trance fällst, so daß der alte, weise Mann auf der höchsten Stufe des Prozesses, die du bisher erreicht hast, zu dir sprechen kann, doch du steigst weiter hinauf, so weit es dir möglich ist.

Du bewegst dich aufwärts, steigst hinauf durch die Dunkelheit, bis die Dunkelheit sich etwas zu lichten beginnt. Du kannst Felsen auf der Straße erkennen und steigst weiter hoch und hoch und höher, doch du gehst dabei tiefer und tiefer in deine Trance. Du solltest jetzt wissen und genau verstehen, daß du in Trance manchmal einen Punkt erreichst, wo du merkst, daß du zwar tiefer und tiefer gegangen bist und immer noch tiefer und tiefer gehst, daß es dir aber scheint, als stiegest du in einem geographischen Sinne höher und höher hinauf.

Du fühlst ganz stark, daß dir dies gerade eben passiert, und du kletterst weiter, findest es auch nicht zu mühsam, diesen Aufstieg fortzusetzen. Du fällst tiefer und tiefer in Trance, während du höher und höher den Weg hinaufsteigst, und du kannst für einen Moment einen Blick auf den Platz erhaschen, zu dem du emporkletterst. Es steht ein kleines Haus auf dem Gipfel, und in dem Haus, zu dem du dich hingezogen fühlst, dessen Anziehung stärker und stärker wird, lebt der weise, alte Mann.

Du gehst höher und höher, näherst dich dem Haus, während sich deine Trance gleichzeitig vertieft, bis du die Tür des Hauses erreichst, und du klopfst und wartest darauf, daß der weise, alte Mann die Tür öffnet und dich in das Haus hinein bittet.

Du wirst dort bei ihm bleiben und eine ganze Weile mit ihm reden können. Du kannst ihn all das fragen, was du von ihm wissen willst. Aber du mußt zu ihm vollkommen offen und ehrlich sein, nichts zurückhalten, denn das wäre zwecklos, da er bereits viel mehr über dich weiß, als das, worüber du dir selber bewußt bist, und er versteht dich viel besser, als du dich selbst verstehst. Es wäre also Selbstbetrug, wenn du nicht vollständig offen wärest, da alles, das du zurückhältst, deine Fragen nur unnötig begrenzen und alles verzerren würde, was du sagst. Denke daran, daß du Anteil haben willst an dem großen Wissen und der Weisheit des

weisen, alten Mannes. Du willst seine Antwort auf die wichtigsten Fragen, die du ihm nur stellen kannst.
Bald werde ich dich für einige Zeit mit dem weisen, alten Mann alleine lassen und dafür sorgen, daß du genügend Zeit hast, um deine Unterhaltung mit ihm führen zu können. Ich gebe dir sieben Minuten nach der Uhr, verbunden mit dem Anstoß zu einem beschleunigten geistigen Prozeß, AMP, den du schon kennengelernt hast und durch den du ohne jede merkliche Anstrengung auf diese Suggestion reagieren kannst. Das bedeutet, daß du subjektiv alle Zeit zur Verfügung hast, die du benötigst, um dem weisen, alten Mann all die Fragen zu stellen, die dir dein Leben und deine Ziele betreffend wichtig sind, sowie über die besten Wege, um diese Ziele zu erreichen. Du führst diese Unterhaltung mit ihm *jetzt!*

Nach den sieben Minuten fordert der Leiter die Spieler auf, ihre Unterhaltung mit dem weisen alten Mann zu beenden, falls sie es noch nicht getan haben, und sich von ihm zu verabschieden. Sie werden sich alles merken, was sie mit ihm besprochen haben, so daß sie, wenn sie sich nachher hinsetzen, um alles ins Tagebuch der Phantasie-Reise einzutragen, sich an jedes Detail erinnern können.
Der Leiter fügt folgendes hinzu:

Bevor der ASC-Zustand unterbrochen wird, will ich dich auf etwas hinweisen, und du hörst ganz genau auf meine Worte, und du verstehst diese Worte und handelst genau nach diesen Worten. Wenn du den Bericht deiner Unterhaltung mit dieser symbolischen Gestalt liest und überdenkst, solltest du eine durchdachte und kritische Analyse darüber erstellen, was zu dir gesagt wurde. Du tust das mit dem festen Bewußtsein, daß du dich nicht mit einer offensichtlichen Wahrheit befaßt, sondern mit Gedanken, Vorstellungen und Tatsachen, die falsch sein können und die für dich sowohl wichtig als auch unwichtig sein können. Du hast eine *mögliche* Quelle wichtiger Informationen und Einsichten erforscht, aber wie immer, wenn du Material aus subjektiven

Welten und Realitäten heranziehst, muß es abgewogen und getestet werden, und sein Wert muß zu demonstrieren sein.
Diese Phantasie-Reise soll bewirken, daß du der Möglichkeit näher kommst, von deinem gesamten Geist, von der gesamten Bandbreite deiner Möglichkeiten Gebrauch machen zu können. Verstand und Phantasie insbesondere sollen nicht widersprüchlich gegeneinander arbeiten, sondern zu kreativer Zusammenarbeit gebracht werden. Ebenso sollte Bewußtes und Unbewußtes in einem harmonischen Ganzen, das du darstellst, zusammenwirken.
Auch wenn du es jetzt noch nicht verwirklichen kannst, verstehst du, was gerade zu dir gesagt worden ist. Du wirst mehr und mehr nach diesem Verständnis handeln. Ein immer größerer Teil deines Geistes wird von dir genutzt, und die verschiedenen Prozesse, Mechanismen, und Bemühungen wirken in einer sich steigernden Harmonie mit größerer Effektivität zusammen, während du deine Kräfte entwickelst und so zunehmend eine immer stärkere ganzheitliche Persönlichkeit wirst und ein stärkeres Selbst entwirfst.

3

Der Leiter kündigt den Spielern an, daß dieses Mal etwas auf dem Plan steht, was eine mächtige und wichtige Erfahrung werden könnte. Das Spiel, das jetzt folgen soll, eröffnet die Möglichkeit neuer Dimensionen der Vertrautheit zwischen einzelnen Personen. Das Spiel muß mit einem Partner gespielt werden, und diejenigen, die mitmachen wollen, sollen sich unter den Mitspielern einen Partner aussuchen. Wenn sich alle in Paare aufgeteilt haben, dann setzen sich die Partner so gegenüber, daß sie sich anschauen können. Wenn dies geschehen ist, fährt der Leiter mit den Anweisungen fort.
Die Spieler werden angewiesen, daß je einer der beiden Partner den anderen in Trance versetzen soll; die Trance sollte dann vertieft werden, indem die gewohnte Methode angewendet wird.

Dem Spieler wird aufgetragen, sich vorzustellen, den Namen des Mitspielers hineinzuschreiben, und das Wort ›Trance‹, immer und immer wieder, bis er fühlt, daß er den tiefsten Stand der Trance erreicht hat. Dann legt er das Notizbuch und den Kugelschreiber zur Seite, und informiert somit den Partner, daß dieser Punkt erreicht ist.
Dieser Partner weist ihn daraufhin an, die Trance zu unterbrechen, aber dieselbe Tiefe kann kurz darauf ganz schnell wiedererlangt werden, lediglich durch die Worte: »Geh jetzt wieder in Trance, geh schnell in Trance, und geh tiefer, tief in Trance, so tief, wie du es vorher warst.« Danach wird der Partner wieder in den Wachzustand zurückgerufen.
Als nächstes werden die Rollen getauscht, die gleiche Einleitung, Vertiefung und Anweisung für das Wiedereintreten in Trance wird jetzt dem anderen Spielpartner gegeben. Danach wird auch dieser Trancezustand beendet.
Wenn alle Paare diesen Vorgang abgeschlossen haben, sagt der Leiter:

Und jetzt gehen alle, die das wollen, gemeinsam in eine tiefe Trance, es ist eine gemeinsame Trance, und ihr macht gemeinsame Erfahrungen auf Bewußtseinsebenen, die man auf andere Art kaum teilen kann. Wenn ihr wollt, gebt ihr euch gegenseitig die vorbereitete Einleitung und Vertiefung: »Geh jetzt wieder in Trance, geh schnell in Trance und geh tiefer, tief in Trance, so tief, wie du es vorher warst.« Das sagt zunächst der eine Partner, und nachdem der andere darauf reagiert hat, sagt es dieser.

Der Leiter erklärt, daß jeder Spieler im Verlauf des Spieles dem Partner zusätzliche Verstärkungen gibt, noch tiefer zu gehen. Die Spieler nehmen sich zunehmend nur noch gegenseitig und in ihrem gemeinsames Erleben wahr, mit einer einzigen Ausnahme, nämlich der, auf die Fragen zu antworten, die der Leiter ihnen stellt, und darauf zu reagieren, wenn er auf folgende Art eingreift: Wenn ein Spieler die Hand des Leiters auf seiner Schulter spürt, entzieht er sich langsam der *gemeinsamen* Trance, läßt von der Beziehung zum anderen Partner ab, bleibt jedoch im veränderten Bewußtseinszustand und folgt jetzt dem Leiter. Danach hört dieser Spieler ausschließlich auf die Anweisungen des Leiters und in keiner Weise mehr auf verbale oder nonverbale Suggestionen oder andere Kommunikationsformen des Partners, mit dem er vorher die Trance teilte.

Der Leiter erklärt den Spielern weiterhin, daß, wenn einer von ihnen eine klare Vorstellung eines Ortes entwickelt, den er für einen guten Ausgangspunkt und eine angenehme Umgebung für die gemeinsame Trance hält, er den Partner einladen sollte zu versuchen, diesen Ort zu erreichen, so daß sie von dort aus die gemeinsame Erforschung der inneren Räume beginnen können.

Wenn die Spieler fühlen, daß sie sich gegenseitig in der Trance gefunden haben, fangen sie an, miteinander zu reden, beschreiben sich gegenseitig, was sie gerade sehen, fühlen oder sonstwie erleben, und entscheiden gemeinsam, in welchem Ausmaß sie die Erforschung tatsächlich zusammen ausführen wollen.

Als Hilfe, um eine größere Gemeinsamkeit zu erzielen, kann die Tiefe der Trance in Zahlen ausgedrückt werden, beispielsweise auf einer Skala von 1 bis 100, wodurch man eine Markierung hat, die die jeweilige Trance-Tiefe anzeigt. Wenn einer der Spieler zum Beispiel bei dem Stand 60 angelangt ist, kann er den anderen ermutigen und auffordern, ebenfalls den Stand 60 zu erreichen, damit sie dann gemeinsam fortfahren und tiefer gehen können.

In einigen Fällen gehen die beiden Partner zusammen in so tiefe Trance, daß sie aufhören können so sprechen, ohne daß die Gemeinsamkeit unterbrochen oder die Kommunikation weniger vollständig wäre als zuvor, obwohl kein Wort mehr fällt. Als Hilfe für eine derartige Kommunikation, die vielleicht als telepathisch erfahren wird, sollten die Spieler körperlichen Kontakt aufnehmen, eventuell durch Händehalten.

Die Spieler werden aufgefordert, nur die gemeinsamen Erfahrungen zu erleben, sich dabei aber zu erinnern, daß sie auf den Leiter in der Form reagieren werden, wie es bereits besprochen wurde.

Nachdem nun den Spielern diese Anweisungen gegeben worden sind, erfragt der Leiter, ob sie alles verstanden haben, was zu tun ist, und ob sie sich völlig einverstanden erklären, sich den Anweisungen des Leiters zu unterstellen. Der Leiter fordert dann die Spieler auf anzufangen und gibt den Zweiergruppen eine Stunde oder mehr Zeit, die veränderten Bewußtseinszustände zu erleben. Auf jeden Fall soll der Leiter von Zeit zu Zeit untersuchen, ob beide Partner den Wunsch haben, weiterzumachen, und unterbricht die gemeinsame Trance, wenn einer der Spieler erkennen läßt, daß er lieber aufhören würde.
Am Ende des Spiels legt der Leiter nacheinander die Hand auf die Schulter eines jeden Spielers und gibt jedem einzelnen die Anweisung, zu einem aufmerksamen Wachzustand zurückzukehren.
Wenn er das bei jedem Spieler getan hat, führt er schnell alle Mitglieder der Gruppe gemeinsam in einen ASC-Zustand. Er vertieft diesen Zustand und weist alle Spieler an, daß sie sich jetzt in einer Trance befinden und nur auf die Kommunikationen des Leiters reagieren.
Der Leiter sagt den Spielern weiterhin, daß sie sich nach der Trance vollständig an alles erinnern werden, was in ihr vorgefallen ist. Sie werden viel darüber gelernt haben, wie man sich in einer gemeinsam durchgeführten Trance verhält, und sie werden in der Lage sein, es bei künftigen Gelegenheiten immer besser zu können.
Der Leiter beendet dann die ASCs, und die Erfahrungen der gemeinsamen Trancezustände werden eingehend besprochen. Der Leiter steht auch nach dem Spiel jedem Spieler zur Verfügung, der das Gefühl hat, daß er über seine Erfahrungen noch einmal privat reden möchte.
Die Spieler unterhalten sich darüber, wie man die Abläufe vertiefen und die Erfahrungen der gemeinsamen Trance steigern kann. Die Bedeutung und die Möglichkeiten, ASC-Zustände mit einer oder mehreren Personen zu teilen, sollen so weit untersucht werden, wie es die Spieler wünschen.
Leiter, die sich auf diese Phantasie-Reise vorbereiten, studieren

die Anweisungen so lange, bis ihnen die gesamte Folge geläufig ist und sie verstanden haben, warum verschiedene Anweisungen und Abläufe immer wieder gegeben werden. Die Leiter proben diese Anweisungen mit den Spielern, bis auch diese sich mit der Folge vertraut gemacht haben und auf die Anweisungen, die der Gruppe gegeben werden sollen, gut vorbereitet sind.
Eine solche vorherige Probe sollte der Leiter bei jedem Spiel durchführen, doch sie ist besonders wichtig für dieses, und für einige andere, noch kompliziertere und detailliertere Spiele.

4

Der Leiter oder die Spieler selbst leiten die ASCs ein und vertiefen sie, und wenn dies geschehen ist, fährt der Leiter mit den vertiefenden Suggestionen fort.
Nach einer Weile trägt der Leiter den Spielern auf, ihre Wahrnehmung ganz eng und intensiv konzentriert auf das zu richten, was jetzt und im weiteren Verlauf gesagt werden wird. Er richtet dann folgende Worte an sie:

Es war schon immer so, schon in ältesten Zeiten, daß Seher und Erforscher imaginärer Welten, Menschen also, die in tiefe symbolische Bereiche des eigenen Selbst und der eigenen Psyche eingedrungen und vielleicht sogar noch darüber hinaus gelangt sind, manchmal auf archetypische und symbolische Formen stießen, die offenbar die Funktion von inneren Führern haben, Gestalten, die, wenn sie einmal wahrgenommen wurden, in der Lage sind, die Person zu führen, sofern sie diesem Führer folgt, hinein in tiefere und tiefere Reiche.
Dieser Leiter führt tiefer, und wenn man ihm folgt, kann man eine Bewegung hinein in solche Tiefen feststellen, in denen die Geheimnisse eines normalerweise unbewußten Leben enthüllt werden. Und diese Führer bringen die betreffende Person mitunter sogar zu Einweihungen und durch Einweihungen hindurch oder zu anderen Ritualen, die von beträchtlicher Wichtigkeit sind

als Mittel des Wachstums oder die als Annäherung zu einer größeren Reife, zu besserem Selbstverständnis und höherer Weisheit führen können.

Hör mir jetzt gut zu, hör mir aufmerksam zu; ich sage dir, was ich für dich tun kann, und ich werde es jetzt auch gleich für dich tun. Ich zähle dir einige dieser verschiedenen Führer auf, und du mußt dich dann entscheiden, ob es dich weiterbringt, wenn du diesen Bildern folgst.

Was die Erfahrung mit diesen Bildern sein wird, kann weder ich noch sonst jemand dir sagen. Du wirst, dein Einverständnis vorausgesetzt, diesen Führern folgen, und sie führen dich in Regionen deines geistigen Lebens, in denen du Erfahrungen von unvorhersehbarem Inhalt machen wirst. Ich sage dir, wenn du diesem Führerbild vertraust, wenn du Vertrauen zu seiner Fähigkeit, dich zu beschützen, hast, dann wirst du vor jeglichem Übel sicher sein.

Du mußt dem Leiter folgen, und wenn du ihm folgst mit der Sicherheit, daß er dir helfen kann und will, gehst du vorwärts auf dem Weg zu Wachstum und Erleuchtung. Du solltest dich auch an das erinnern, was du über Symbole und die Vorstellungswelt gelernt hast und wie du dich in subjektiven Realitäten verhalten sollst, denn diese Lektionen waren wichtige Vorbereitungen für die Erfahrungen, die du in Kürze haben wirst – natürlich nur, wenn du dich dafür entscheidest.

Es ist jetzt Zeit, und du wirst zuerst um dich herum eine Dunkelheit wahrnehmen, die dich einhüllt, und es wird dunkler und dunkler.

Und du fühlst, wie du tiefer und tiefer in eine Höhle hinunter gebracht wirst, deren Schwärze von schimmernden und plätschernden Wellen goldenen Lichts erleuchtet wird. Das Licht färbt sich bronzen, dann silbern und du stehst währenddessen auf einem schweren, steinernen Boden, der ein Becken mit schwarzem Wasser umschließt, das schimmernd und plätschernd das silberne Licht reflektiert.

Schau auf die Mitte des Beckens mit dem schwarzen Wasser, dort ist eine Unruhe, es erhebt sich etwas, es steigt hoch zur Mitte, steigt zu dir empor, und du fühlst jetzt: was auch immer sich aus dem Becken erhebt, wird nichts sein, vor dem du Angst haben müßtest, gleichgültig, wie seltsam seine Erscheinung aussehen mag.

Und während du dieses wirbelende, silbrige schwarze Wasser betrachtest, verstärkt sich das Licht darin, und das Wasser wird klar, es wird kristallklar, so daß du ganz tief hinuntersehen kannst, und du erkennst, daß die Unruhe an der Oberfläche von etwas verursacht wird, das ganz, ganz weit unten, sehr tief unten ist, das allerdings jetzt emporsteigt und sichtbar wird.

Es steigt, es kommt schnell an die Oberfläche und erhebt sich aus dem Wasser, und du erkennst jetzt ein riesenhaftes Krokodil, es ist smaragdgrün und hat Augen, die funkeln wie Edelsteine. Das große Krokodil schwimmt im Wasser umher und bewegt sich auf dich zu, sein ungeheures Maul weit aufgerissen, und während dieser Rachen sich unmittelbar vor dir auftut, weißt du bereits, was du tun mußt.

Du weißt es, und du tust es auch und begibst dich geradewegs in das Maul des Krokodils, kriechend, du kriechst hinunter in seinen Bauch, während das Maul sich hinter dir schließt und du erkennst, daß das Krokodil wieder zurück in das Wasser hineintaucht.

Ich kann nur noch ein ganz kleines Stück mit dir weitergehen, dir nur noch ganz wenig darüber erzählen, wie du diese Reise beginnst, während du tiefer gehst, tiefer und tiefer. Irgendwie kannst du sehen, was außerhalb des Krokodils passiert, während es nach unten schwimmt. Das Krokodil schwimmt tiefer und tiefer; und tiefer und tiefer im Wasser bemerkst du, daß du in den Wassern der Zeit bist. Du sinkst hinunter durch die Wasser der Zeit und merkst, daß du eine Schicht nach der anderen passierst, Schichten, auf denen Ruinen von alten Städten stehen, alte Kulturen, vergessene Orte, von denen die heutigen Menschen keine Kenntnis mehr haben, obwohl diese Orte einmal existierten und zur Geschichte der Menschheit auf dieser Erde gehören.

Und das Krokodil trägt dich tiefer und tiefer, bis du dich schließlich an einem Ort befindest, wo kein Wasser mehr ist, und das Krokodil öffnet seinen Rachen, und du kriechst heraus und bewegst dich auf das zu, was immer dich dort erwarten mag. Du wirst näher an dieses Erlebnis herankommen, und du weißt, daß, wenn die Zeit gekommen ist, das Krokodil dich zu dem Ort zurückbringt, an dem du warst, als es dir zum ersten Mal erschien, und wenn das geschehen ist, fällt dein Kopf unwillkürlich nach vorn, und du bewegst ihn wieder zurück, er fällt nach vorn, bewegt sich zurück, fällt nach vorn und wieder zurück – dreimal – und dann weiß ich, daß du bereit bist, die Kommunikation mit mir wieder aufzunehmen.

Und nun mußt du alleine weitermachen. Du befindest dich am Rande des Beckens mit dem silbrigen Licht auf dem Wasser, und du bist gerade in dem Moment, in dem sich das Wasser klärt, und bald erscheint dir dein Führer »Krokodil« *zum erstenmal,* und du hast ganze fünf Minuten regulärer Uhrzeit zur Verfügung, und mehr brauchst du nicht, um Stunden, Tage oder Wochen oder eben jede Menge Zeit zu haben, um die Erfahrungen in dieser *anderen* Realität zu machen. Du befindest dich am Rande des Beckens, und der innere Führer wird dir sogleich erscheinen. Das Ganze beginnt *jetzt!*

Nach Ablauf der fünf Minuten und nachdem alle Spieler ihre Erfahrungen zu Ende gebracht haben, sagt der Leiter:

Und jetzt bleibst du in dem veränderten Bewußtseinszustand, aber du gehst tiefer und befindest dich bald auf einer Straße, die durch ein Tal führt. Dieses fruchtbare Tal liegt zu deiner rechten, links von dir befindet sich aber ein steiler Felsen, der fast senkrecht emporragt, und wie du stehenbleibst und da auf der Straße stehst, siehst du eine riesige Schildkröte auf dich zukommen und vor dir stehenbleiben.

Es scheint eine unglaublich alte Schildkröte zu sein, eine, die schon lebt, seit es überhaupt Schildkröten gibt. Auf ihrem Rücken ist ein Sitz befestigt, in den du dich jetzt hineinsetzt. Laß dich auf dem Sitz nieder und schau hinunter. Dort siehst du große Rubine rund um den Rand des Schildkrötenpanzers so glitzernd

und funkelnd, als ob in jedem ein wunderbares Feuer brennte. Direkt oberhalb des äußeren Ringes von Edelsteinen erkennt du eine Reihe von eingelassenen goldenen Symbolen, mystische Symbole, die dir unerklärlich sind, und du kannst dennoch nicht umhin, die Macht dieser Symbole zu erkennen.
Meditiere jetzt über die leuchtenden Edelsteine und anschließend über die goldenen Symbole, und während du das tust, trägt dich die Schildkröte zu einer Waldlichtung. Dort wartet auf dich ein wilder, schöner, weißer Hengst mit feurigen Augen, als ob Blitze aus ihnen hervorspringen könnten. Von dem Rücken der Schildkröte aus kannst du gerade eben den Rücken des Hengstes besteigen, und er trägt dich an irgend einen Ort, an den du *jetzt* gehen mußt!
Du hast jetzt fünf Minuten normaler Uhrzeit, und mehr brauchst du nicht, um Stunden oder Tage in jenem Reich zu verbringen, das du jetzt besuchen wirst. Du gehst in diese Erfahrung hinein, du beginnst damit *jetzt!*

Am Ende dieses Abschnittes sagt der Leiter zu den Spielern, daß sie zum Ort der Phantasie-Reise zurückkehren sollen, weil dort nämlich jeden Moment der dritte Führer erscheinen wird.
Dieser dritte Führer ist eine riesengroße schwarze Katze. Sie steht aufrecht und läuft wie ein Mensch, eine Katze mit goldenen Augen, die nie blinzeln, und sie hat eine schwere metallene Halskrause, die mit Juwelen besetzt ist. Diese Katze streckt ihre rechte Pfote aus, um dem Spieler den Weg zu weisen, den er gehen soll.
Die Pfote der Katze zeigt auf eine Tür in der Mauer, und es hat den Anschein, als ob diese Mauer einen Garten oder einen Park umschlösse, da auf der anderen Seite Bäume zu sehen sind. Der Spieler bewegt sich jetzt auf die Tür zu und geht durch sie hindurch.
Wieder gibt der Leiter den Spielern vier Minuten Zeit, um ihnen ihre Erlebnisse zu ermöglichen. Wenn diese vier Minuten vergangen sind, sagt er zu den Spielern:
Und jetzt mußt du darauf vorbereitet sein, tiefer und tiefer zu

gehen, hinein in den vierten, tiefgründigsten, ja mystischen Bereich, der im Laufe des Spiels ergründet werden soll. Du wirst erneut von Boten und Führern geleitet, die ewig diesen Aufgaben dienen.

Du wirst jetzt tiefer gehen und tiefer, und während du tiefer gehst, siehst du drei aufrechtgehende, menschenähnliche Gestalten auf dich zukommen, die seltsame Lederrüstungen tragen, dazu Stahlhandschuhe, deren Form den Krallen von Raubvögeln nachempfunden sind.

Während sie näherkommen, siehst du, daß diese Gestalten wirklich Köpfe wie Falken haben mit furchterregend sprühenden, wilden Augen, und eine dieser vogelköpfigen Gestalten stellt sich links neben dich, die andere rechts und die dritte ein paar Schritte vor dich hin, und sie führen dich durch Korridore, die mit großen, schweren Tafeln und Metallschildern geschmückt sind. Sie sind wunderschön und sehr kunstvoll beschriftet mit komplexen Symbolen und Hieroglyphen, die, wie es scheint, aus einer dir unbekannten Kultur stammen.

Du gehst sehr tief, und wie sie dich so führen, kommst du in eine Halle von riesigen Ausmaßen, und in dieser Halle spielt sich die abschließende Phase dieses Mysteriums ab, das du jetzt erforschen wirst.

Du hast dafür fünf Minuten normaler Uhrzeit zur Verfügung, was ausreichen wird, um eine ausgedehnte, reichhaltige, tiefgehende und gewaltige Erfahrung zu machen. Welche Erlebnisse es auch immer sein mögen, die du an diesem Ort machst, an den dich die Führer jetzt bringen, sie beginnen *jetzt!*

Abschließend wird den Spielern gesagt, daß sie sich an alles erinnern können, was sie erlebt haben, sich alle Details merken werden, so daß sie ihre Erlebnisse in das Phantasie-Reise-Tagebuch eintragen können.

Den Spielern wird noch deutlich gemacht, daß jeder oder alle dieser Führer zurückgerufen werden können, wenn ein Spieler den Wunsch oder das Bedürfnis verspürt, an einen dieser Orte zurückzukehren, zu den ihn dieser Führer geleitet hat.

Der Leiter beendet dann den ASC-Zustand und stellt einen erfrischten, munteren Wachzustand bei allen Spielern wieder her.

5

Die Spieler bekommen vom Leiter die Aufgabe, sich selbst in einen ASC-Zustand zu versetzen, diesen weiter zu vertiefen und diese Vertiefung über einen scheinbar langen Zeitabschnitt fortzusetzen, obwohl in Wirklichkeit nur drei Minuten verstreichen.

Gegen Ende dieser Periode ermuntert der Leiter die Spieler noch einmal, ihre wirkungsvollsten Techniken anzuwenden, um möglichst noch tiefer in Trance zu gehen. Drei Minuten nach der Uhr müssen ihnen dafür zugebilligt werden, und dieser Zeitraum wird subjektiv wieder als viel länger erlebt werden. Jeder Spieler geht jetzt sehr tief, und wenn er ein Maximum an Tiefe erreicht hat, werden es Spieler und Leiter daran merken, daß sich die rechte Hand der einzelnen Spieler unwillkürlich hebt, ein wenig oder sogar weit über den Kopf des Spielers hinaus.

Gegen Ende dieses Abschnitts stellt der Leiter fest, wessen Arme sich erhoben, und sagt dann:

Gut, und jetzt gleitet dein Arm wieder sanft herunter. Und du spürst, wie er sich senkt, auch wenn du nicht bemerkt haben solltest, daß du ihn erhoben hattest.

Und du merkst, daß du immer noch tiefer gehen kannst, dein ganzer Körper geht tiefer, er fühlt und weiß sich jetzt selbst in dieser Tiefe, während du nur meinen Worten *zuhörst*. Du hörst diese Worte jetzt in einer ganz normalen Sprechweise, obwohl deine eigenen geistigen Prozesse sehr stark beschleunigt sind, sich jetzt ungeheuer beschleunigen, so daß du in der Lage sein wirst, eine höchst ungewöhnliche Menge subjektiver Erfahrungen in einer – gemessen an der Uhr – ganz kurzen Zeit zu machen.

Du gebrauchst den bereits erlernten AMP-Prozeß und benutzt ihn als eines der Elemente eines kreativen Prozesses, während du

deinen eigenen kreativen Prozeß erlebst, der ohne ein bewußtes Zutun deinerseits in dir im Gange ist und trotzdem auf eine bestimmte Art kontrolliert, unbewußt kontrolliert. Und dein Unbewußtes reagiert auf die Suggestionen, die ich dir jetzt gebe, und du führst die kreative Arbeit aus, die dir zugeteilt wird.
Was jetzt geschehen wird, ist folgendes: innerhalb einer Minute – nach normaler Uhrzeit – erlebst du, wie dein Unbewußtes eine Art Kurzgeschichte erzeugt, die vollständig entwickelt ist. Du erlebst sie in visuellen Bildern oder vielleicht auch als eine andere Art von Vorstellung, als wäre es ein kurzer Film oder sogar gänzlich anders, aber auf jeden Fall handelt es sich um eine zusammenhängende, phantasievolle kleine Geschichte oder Vignette. Dir wird diese Erscheinung viel Spaß machen. Du freust dich an ihr, und du bist überrascht über diese Geschichte. Du versuchst nicht, sie zu erfinden, und sie wird dir gänzlich neu sein und keiner Geschichte gleichen, die du dir früher schon einmal ausgedacht hast. Sie wird dir erscheinen, wenn du darüber nachdenkst, als wäre sie ein Stück, daß du mit ziemlicher Sicherheit nicht hättest bewußt erschaffen können.
Du hast eine Minute Zeit, in der du diese Geschichte erlebst, und du beginnst damit *jetzt!*

Die Spieler erhalten die Anweisung, dieses Spiel mehrere Male zu wiederholen, auch um daran zu üben, AMPs durchzuführen, die ihnen helfen werden, bestimmte Aufgaben zu erfüllen, Probleme zu lösen und eine neue Phantasie-Reise für die Gruppe zu erfinden.
Der Leiter sagt zu den Spielern:

Du hast jetzt mehr darüber gelernt, wie man geistige Abläufe beschleunigt und wie unbewußte, kreative Prozesse ablaufen. Du hast insbesondere gelernt, daß diese Prozesse nicht notwendigerweise undiszipliniert oder außerhalb deiner Kontrolle ablaufen, sondern daß du bestimmen kannst, was du dir davon nehmen und ins Bewußtsein bringen willst im Sinne dessen, was du bestimmt hast. Dein Geist lernt, wie man diese Fähigkeiten am besten wecken und anwenden kann, und dieser Lernprozeß hält weiterhin an, wobei du immer leichteren Zutritt zu diesen und anderen Fähigkeiten erreichst und Wege erforschst, wie diese Fähigkeiten genutzt werden können und wie du sie am besten nutzen kannst. Du lernst dies alles, und es ist für dich wichtig und wertvoll, alle diese Spiele durchzuspielen.

Der Leiter weist die Spieler an, ihre Erlebnisse in den Tagebüchern festzuhalten. Dann beendet er die ASC-Zustände.

Geschichten, die im Verlauf der Phantasie-Reisen entstehen, sind häufig lang und füllen, wenn sie in Erinnerung gerufen werden, einige maschinengeschriebene Seiten und sogar noch mehr. Ihre Qualität entspricht annähernd der, die der Autor bei bewußtem, kreativem Bemühen erreichen würde.
Eine Geschichte, die bei einem dieser Spiele entstanden und kurz genug ist, um hier wiedergegeben zu werden, wurde von einem Spieler in etwas weniger als einer Minute erlebt und lautet folgendermaßen:

»Ich war ein Baum, und viele Leute kamen, während ich wuchs, und sie setzten sich unter meine Zweige. Dies ging eine lange Zeit so. Dann wurde ich eines Tages gefällt. Ich wurde in Bretter zersägt, und daraus wurde ein Haus gebaut. Schließlich brach das Haus zusammen. Eine meiner Planken wurde von einem Holzschnitzer benutzt, um einen Holzschnitt daraus zu machen. Ich hing lange Zeit an einer Wand und lag dann lange auf einer Müllablage. Dann wurde ich zu einem Splitter und fuhr in die Hand eines Menschen.«

Im Zusammenhang mit dieser kleinen Geschichte fand zwischen dem Leiter und dem Spieler folgendes Gespräch statt:

Leiter: Was glaubst du, wie lange diese Geschichte gedauert hat?
Spieler: Nun ja, es war, als würde ich mir einen Film ansehen, der etwa eine halbe Stunde dauerte.
Leiter: Du hast es gesehen wie in einem Film?
Spieler: Ja. Aber ich habe es auch gefühlt. Besonders habe ich gespürt, wie sie mich fällten und wie ich am Ende in die Hand

eines Menschen eindrang. Ich sah durch meine Blätter, und ich sah die meisten Dinge, die vor sich gingen. Die ganze Zeit umgab mich Vogelgesang.
Leiter: Fühlte der Baum den Schmerz, als sie ihn fällten?
Spieler: Nein, er spürte nur das Fallen.

6

Den Spielern wird nach Einleitung und Vertiefung des veränderten Bewußtseinszustands vom Leiter gesagt:

Ich werde dir jetzt eine Szene beschreiben, einen Ort, den du aufsuchen, und ein Ereignis, an dem du teilnehmen wirst. Aber zuerst hörst du der Beschreibung zu, ohne dort hinzugehen oder teilzunehmen, bis du dazu aufgefordert wirst. Geh jetzt tiefer, und wenn ich dich dazu auffordere, merkst du, daß du auf einem Pfad im Dschungel entlanggehst. Du hast dich in dieser dichten, üppigen Vegetation nicht verirrt, und du machst dir keine Sorgen über dieses Gewimmel von wildem Leben im Dschungel, sondern du weißt irgendwie, wie du weitergehen mußt, obwohl du noch nie hier gewesen bist.
Du kommst zu einer Lichtung, auf der von Eingeborenen ein mächtiges Ritual vollzogen wird; sie singen und trommeln dabei. Es ist ein extrem wildes und elementares Ritual.
Du nimmst zuerst als Zuschauer daran teil. Du siehst das Feuer in der Mitte der Lichtung, du siehst die nackten, glänzenden Körper tanzen, hörst und spürst die immer stärker werdende Resonanz der sich steigernden Trommeln, so daß dein eigener Körper vom Rhythmus der Trommeln gepackt wird und du von dem Ritual gefangen wirst. Du fühlst in deinem Körper, was die Eingeborenen tun; du fühlst genau das, was sie auch fühlen; du weißt, was sie auch wissen, jetzt, da das individuelle Bewußtsein der Teilnehmer in dem Ritual sich auflöst und ein kollektives Bewußtsein geschaffen wird. Und du wirst vollkommen davon aufgesogen, du wirst ein Teil davon, ein Teil der Totalität dieser rituellen Erfahrung, und du hast reichlich Zeit, das ganze Ritual zu

erleben, und du befindest dich auf dem Weg zu dem Ritual, es beginnt *jetzt!*

Wenn Beobachtungen darauf hinweisen, daß die Spieler das Ritual beendet haben, sagt der Leiter:

Erinnere dich, erinnere dich vollständig an all das, was du hier erlebt hast.
Du bleibst tief in Trance, und du gehst jetzt noch tiefer, und während du tiefer gehst, kehrst du zurück an den Ort, von dem aus deine Reise begann.
Gehe tiefer, höre jetzt nur noch auf die Worte, die zu dir gesagt werden. Und jetzt werden dich diese Worte tragen, und du fühlst dich getragen, und dieses Mal kommst du in eine Berglandschaft, die so aussieht, als läge sie in Tibet oder Nepal oder Indien.
Wo auch immer du jetzt bist, du weißt, daß du sehr hoch in den Bergen bist, und du näherst dich einem Tempel, einem großen, steinernen Tempel, zu dem Treppen hinaufführen, und du steigst jetzt diese Treppen empor.
Du gehst tiefer in deine Trance und steigst diese Treppen hinauf, und du betrittst diesen alten Tempel. In dem Tempel siehst du Mönche, eine Gruppe von Mönchen, die in den Tempel gekommen sind, um zu singen und zu beten.
Diese Mönche singen Weisen, die von ihrem Orden in Tausenden und Abertausenden von Jahren entwickelt worden sind, eine Musik, die ein Gebet *ist,* eine Musik, die die Aufgabe hat, einen sofortigen, direkten Kontakt zu Gott herzustellen. Der Gesang steigt empor und dringt nach außen, und diese Mönche erleben ihren Gott, wie er durch die Musik zu ihnen kommt, und du empfindest diese Musik als sehr mächtig und wunderbar.
Und während zu zuhörst, erlebst du etwas von dem, was sie auch gerade erleben. Gib dich jetzt ganz und gar dieser Musik hin, öffne dich dieser Erfahrung, und du beginnst damit *jetzt!*

Der Leiter gibt den Spielern reichlich Zeit, diese Erfahrungen zu machen und zu verarbeiten, und hebt dann allmählich den veränderten Bewußtseinszustand wieder auf.

Während diese Anweisungen erteilt werden, sagt der Leiter gelegentlich, daß die Spieler sich später an alle Details erinnern werden, so daß sie dann ihre Erfahrungen aufschreiben können. Der Leiter suggeriert weiterhin, daß jeder Spieler vor dem nächsten Treffen einen nächtlichen Traum haben wird, in dem er entweder den Stamm im Dschungel oder die Mönche in ihrem Tempel noch einmal besuchen wird. Es wird ein sehr lebhafter Traum sein, in dem der Spieler mehr über die besuchten Personen und über die Bedeutung der Erlebnisse, sowohl in der Trance als auch im Traum, erfahren wird.

Die Erlebnisse einer Teilnehmerin dieses Spiels wurden von ihr wie folgt beschrieben:

»Als ich die Lichtung im Urwald erreicht hatte, stand ich zuerst abseits, guckte zu, was sie machten, und machte mir im Geist Notizen. Dann nahm ich mit ihnen teil, weil es ein Klang war, der überall war und in mich hinein- und wieder aus mir herausging. Ich machte mit, und sie tanzten. Mein Körper tanzte nicht, aber er wurde vollkommen von dem Rhythmus ergriffen, in dem sie waren.

Dann setzten sie sich. Es war Stille, und alle saßen, sie fielen sozusagen hin. Sie setzten sich nicht langsam, sondern fielen sozusagen in Sitzpositionen. Sie rollten sich alle zusammen und neigten ihre Köpfe. Alle hatten ihre Augen geschlossen, aber das war unwichtig, da man nichts sehen oder jemanden anfassen mußte, weil das Gefühl überall war, in der Erde, im Himmel und überall.

Das Gefühl war ein Teil der Erde, des Himmels und der Leute, und weißt du, es gab einfach kein du und ich oder eine Welt drumherum. Ich war eins mit ihnen, und sie waren eine einzige Stimme und ein gemeinsames Atmen. Zuerst hatte ich Angst, weil sie schon alle drin waren, und ich ja dazukam. Aber schon kurz darauf war ich auch dort. Aber nicht sofort, weil sie wirklich weit, weit weg waren.

... Früher einmal, als ich hier mit der Gruppe sang, erlebte ich einmal etwas, was dem ein bißchen ähnlich war, damals war aber noch sehr viel mehr der Verstand mit im Spiel. Diesmal dagegen gab es nur noch Körper und Himmel und Erde, und es gab nicht wirklich einzelne Personen. Eine Zeitlang konntest du es nicht mehr als ›wir‹ erfahren, weil es nur noch ein einziges Ganzes gab. Außerdem war es nicht einmal mehr etwas Menschliches, es war lediglich eine physische Einheit, von der ich ein Teil war.«

Dieselbe Teilnehmerin beschreibt ihre Erfahrungen mit den Mönchen im Tempel:

»Ich befand mich in einiger Entfernung von ihnen. Es war wunderschön, es waren menschliche Klänge, so abgerundet, voll und sanft, aber sehr tief. Nicht tief in der Tonhöhe, sondern in ihrer Resonanz, ihrer Stärke und Weisheit. Sie sangen alle, es waren viele – dreißig, fünfzig, ich weiß nicht, ich kann ihre Zahl nicht nennen. Es waren viele, und sie befanden sich in einer ordentlichen Aufstellung, in vier Reihen, und die Töne waren wie die Reihen, aber es war ein voller Klang. Es war eine richtige Bewegung, gleichzeitig voranschreitend, und doch offen für alles, was diesen Weg kreuzte.
Ich wollte ihre Sprache verstehen können, weil ich dann alles noch intensiver erfahren hätte, aber schon der Klang war etwas, in dem man sich verlieren konnte, eine wunderbare Form und alles, aber ich wollte wissen, was sie sagten. Ich glaube, es war sehr tief, sehr profund, sehr weise, sehr sanft . . .
Bei dem Kontakt zu Gott hatte ich nicht das Gefühl, als ob sie zu ihm durchzudringen versuchten. Ich hatte vielmehr das Gefühl, als hätten sie diesen Kontakt schon lange vorher hergestellt, und empfand, daß es ein sehr vorsichtiger, sehr respektvoller Klang war. Er war so anhaltend, setzte sich derart fort, daß es fast so war, als ob sie gleichzeitig sagten, was sie hörten, und sangen, was sie sagten. Als würden sie die Antworten und die Fragen auf einmal singen, weil sie dasselbe sind.
Es ist schwer zu erklären, ich konnte mit ihnen das Erlebnis teilen, aber ich wollte noch mehr von der Botschaft mitbekommen. Ich fühlte, daß es eine Botschaft gab, und wollte wissen, was sie da in ihrer Sprache ausdrückten . . . aber ich konnte dennoch verstehen, was geschah, und war eng mit ihnen verbunden auf einer geistigen Ebene.«

7

Der Leiter sagt zu den Spielern:

Heute spielen wir zwei verschiedene Spiele, und beide können für dich von großem Nutzen sein. Zwei Arten von innerlichen Impulsen werden durch diese Spiele ins Schwingen gebracht, und nach dieser Sitzung wirst du vielleicht den Wunsch haben, darüber nachzudenken, was hier getan worden ist, und die Frage zu untersuchen, inwiefern diese Übungen übereinstimmen und worin sie sich unterscheiden.

Und jetzt, da du gelernt hast, diesen Prozeß sehr schnell in die Wege zu leiten, spüre bitte, wie du in Trance fällst, hinein in einen veränderten Bewußtseinszustand, und du tust das, indem du schnell deine Augen schließt und tiefer gehst, du gehst tiefer und tiefer, du spürst es in deinem ganzen Körper, und du kennst schon die gesamte Kombination von vertrauten Gefühlen, wie du dich fühlst, wenn du tiefer und tiefer gehst, wenn dein Bewußtsein immer stärker in einen veränderten Zustand übergeht.
Schneller und schneller, du gehst tiefer und tiefer, du hast gelernt, die Technik des AMPs (beschleunigten geistigen Prozesses) zu beherrschen, und du wendest sie jetzt an und benutzt diese wichtige neue, dir eigene Fähigkeit, die dir ermöglicht, eine so große Menge subjektiver Erfahrungen in so geringer Zeit zu machen.
Ich gebe dir jetzt eine Minute normale Uhrzeit, und du wirst die Erfahrung machen, daß dir die Dauer des tiefen Hinabgleitens, hinein in einen sehr tiefen veränderten Zustand deines Bewußtseins sehr lange vorkommen wird. Du gehst tief, tief hinein in eine extrem tiefe Trance, und damit beginnst du *jetzt!*

Nach Ablauf dieser Minute spricht der Leiter wieder und sagt:

Und jetzt wirst du noch tiefer gehen, wenn du kannst, du befindest dich auf dem Weg, noch tiefer zu gehen, und während du das tust, erscheint dir dein eigener Körper. Er steht vor dir, aber er ist der Körper, wie du ihn erscheinen lassen willst, genau so, wie du ihn gerne hättest und wie er die Möglichkeit hat, zu sein. Sieh ihn dir jetzt genau an, ganz genau, und es wird eine realistische, aber ideale Vorstellung von deinem Körper sein, eine, die du wirklich erreichen kannst, und eine, die du wirklich erreichen willst. Wenn du eine klare Vorstellung von deinem Körper hast, wie du ihn gerne hättest, erhebt sich deine linke Hand, und dann senkt sie sich langsam wieder in deinen Schoß, und du wirst weiterhin das Bild deines Körpers beobachten und dabei tiefer und tiefer gehen, bis ich wieder zu dir spreche.

Nachdem der Leiter ausreichend Zeit gelassen hat, sagt er:

Das ideale Bild deines Körpers wird immer realer, und du siehst es sehr klar, du siehst den Körper in voller Größe und allen Dimensionen, und jetzt machst du einen Schritt vorwärts, und du trittst in diesen Körper ein. Du findest dich in diesem Körper wieder, so daß du ausprobieren und sicherstellen kannst, daß es genau der Körper ist, den du haben willst, und wenn es etwas gibt, das du ändern willst, dann kann diese Veränderung jetzt stattfinden.

Bewege dich in diesem Körper, gehe herum, fühle seine Stärke und Beweglichkeit, seine dynamische Lebendigkeit, seine pulsierende Vitalität, und versichere dich, daß seine Erscheinung und all seine Eigenschaften genau so sind, wie du sie dir in Wirklichkeit wünschst. Und während du diesen Körper besetzt, lernst du ihn gut kennen, dein derzeitiger physischer Körper wird in dieses Modell hineingesogen. Du näherst dich jetzt bereits der Realisierung dieser Idealvorstellung deines Körpers, und von jetzt an wirst du alles Erforderliche tun, um jenen Körper zu bekommen, den du haben willst.

Es kann eine Frage der sportlichen Betätigung sein, oder ob du mehr oder weniger essen wirst, eine Frage der besseren Ernährung oder der besseren Umgebung, gleichgültig, was es ist, du wirst es tun, unnachgiebig räumst du alles, was im Wege steht, beiseite und schaffst die Bedingungen, die am besten geeignet sind, um diesen Körper schnell zu erreichen.

Und von jetzt an existiert diese Vorstellung, dieses Körper-Bild in deinem Unbewußten, besteht dort konstant und fortwährend und wird eine wirkende Kraft sein, eine Kraft, die dich zieht und antreibt, bis dein physischer Körper und das Bild deines Ideal-Körpers eins werden, bis sie praktisch nicht mehr voneinander zu unterscheiden sind. Du wirst dies erreichen, du wirst es wahrhaftig und wirklich erreichen und nichts zulassen, was deiner Gesundheit oder deinem sonstigen Wohlbefinden schadet und verhindert, daß du diese Verschmelzung deines Körpers mit der Vorstellung davon realisieren kannst.

Aber jetzt schiebe diese Vorstellung und dein Interesse an der Durchsetzung in deinem Bewußtsein zur Seite, es verblaßt in deiner Vorstellung, obwohl es lebendig und wirksam in deinem Unbewußten verbleibt.

Und wieder gehst du tiefer und tiefer in eine Trance hinein, gehst tiefer und tiefer, du nimmst nur die Stimme wahr, die zu dir spricht, und nur deine eigene Erfahrung, wie du dich in dein Inneres hinein versetzt, dich in Bereiche begibst, in denen deine Talente und Fähigkeiten in Symbolen und Personifizierungen für dich zugänglich werden.

Geh tiefer und tiefer, geh zu diesem Ort, du suchst und findest die Personifizierung, die dein Talent für künstlerische Arbeiten repräsentiert, für das Zeichen oder Malen oder für dein bildhauerisches Talent, also für dein künstlerisches Arbeiten. Du weißt und glaubst fest daran, daß jeder die Fähigkeiten besitzt, ein Künstler zu sein, obwohl bei einigen Menschen diese Fähigkeit unterdrückt und tief verschüttet ist. Es sind nicht alle gleich talentiert, aber in jedem Fall hast du die Fähigkeit, ein weit einfallsreicherer und produktiverer Künstler zu sein, als du es in der Vergangenheit warst, und du findest diese Fähigkeit jetzt personifiziert, du findest jetzt den Künstler in dir.

Du läßt die Persönlichkeit des Künstlers sich jetzt in dir entfalten, sie wird dein ganzes Bewußtsein beherrschen und erfüllen, so daß du dieser Künstler *bist,* und du kannst jetzt ohne Ablenkung und mit dem besten Zugang zu deinem Talent die Aufgaben ausführen, die dir zugeteilt werden.

Nun hast du eine Minute Zeit, und diese Zeit reicht dir aus, um in einer Welt der Vorstellungen die Bekanntschaft eines außergewöhnlichen Künstlers zu machen, der zugleich auch ein sehr guter Lehrer ist, und dieser Lehrer sagt dir, daß du zeichnen sollst. Du, der Künstler, wirst zeichnen, und du erhältst von deinem Lehrer Anweisungen, wie du deine künstlerische Arbeit verbessern kannst. Du übst, fertigst noch mehr Zeichnungen an, erhältst weitere Kritiken und Anweisungen und profitierst davon, und du machst all diese Erfahrungen *jetzt!*

Nach Ablauf der Minute sagt der Leiter:

Du hast jetzt mit diesem Kunstunterricht begonnen. Aber du willst mehr machen, und deshalb gebe ich dir jetzt nochmals fünf Minuten, in denen du den AMP-Prozeß einsetzt, und du gehst zu deinem Lehrer zurück und verbringst mehr Zeit mit ihm, vielleicht einige Tage oder eine Woche oder sogar noch mehr, in denen du zeichnest oder auch andere Arbeiten anfertigst. Und dein Lehrer wird dir sehr hilfreich sein, und du lernst viel bei der Arbeit, du lernst, wie sie auszuführen ist, lernst sie ausgiebig auch im Detail, und du experimentierst mit neuen Formen und Objekten. Und während du diese Arbeiten anfertigst, fühlst du dich freier und spontaner, fast als bewege sich deine Hand jetzt ohne bewußte Führung, so daß dich einige Dinge, die du dabei entwirfst, überraschen, weil es Dinge sind, an die du nicht einmal gedacht hättest, und du wirst diese neue Freiheit und Spontaneität auskosten, du weißt, daß du bereits durch einige Blockaden und Hemmungen hindurchgegangen bist, die deinen künstlerischen Ausdruck bisher vereitelt haben. Du beginnst diese lange Erfahrung mit deinem Lehrer *jetzt!*

Nach fünf Minuten sagt der Leiter:

Jetzt hast du die beste Gelegenheit, um deine Fähigkeiten noch weiter auszubauen. Du kannst diese künstlerischen Fähigkeiten, die du entwickelt und ausgefeilt hast, nochmals verbessern. Ich werde dir erneut zehn Minuten Zeit geben, in denen du den AMP-Prozeß einsetzen sollst, und das ist, wie du weißt, genügend Zeit für den subjektiven Ablauf eines ganzen Lebens.
Du wirst zwar nicht eine derartig lange Zeit durchleben, aber während der zehn Minuten hast du eine sehr ergiebige, lange Beziehung zu deinem Lehrer, in der du immer weiter deine Fähigkeiten im Zeichen verbesserst und vielleicht auch malen und bildhauen lernst oder all die Dinge, zu denen dich dein Lehrer anleiten wird.
Und du fühlst dich immer freier, immer spontaner und auch viel

selbstsicherer, so daß der Künstler in dir durchbricht, sich entwickelt und Hemmungen und Sperren aller Art überwindet und sich sehr intensiven Übungen und Lernprozessen unterzieht. Und der Künstler ist wirklich da, er kann sehr interessante Kunstwerke schaffen, originelle, ausdrucksvolle, von dir und deinen neuen Gefühlen, Erfahrungen und Einsichten inspiriert, und du weißt, daß du fortfährst, deine Fähigkeit des Selbstausdrucks in der Kunst zu verbessern und zu entwickeln. Und nun beginne die lange, lange Phase, die du mit deinem künstlerischen Lehrer verbringst, beginne sie *jetzt!*

Nach Ablauf der zehn Minuten sagt der Leiter:

Gut, du hast jetzt ein großes Stück zustande gebracht. Und wenn du am Ende dieser Sitzung nach Hause gehst, oder sobald es dir eben möglich ist, machst du einige Skizzen. Und so bald wie möglich, spätestens aber morgen, legst du dir ein Skizzenbuch an, und du arbeitest in diesem Buch, du beziehst viele Vorstellungen, Symbole und Gefühle ein, die du bisher hier erlebt hast und die du im weiteren Verlauf der Phantasie-Reise hervorholen wirst.

Aber du sollst wissen, daß es von großer Wichtigkeit für dich ist, diese künstlerische Arbeit *bald* aufzunehmen und sie so lange weiterzuführen, bis die Ziele dieser Sitzung erfüllt worden sind, sowohl das Ziel, kreative Sperren zu durchbrechen, als auch deine Vorstellungskraft zu verstärken und weiterzulernen. Und du wirst das Bedürfnis verspüren, diese Arbeit bald auszuführen, und du wirst es auch tun.

Und jetzt merkst du, wie du zurückgleitest in ein normales Verhältnis zur künstlerischen Personifikation und zum künstlerischen Bewußtsein. Wenn du aber künstlerische Arbeiten ausführst, mußt du wissen, daß dieses Bewußtsein wieder entsteht und hervorkommt, wobei Ablenkungen, die aus deinem Inneren entspringen, verringert werden und es dir möglich ist, künstlerisch im höchsten Maße frei und schöpferisch zu arbeiten. Dann, wenn du es nicht mehr brauchst, schrumpft diese künstlerische

Komponente in dir wieder zusammen, bis sie erneut gebraucht wird.
Du verstehst jetzt, daß andere Fähigkeiten in dir ebenfalls und auf ähnliche Weise personifiziert und freigesetzt werden können, und das werden wir auch später tun.
Für den Augenblick jedoch weißt du und bist sicher, daß du heute große Fortschritte gemacht hast, daß in dir viel in Bewegung gebracht worden ist und auch in Bewegung bleibt, während du fortfährst, dich zu entwickeln und mehr und mehr das in dir angelegte Potential aktivierst, voll und ganz der Mensch wirst, dessen Möglichkeiten in dir stecken.

8

Nach der Einleitung und Vertiefung der Trance-Zustände weist der Leiter die Spieler an, sich vor Augen zu führen, daß es in der Geschichte bis zur heutigen Zeit Personen gab und gibt, denen es möglich ist, die Schranken der Zeit zu durchbrechen, Personen, die offensichtlich Vorfälle beschreiben und vorhersagen können, die für normale Leute erst in der Zukunft geschehen werden. Man kann darüber streiten, ob die Zukunft wirklich von jemandem vorausschaubar ist. Aber für die heutige Phantasie-Reise ist der Glaube an die Möglichkeit, zukünftige Dinge vorauszusehen, bei den Spielern vorhanden.
Nach dieser vorausgeschickten Bemerkung bittet der Leiter die Spieler, in Trance zu gehen, ihre Augen zu schließen und tiefer und tiefer zu gehen, tiefer und tiefer, und weder jetzt noch für die Dauer der Phantasie-Reise daran zu zweifeln, daß das Vorausschauen von Ereignissen möglich ist und daß jeder zumindest latent ein wenig die Fähigkeit hat, über Ereignisse etwas im voraus zu wissen, bevor sie in dieser Welt und in einem realen Zusammenhang stattfinden.
Die Spieler werden aufgefordert, noch tiefer zu gehen, solange, bis sie sich an einem Ort symbolischer Formen und Personifizierungen von Fähigkeiten wiederfinden und dort in ihrem eigenen

Inneren auf die Personifizierung einer Prophetin oder Seherin bzw. eines Propheten oder Sehers stoßen, diese Fähigkeit zu einer eigentümlichen Beziehung zur Raum-Zeit und zu Ereignissen, die erforderlich ist, um Ereignisse wahrnehmen zu können, die in der realen Wirklichkeit noch nicht stattgefunden haben, und die der Personifizierung dieser Fähigkeit erlaubt, das Bewußtsein zu beherrschen, wodurch derjenige Spieler oder diejenige Spielerin zum Seher oder zur Seherin *wird*.

Der Leiter sagt dann, daß der Vorgang sich so abspielen wird, daß jeder Spieler zum Propheten oder Seher wird und daß – wenn er dazu aufgerufen wird – ihm Bilder von Ereignissen erscheinen werden, die erst in der Zukunft eintreten werden. Die Spieler sollten nicht erwarten, Ereignisse vorauszusehen, die erst nach zwei Jahren oder noch später stattfinden, der Seher oder Prophet sollte sich bemühen, nur eine kurze Etappe der Zukunft einzubeziehen, nur zeitlich begrenzte Voraussagen zu machen, damit eine Verifizierung möglichst bald erfolgen kann.

Während dieses Spiels sollte der Leiter genau darauf achten, ob Spieler zu erkennen sind, die deutlich spüren, daß eine echte prophetische Gabe über sie kommt, und diesen Spielern soll die Möglichkeit gegeben werden, eine große Anzahl von Vorhersagen zu machen. Wenn das Auftreten eines bestimmten Spielers dem Leiter besonders beeindruckend erscheint, so sollte er ihn weiter bestärken und ermutigen.

Nachdem alle Spieler die Möglichkeit hatten, die Zukunft vorauszusehen, sagt der Leiter ihnen, daß sie jetzt von dem nur für die Dauer des Spieles angenommenen Glauben an die Gültigkeit von Prophezeiungen und dem Glauben an die Fähigkeit aller Personen, zukünftige Dinge vorauszusagen, wieder Abstand nehmen werden. Die Spieler sollten aber diesen Dingen gegenüber offen bleiben, wie auch gegenüber anderen Möglichkeiten des Menschen, die entweder schwer oder gar nicht überzeugend demonstriert werden können. Der Leiter verdeutlicht den Spielern, daß sie jetzt nicht davon ausgehen dürfen, daß sie etwas bewiesen oder widerlegt hätten, was die Vorhersagen, Prophezeiungen oder das Verhältnis von Zukunft, Gegenwart und

Vergangenheit betrifft. Das Empfinden der Spieler, einfach gespielt zu haben, sollte bestärkt werden. Sie fühlen sich durch dieses Spiel jetzt viel entspannter und erfrischter und wenden sich jetzt anderen, anspruchsvolleren Spielern zu, Spielen, die sie in einer Zukunft spielen werden, die irgendwie voraussehbar *ist*. Dann werden die Spieler in einen munteren Wachzustand zurückgerufen.

9

Den Spielern wird gesagt, daß sie jetzt wieder Gelegenheit erhalten, als Partner in Zweiergruppen veränderte Bewußtseinszustände zu erleben und gemeinsam Erfahrungen zu machen, die sich auf jener Ebene der Wahrnehmung abspielen, die normalerweise nicht bewußt ist und daher nicht geteilt werden kann.

Denjenigen, die dieses Spiel nicht mit einem der zu Verfügung stehenden Partner spielen wollen, steht es frei auszusetzen, doch sie müssen als stille Zuschauer das Spiel der anderen respektieren.

Andere wiederum möchten vielleicht eine Weile zuschauen, um dann schließlich in das Spiel einzusteigen, nachdem sie ihre Zweifel, Ängste oder sonstigen Hemmungen, die sie anfangs am Mitmachen hinderten, überwunden haben. Diese Spieler können jederzeit einsteigen.

Wenn die Spieler bereit sind und sich in Paaren formiert haben, dann teilt ihnen der Leiter mit, daß diese gemeinsame Trance tiefer sein wird als die letzte und daß sie dabei feststellen werden, daß sie noch tiefer gehen können als beim letzten Mal, und zwar so tief und weit, daß sie sich in diesem Trancezustand fast nicht mehr angenehm und sicher fühlen.

Unabhängig davon, wie tief sie gehen werden, jeder einzelne Spieler kann weiterhin auf die Anweisungen des Leiters reagieren und nimmt mit ihm die Kommunikation auf, sobald der Leiter die Hand auf seine Schulter legt. Jeder Spieler wird sicherstellen,

daß die Verbindung mit dem Leiter aufrechterhalten bleibt und seine Fragen beantwortet werden können.
Den Spielern wird dann aufgetragen, daß sie ihre Trance einleiten und zwar mit Hilfe von Trance-Worten oder sonstigen Verfahrensweisen, die sich als besonders effektiv herausgestellt haben. Jeder Spieler vertieft dann die Trance des Partners, bis dieser anzeigt, daß er so tief in Trance ist, wie es ihm zum derartigen Zeitpunkt möglich ist.
Nach vorheriger Vereinbarung bewegen sich die einzelnen Spieler dann eine Zeitlang alleine in ihren jeweiligen Vorstellungswelten. Wenn einer der beiden Partner einen Ort finden sollte, der ihm geeignet erscheint, eine gemeinsame Reise ins Innere anzutreten, beschreibt er diesen Ort und lädt den anderen Spieler ein, dort hinzukommen. Haben die Spieler begonnen, Vorstellungen zu teilen oder anderweitig zu fühlen, daß sie sich am gleichen Ort befinden, so fahren sie gemeinsam fort und steuern auf das Abenteuer zu, das sie dort erwartet. Weiterhin bemühen sie sich in angemessenen Abständen, ihre Trance zu vertiefen. Es wird ihnen gesagt, daß sie dreißig Minuten Zeit für die gemeinsame Trance zur Verfügung haben. Diese Zeitspanne ermöglicht unter Anwendung vom AMP eine so ausgedehnte Erfahrung, daß sie all das erleben können, was sie dort erwartet.
Dies alles wird den Spielern erklärt, bevor die ASCs eingeleitet werden, und sobald diese Ausführungen beendet sind, können die Spieler anfangen.
Nach Einleitung der ASCs beobachtet der Leiter die Spieler, unterbricht jedoch zu keinem Zeitpunkt ihre Erfahrungen, es sei denn, es hat den Anschein, als brauche einer der Spieler seine Hilfe. Er sollte ihn dann fragen, ob dies der Fall sei, und wenn dieser es bestätigt, so wird er sie ihm gewähren.
Schließlich weist der Leiter nach Ablauf von dreißig Minuten die Spieler an, wieder zurückzukehren. Dies führt er mit jedem einzelnen Spieler durch; er verwendet dabei das vorher vereinbarte Signal, d. h. er legt die Hand auf die Schulter des Spielers, bevor er etwas sagt.
Er leitet die Spieler an, daß sie jetzt ihre gemeinsame Trance

beenden, sich von dem Trancezustand, den sie mit dem Partner teilen, lösen, andererseits jedoch im veränderten Bewußtseinszustand verbleiben und die Verbindung mit dem Leiter aufrechterhalten, wobei sie jedoch nicht mehr mit anderen Mitspielern verbunden sind.

Wenn alle Spieler dieses Ziel erreicht haben, sagt der Leiter zu der Gruppe, daß keiner der Teilnehmer mehr eine Anlehnung oder enge Verbindung an den Partner aus der gemeinsamen Trance mitbringen soll, daß also die Gefühle für den Partner die gleichen sein werden, wie sie es vor dem Spiel waren.

Der Leiter fügt hinzu, daß die Spieler vorsichtig sein sollen, sobald sie dieses Spiel ohne Anleitung spielen. Sie sollten es niemals mit jemandem spielen, von dessen guter Absicht oder Einstellung sie nicht absolut überzeugt sind. Weiterhin führt der Leiter aus, daß die Verwendung von gemeinsamer Trance zur Vertiefung und Intensivierung menschlicher Beziehungen durchaus möglich sei, und nun denkt jeder über die Möglichkeiten im Rahmen seiner eigenen Beziehungen nach. Jedoch dürfen solche Experimente nur mit größter Vorsicht unternommen werden, und es ist besser, eine dritte Person als Leiter oder Berater hinzuzuziehen.

Der Leiter wiederholt dann, daß die gemeinsame Trance nun endgültig aufgelöst wird und daß die geistigen Abläufe jedes Spielers wieder vollkommen eigenständig sind.

Danach beendet der Leiter die ASCs.

10

ASCs werden eingeleitet und vertieft, und der Leiter sagt dann zu den Spielern:

Für die Dauer dieses Spiels – nicht länger – wirst du glauben und wissen, daß sich in mir ein fremdes, intelligentes Wesen manifestiert. Es ist nicht menschlich, ist viel größer als ein Mensch, und es macht mit meiner Erlaubnis von meinem Körper Gebrauch, um sich mit dir unterhalten zu können. Für den Verlauf des Spieles spricht dieses Wesen mit dir, und seine enorme geistige Kraft richtet sich auf dich, um dir zu helfen, deine Ziele schneller zu erreichen.

Erlebe mich jetzt, erlebe den, der mit dir spricht, und du mußt wissen, daß ich die Fähigkeit habe, deinen Bewußtseinszustand tiefer zu verändern, als du es jemals vorher selbst konntest. Du wirst jetzt sehr viel tiefer in Trance gehen, als du es vorher konntest, weil mein Geist und meine Worte eine so starke Anziehungskraft auf dich ausüben, daß sie dich tiefer und tiefer hinunterziehen. Sie werden dir helfen, tiefer und tiefer zu gehen, denn deine weitere Entwicklung erfordert, daß du imstande bist, sehr, sehr tief zu gehen.

Und jetzt gehst du tiefer und tiefer und immer tiefer. Dein Geist geht tiefer in Trance; du spürst, wie dein Körper tiefer in Trance geht; dein Körper und Geist geht tiefer und noch tiefer, denn du weißt jetzt und reagierst auch darauf, daß eine mentale Kraft da ist, die größer ist als alles, was du vorher gekannt hast, und auch größer als alles, auf das du bisher reagiert hast bei diesem Unternehmen, eine Trance zu vertiefen.

Und diese Kraft zieht dich beständig tiefer und noch tiefer, und nun nimmst du deinen Körper sehr stark wahr, fühlst die Form und Substanz deines Körpers, du bemerkst eine Dunkelheit um dich herum, du spürst, wie dein Körper irgendwie ins All getrieben wird, weit, weit hinaus ins All, wo er in der Dunkelheit treibt, während du immer tiefer gehst.

Dein Geist befindet sich bei deinem Körper, treibt dort draußen im All, ganz alleine, und nimmt nur meine Stimme, meine Worte wahr, die dich tiefer in Trance versetzen, die dich zu neuen und wichtigen Erfahrungen führen, die in dir Fähigkeiten freisetzen, die du in der Vergangenheit nicht nutzen konntest. Und du gehst tiefer, damit du frei werden kannst.

Dein Körper treibt da draußen im All, deine Beine sind weit auseinandergespreizt, deine Arme sind seitlich ausgestreckt wie Flügel, und du treibst in dieser Dunkelheit, du gehst tiefer und merkst jetzt, wie dein Körper wächst und wächst, zu einer immensen Größe heranwächst, wie seine Größe sich so ausdehnt, daß du dich plötzlich als Sternenkonstellation erkennen kannst, eine Konstellation von Sternen, die so angeordnet sind, daß sie eine menschliche Form beschreiben, so daß jemand, der sie aus weiter Entfernung sieht, eine Zeichnung von dir anfertigen könnte, sie als astrologisches Zeichen oder eine Sternenfigur begreift, die dort zufällig oder auch durch die Vorsehung einer großen, übermenschlichen Macht entstanden ist.

Und du treibst, du treibst durch das All, du wirst durch nichts gehalten, treibst weiter durch den Kosmos, bemerkst andere Körper, die auch Sternenkonstellationen sind und ebenfalls leben, einige als menschliche Körper, einige als Tierkörper, und einer davon ist ein riesiger Schimmel, eine Konstellation von Sternen aber auch ein weißes Pferd.

Und du besteigst das Pferd, bist jetzt als eine Konstellation zu erkennen, die die Erscheinung einer großen mystischen, menschenähnlichen Form annimmt, die rittlings auf einem mächtigen, herrlichen Roß von kolossaler Größe sitzt.

Du reitest jetzt, reitest schneller und schneller durch die weiten Räume des Kosmos, des Universums, ziehst immer größere Kreise, reitest immer im Kreis herum, gehst tiefer und tiefer und erkennst dich selbst trotz deiner riesigen Dimensionen lediglich als eine unendlich winzige Zelle in einem gigantischen Organismus, der weit über deine Vorstellungskräfte hinausreicht.

Und da du das weißt, fühlst du, wie du kleiner und kleiner wirst, wie du schrumpfst, schneller und schneller schrumpfst, ein Mikrokosmos wirst, wo vorher ein Makrokosmos war, und du fühlst dich jetzt absolut winzig und allein. Das Pferd ist verschwunden, du bist allein und nur eine winzige Zelle in einem Organismus, von dessen Beschaffenheit du keine Ahnung hast. Aber du nimmst jetzt andere Zellen um dich herum wahr und merkst, daß du zu diesen Zellen in Beziehung stehst. Du spürst, wie deine Wahrnehmungsfähigkeit dadurch wächst und wie sich dein Wesen mit rasch zunehmendem Wissen und der Wechselbeziehung mit anderen Teilen dieses Organismus erweitert. Du fühlst einen harmonischen Austausch, ein wachsendes Verständnis, du nimmst den gesamten Organismus wahr, als dessen Teil du dich fühltest, und entdeckst schließlich, daß du selbst der Organismus *bist,* daß deine Wahrnehmung nur eine Zeitlang auf eine einzige Zelle deines Körpers konzentriert war und daß jetzt, da du dir deines Körpers und deines Geistes bewußt bist, harmonische Wechselbeziehungen in dir selbst begonnen haben, daß dir jetzt dein ganzer geistiger Apparat bekannter wird und harmonischer funktioniert als je zuvor. Und damit hast du wirklich das Ziel erreicht, die Harmonie in deinem Körper zu steigern, und das Bewußtsein deines gesamten geistigen Apparats erweitert. Du hast auch einen Sinn für das Zusammenwirken von allem mit allem bekommen, von Mikrokosmos zu Makrokosmos, und du merkst, daß du noch tiefer gehen kannst, noch tiefer in Trance, und daß du dich so auf die nächste Aufgabe vorbereitest, die du zu erfüllen hast: es geht jetzt darum, eine Fähigkeit von höchster Bedeutung freizusetzen und auszuüben, und das werden wir jetzt tun.

Wir fangen damit an, doch du sollst zunächst verstehen, daß es nicht nur möglich ist, leibhaftige Vorstellungen mit geschlossenen Augen zu sehen, sondern auch, wenn du die Augen öffnest. Du kannst diese Vorstellungen dann immer noch erkennen, doch siehst du sie außerhalb deiner selbst, so daß das Objekt oder eine ganze Welt vor dir oder um dich herum erscheinen kann. Du siehst es, wie du auch sonst die Dinge wahrnimmst, die man normalerweise die äußere Realität nennt.

Es hat Kulturen gegeben, in denen ein Mensch erst dann als Künstler angesehen wurde, wenn sich die Vorstellungskraft in ihm so weit entwickelt hatte, daß die inneren Bilder sich äußerlich manifestierten und im Falle eines Malers auf eine Oberfläche projiziert werden konnten, um gemalt zu werden.

Ebenso beriefen sich einige darauf, daß dann, wenn in einem Menschen eine seherische Gabe hoch entwickelt ist, derjenige sich umsehen und tatsächlich Objekte wahrnehmen kann, die für Nichtsehende unsichtbar sind. Man sagt auch, daß Seher in der Lage seien, Realitäten zu erkennen, die mit unseren koexistieren und sich in irgendeiner Form mit unserer Realität, mit unserem

Raum-Zeit-Kontinuum überschneiden. Du magst diesen Möglichkeiten kritisch gegenüberstehen, aber in einem darfst du dir sicher sein, nämlich daß es möglich ist, Vorstellungen nach außen zu projizieren. Ein vollkommen gesunder Mensch kann dies tun, und jeder gesunde Mensch sollte Zugang zu solchen Fähigkeiten haben.

Aber wir alle haben diese Fähigkeiten verloren, oder es wurde uns nie ermöglicht, sie zu entwickeln und sie freizusetzen, und sie jetzt wiederzuerlangen, wird für einige schwieriger sein als für andere.

Geh jetzt tiefer, geh immer tiefer, laß dich so weit hinunterziehen, wie es dir jetzt möglich ist, und verharre in diesem tiefen Zustand, öffne dann langsam deine Augen und schau zu mir herüber. Vielleicht siehst du jetzt deinen Führer, es ist aber auch möglich, daß einige von euch mich wahrnehmen, wie ich mich in eurem Führer manifestiere, und ihr wißt dann, was meine eigentliche Erscheinung ist. Schau zu mir herüber, aber bleibe dabei in Trance. Und wenn du in Trance bist, so werden du und ich es wissen, weil dein linker Arm sich von ganz alleine hebt, nach oben steigt bis über deinen Kopf, wobei dein Unbewußtes mir durch die Kontrolle über deinen Arm deine Trance anzeigt – denn du steuerst deinen Arm nicht bewußt. Und wenn du nicht nur den Leiter wahrgenommen hast, sondern mich, der ich mich im Leiter manifestiere, dann erhebt sich ohne Zutun auch dein rechter Arm, bewegt sich bis über deinen Kopf und sinkt dann langsam wieder herab.

Schließe jetzt deine Augen, gehe immer tiefer, und je nach dem, ob der eine oder der andere Arm oder beide oder keiner von beiden sich infolge der Fragen erhoben hatte, kümmere dich nicht darum; du gehst einfach tiefer und noch tiefer in Trance. Dein Körper und Geist funktioniert, während du auf mich reagierst, und jetzt erlaubst du meiner Geisteskraft, noch etwas mehr auf dich einzuwirken, gerade so viel, wie es dir jetzt gut und ausreichend und sicher erscheint, um dich sehr tief in Trance zu versetzen, und du gehst jetzt noch tiefer.

Jeder Atemzug trägt dich tiefer, jeder Herzschlag trägt dich tiefer, jeder Moment, der verstreicht, bringt dich tiefer, und du setzt die Vertiefung deiner Trance und das Erlebnis der Vertiefung deiner Trance fort. Du bleibst in dieser tiefen Trance, wenn du in Kürze wieder langsam deine Augen öffnest, und siehst, daß wir, du und ich, zusammen hier sind. Und du siehst nur das, wenn du deine Augen öffnest, du siehst mich an und schaust um dich herum.

Wenn du erkennst, daß nur wir beide hier an diesem Ort sind, dann erhebt sich wieder ohne deinen Willen dein linker Arm über deinen Kopf. Wenn du aber herumschaust, während ich dir sage, daß nur wir beide hier sind, und es scheint dir, als sei noch jemand anwesend, dann hebt sich dein rechter Arm.

Laß jetzt deine Hände und Arme langsam heruntergleiten und geh tiefer, schließe deine Augen und geh tiefer und ruhe dich aus für einen Moment. Gehe dann wieder tiefer und tiefer, jetzt ruhe dich aus, und dann geh wieder tiefer, ruh' dich aus, geh tiefer und tu das so lange, bis du aufgefordert wirst, damit aufzuhören. In dem Moment hörst du auf und hörst mir wieder zu. Sehr gut. Und jetzt, für die Dauer dieses Spieles, wirst du mit Sicherheit wissen, daß es andere Dimensionen der Wirklichkeit gibt, Dimensionen, die die normale Wirklichkeitsebene überlagern, und es ist sehr gut möglich, daß du in der Lage bist, eine dieser Dimensionen jetzt wahrzunehmen, sogar deutlicher noch wahrzunehmen als die normale Realität, jetzt, da du in einem sehr tiefen Zustand veränderten Bewußtseins bist. Und du hast auch Vertrauen dazu, daß du weißt, daß ich dich in die Lage versetzen werde, deine normale Wahrnehmung und deine vertraute Realitätsebene wiederherzustellen, sobald es dir wünschenswert erscheint.

Du bist nun in der Lage, in Trance zu bleiben, und öffnest gleich deine Augen, um in diese andere Dimension durchzubrechen. Und wenn du das tust, so kann es sein, daß du dort intelligente Lebewesen triffst, und möglicherweise wirst dich sogar mit ihnen unterhalten können. Aber was auch immer dort sein mag, du wirst es beobachten und kannst es mit all deinen Sinnen erforschen, natürlich nur unter der Voraussetzung, daß du den Durchbruch auf diese andere Ebene erreichst. Du öffnest jetzt deine

Augen, und wenn du dort drüben angelangt bist, dann bleibst du dort, wo du bist, und hebst langsam deine rechte Hand.

Der Leiter sucht dann unter den Spielern, die ihre Hand erhoben haben, einen aus, dessen Erlebnisse von besonderem Interesse zu sein scheinen. Er sagt zu diesem Spieler, indem er sie oder ihn beim Namen nennt:

Jetzt, ------, spüre, wie ich deinen Arm halte, und von dem Moment an, in dem ich deinen Arm loslasse, bis zu dem Moment, in dem ich ihn wieder berühre, wirst du nichts mehr von deiner bisherigen Welt wissen, nicht einmal mehr von meiner Stimme. Du nimmst nichts mehr von meiner Dimension wahr, bis ich dich wieder berühre, deinen Arm ergreife und dich bei deinem Namen rufe, dann wirst du mich hören. Ich bin dein einziger Kontakt zu der Realität, aus der du kamst, du aber gehst vorwärts, um diese andere Dimension zu erforschen, in die du vorgedrungen bist.

Der Leiter läßt den Arm des Spielers los und geht dann von Spieler zu Spieler. Er sagt den anderen, die auch ihre Arme erhoben haben, daß sie in ihre eigenen Dimensionen zurückkehren sollen, daß es ihnen aber möglich sein wird, erneut in diese andere Realität zurückzugehen, zu der sie durchgedrungen waren. Und diese Spieler, sowie alle anderen, werden aufgefordert, aufzuwachen oder in eine leichte Trance zurückzukehren und zu beobachten, was bei dem Spieler geschieht, der für die Demonstration ausgesucht wurde.
Der Leiter wendet sich dann wieder diesem Spieler zu, ruft ihn bei seinem Namen, ergreift seinen Arm und fordert ihn auf zu beginnen, die Welt zu erforschen, in der er sich jetzt befindet. Er wird angehalten, Gefühle von Liebe und Freundschaft auszusenden, um die anderen Lebewesen anzuziehen und auf diese Weise gute Beziehungen mit ihnen aufzubauen, wenn er ihnen begegnet.

Diese fortgeschrittene Form einer visionären Anthropologie sollte so lange weitergeführt werden, wie die Spieler sie verfolgen wollen und der Spieler in Trance weitermachen will. Es ist möglich, daß der visionäre Anthropologe Lieder, Tänze, Berichte über Gesetze, Wirtschaft und Politik oder über die Flora und Fauna oder sonstige Dinge, die er beobachten konnte, mitbringt. Jede Information kann für die Gruppe, aber auch für den einzelnen, sehr wertvoll sein.

Schließlich wird dem Spieler mitgeteilt, daß es an der Zeit ist, die jetzige Forschungsreise zu beenden. Es wird ihm aber möglich sein, dorthin zurückzukehren und seine Entdeckungsreise fortzusetzen, wenn er das Bedürfnis dazu verspürt. Der Leiter bietet ihm an, ihm auch bei seinen späteren Bemühungen zu helfen. Dann wird der Spieler aufgefordert, zurückzukehren und ein weiteres unwillkürliches Heben des Armes signalisiert die vollständige Rückkehr in seine eigene Dimension.

Allen Spielern wird jetzt gesagt, daß durch diese Erfahrung ihre Vorstellungskraft und ihre Kreativität erweitert worden sind, daß das Wohltuende dieser Erfahrung weiterhin wirkt und sich diese Fähigkeiten weiter ausbilden, sogar dann, wenn der Spieler keine Vorstellungen nach außen projiziert. Das geschieht sowieso nur unter ganz besonderen Bedingungen und speziellen Vorsichtsmaßnahmen und nur auf speziellen Wunsch desjenigen, der seine Vorstellungen nach außen projizieren will.

Derjenige, der gerade seine Fähigkeiten demonstriert hat, wird jetzt aus dem veränderten Bewußtseinszustand aufgeweckt, und danach erhält die ganze Gruppe die Suggestion, in einen munteren Wachzustand zurückzukehren. Hinzugefügt wird der Auftrag, daß sie den Leiter jetzt wieder nur als Leiter sehen werden und daß die Bereitschaft, an eine fremde Intelligenz zu glauben, die sich im Leiter manifestiert, mit Beendigung der Trance ebenfalls beendet ist. Gleichzeitig wird auch der Glaube wieder abgelegt, daß sich Dimensionen oder Weiten überschneiden.

11

Nach Einleitung und Vertiefung des veränderten Bewußtseinszustands sagt der Leiter zu den Spielern:

Dieses Spiel, zu dessen Durchführung wir hier zusammengekommen sind, kann zuerst erschreckend wirken. Aber es kann dir wichtige Antworten geben, die den hauptsächlichen Sinn deines Lebens betreffen; welche Erwartungen du an deinem Lebensende bezüglich des Inhalts und der Bedeutung deines Lebens hast; was du wirklich erreicht zu haben und in deinem Leben wirklich gewesen zu sein glaubst, so wie du es bis zum jetzigen Zeitpunkt gelebt hast.
Geh jetzt tiefer und tiefer, fühle, wie sich deine Trance vertieft, du kennst das Gefühl, du hast es als Vertiefung deiner Trance bereits oft kennengelernt.
Du bleibst in Trance, gehst sogar noch tiefer, und diejenigen unter euch, die *wissen,* daß sie ihre Augen aufmachen und eine von mir suggerierte Vorstellung externalisieren können, öffnen jetzt ihre Augen, sitzen da und warten auf die Anweisung, was sie sehen sollen.
Die Augen oder anderen Spieler bleiben geschlossen, und während ich spreche, gehst du tiefer und tiefer, du wartest, und bald wirst du die suggerierte Vorstellung sehen, und sie wird dir außergewöhnlich real erscheinen. Sie wird deine ganze Realität ausfüllen, außer einem kleinen Segment deiner Wahrnehmung, das dich mit mir und meiner Kommunikation verbindet.
Ich spreche jetzt jeden von euch an, jeden Spieler, der hier anwesend ist, und es ist fast soweit, daß dir diese Vorstellung erscheint. Es ist die Vorstellung deines eigenen Körpers im Tode, dein Körper ist tot, du betrachtest deinen Körper im Tod und meditierst über ihn.
Du wirst es so erleben, als sei das meditierende Bewußtsein der Geist eines verstorbenen Körpers, so als ob dieser Geist meditierte, und es ist *dein* Geist, der einen letzten Blick auf deinen Körper wirft, in dem er sich ein Leben lang aufhielt, jenes Leben,

das du auf dieser Erde hattest, und du wirfst jetzt diesen letzten Blick auf deinen Körper.
Du betrachtest deinen Körper, der dort ruht, und fragst:
»Was bedeutete das Leben dieses Menschen?«
»Was hat dieser Mensch getan, was von Wert war, und wie sehr hat dieser Mensch verfehlt, das zu erfüllen, was er hätte tun sollen?«
Geh tiefer und tiefer und erfühle tief, während du diesen toten Körper ansiehst, der das Leben auf dieser Erde vollendet hat, erfühle die Endgültigkeit eines Lebens auf dieser Erde, eines Lebens, das in seiner Totalität betrachtet werden kann, weil es abgeschlossen ist und nichts mehr hinzufügt und nichts mehr abgezogen oder in anderer Weise verändert werden kann.
Während du über dieses Leben nachdenkst, das jetzt ein geschlossenes Buch ist, eine vollständige und unveränderliche Tatsache, befrage dich nun selbst, was du tun würdest, wenn dieser Tote wieder zum Leben erweckt werden könnte, wenn das Buch noch nicht endgültig geschlossen wäre und wenn die Fehler noch korrigiert werden könnten und wenn das, was noch nicht getan war, doch noch nachgeholt werden könnte.
Und du mußt jetzt wissen, daß das wirklich so ist.
Du bist nicht tot und hast wirklich noch Zeit, in der du alle deine Möglichkeiten verwirklichen kannst.
Du hast die Zeit, um all das zu erreichen, was du erreichen mußt oder sollst, und auch die Zeit, um Verbesserungen und Korrekturen deiner wichtigsten Fehler, die du gemacht hast, vorzunehmen und all die Dinge zu berichtigen, die du falsch gemacht hast.
Und jetzt löst sich vor deinen Augen, die den toten Körper immer noch vor sich liegen sehen, langsam die Vorstellung dieses Körpers von dem, was als seine fleischliche Substanz erscheint, wird zu einem Schatten, steigt als Rauchwolke auf und verschwindet ganz.
Und während dies geschieht, spürst du sehr stark das Leben in deinem leiblichen Körper; du spürst die Energien, die Vitalität, die Kraft und die Lebenskraft in deinem Körper.
Du erkennst die wiedereröffneten Möglichkeiten, die Erneue-

rung, das Wissen, daß du immer noch Zeit hast, das zu tun, wovon du jetzt weißt, daß du es tun willst, und du bist motiviert, hast Schwung, um aus deinem Leben das zu machen, was es sein sollte.
Ruhe dich jetzt aus, stelle deinen geistigen Apparat ganz ab, schließe deine Augen, du hast keine Vorstellungen mehr, und dein Geist wird ganz ruhig. Du hast jetzt eine Minute Zeit, und diese Zeit reicht aus, um dein Gehirn vollständig zu leeren. Es bleibt nur Stille, ohne Gedanken, ohne Vorstellungen, du befindest dich auf einer sehr tiefen Ebene, jenseits jeglicher Gedanken und Vorstellungen, und dort wird jetzt ein Drang in dir mobilisiert, eine treibende Kraft, die dich in die Lage versetzt, das zu werden, wozu du die Fähigkeiten hast. Dann schließlich, nach langer, langer Zeit, bekommst du eine Vorstellung von dieser Kraft, die dir die Richtung weist und die Überzeugung verleiht, all das zu tun, was du willst und tun mußt, und du wirst es wirklich in die Tat umsetzen. Nutze diese Minute und erlebe das, was dir gerade beschrieben wurde, und du beginnst damit *jetzt!*

Der Leiter ruft die Spieler in einen munteren, erfrischten Wachzustand zurück, und anschließend findet eine Diskussion dieser Phantasie-Reise und der verschiedenen Erfahrungen statt.

12

Der Leiter sagt zu den Spielern:

Wieder einmal, wie schon bei früheren Sitzungen unserer Phantasie-Reisen, ist die Zeit gekommen, um gemeinsam ein Kunstwerk zu schaffen, das den gegenwärtigen Bewußtseinsstand der Gruppe ausdrückt.
Wir haben uns vorher über die Art der Arbeit geeinigt, haben das Material besorgt, und nun steht alles bereit. Jeder Spieler wird heute etwas zu dieser Arbeit beitragen und beteiligt sich so lange, bis das Werk vollendet ist.

Bevor wir anfangen können, müssen noch ein paar Dinge gesagt werden. Diese Arbeit heute wird den Geist von uns allen verkörpern und ausdrücken, sowohl individuell als auch kollektiv.
Und durch die Ausführung dieser kreativen Arbeit wirst du dich fast automatisch in einem veränderten Bewußtseinszustand befinden und ebenso eine Vertiefung dieses Zustandes spüren.
Es wird keine formale Einleitung in die Trance geben, aber du wirst es möglicherweise erleben, daß sie einfach stattfindet und daß sich die Trance vertieft. Indem du arbeitest oder indem andere Spieler arbeiten, fühlst du, wie du tiefer und tiefer gehst, so daß die Arbeit nicht nur dein Bewußtes ausdrückt, sondern auch andere psychische Ebenen zur Darstellung gelangen. Und diese Arbeit drückt noch viel mehr von uns aus, kommt einem totalen Ausdruck von uns sehr viel näher, als es sonst geschehen könnte.
Und wahrscheinlich wirst du das Entstehen eines Gruppen-Selbst und eines Bewußtseinsreservoirs beobachten, zu dem wir alle beigetragen haben, und das Kunstwerk wird aus diesem Reservoir geschaffen und auch aus uns.
Du beobachtest diese Dinge im stillen und von dem Moment an, in dem dir aufgetragen wird zu beginnen, spricht keiner der Spieler mehr mit einem anderen, und du wirst die leibhaftige Anwesenheit der anderen Spieler nur in sehr geringem Ausmaß wahrnehmen.
Du wirst genauestens wahrnehmen, wie das Kunstwerk wächst, wie es von uns allen hervorgebracht wird, und wie es zur Vollendung fortschreitet.
Und du wirst kein Gefühl haben für die Zeit, die verstreicht, auch nicht für deine Anwesenheit in diesem bestimmten physischen Raum. Wir arbeiten hier außerhalb jeder Zeit und jedes Raumes, so wie wir es üblicherweise erleben, als Ausdruck von uns selbst, der unabhängig ist von allem, was uns äußerlich umgibt, und wir werden von nichts abgelenkt, und wir gehen tiefer und tiefer, schaffen und vervollständigen dieses Kunstwerk.
Und wenn es beendet ist, wissen wir auch, daß es fertig *ist,* und wir setzen uns dann in einen Halbkreis davor, meditieren über das

Werk und finden unsere eigene Interpretation seiner Bedeutung.
Nachdem wir eine Weile meditiert haben, werden sich bei jedem Spieler die Augen schließen, und für ein oder zwei Minuten hat jeder Spieler einen Traum oder eine Folge von Imaginationen, die ebenfalls die Bedeutung unseres Kunstwerkes interpretieren.
Wenn der Traum zu Ende ist, wird der Leiter seine Anweisungen zur Beendigung der Trance geben.
Du wirst dich an all diese Instruktionen erinnern, und jetzt beginnen wir, unser Kunstwerk zu schaffen.

13

Dieses Spiel wird zu einer Zeit gespielt, nachdem jeder Spieler es so eingerichtet hat, daß er sich an einen einsamen Ort zurückziehen kann, am besten in die Natur, um dort für die Dauer von vierundzwanzig Stunden zu fasten und allein zu sein.
Vor dieser Einkehr treffen sich die Spieler mit dem Leiter, der sich ebenfalls dem Fasten und der Isolation unterzieht.
Die Spieler werden gebeten, sich selbst in Trance zu versetzen und sie zu vertiefen. Durch das unbewußte Heben des linken Arms auf Schulterhöhe zeigen sie an, wenn sie fühlen, daß sie die maximale, derzeitig erreichbare Tiefe erreicht haben.
Sie werden dann aufgefordert, ihre Arme wieder zu senken, und der Leiter wird ihnen suggerieren, daß sie jetzt noch tiefer gehen und noch tiefer, tiefer und tiefer, während ihre Wahrnehmung nur auf das beschränkt bleibt, was der Leiter sagt, und sie fahren sogar fort, tieferzugehen, während der Leiter weiter zu ihnen spricht.
Er sagt als nächstes zu ihnen:

Wir nähern uns dem Ende unseres dritten Zyklus der Phantasie-Reisen, und schon bald wirst du diesen Ort wieder verlassen und eine Disziplin ausüben, die eine der wichtigsten und entwicklungsfördemdsten sein kann, die du bis jetzt kennengelernt hast.

Du ziehst dich in die absolute Einsamkeit zurück und schließt – soweit das realisierbar ist – die Möglichkeit aus, gestört oder unterbrochen zu werden. Du weißt, daß du diese Erfahrung wiederholen mußt, wenn du in deiner Einsamkeit gestört wirst.
Du wirst fasten, das heißt, daß du nur Wasser zu dir nimmst, und zwar nur so wenig, wie du brauchst, um nicht vom Durst abgelenkt zu werden.
Während dieser Periode wirst du auch nicht im üblichen Sinne schlafen. Nur von Zeit zu Zeit, wenn du dich extrem müde fühlst, ist es erlaubt, daß du dir zwei Minuten Schlaf gönnst, zwei Minuten gemessen an der normalen Uhrzeit, denn unter Anwendung des AMP wird dieser Schlaf ausreichend sein, und du wirst daraus sehr erfrischt aufwachen und in der Lage sein, mit deiner Arbeit fortzufahren.
Und es ist sehr wichtig, daß du während der ganzen vierundzwanzig Stunden oder während der gesamten Zeit, die dir möglich ist, im veränderten Bewußtseinszustand verharrst, dich selbst etwa jede Stunde in den Wachzustand zurückrufst, dann aber sofort wieder eine Trance einleitest und vertiefst.
Ein Hauptgrund für diese vierundzwanzigstündige Periode der Isolation wird sein, dir zu ermöglichen, eine neue Art der Beherrschung und eine größere Kontrolle über deine Bewußtseinszustände zu erreichen, insbesondere aber auch über die Tiefe deiner Trance. Als Hilfe zur Selbstregulierung der Tiefe kannst du dir eine Skala von eins bis hundert oder auch eine größere Skala vorstellen, und du übst, verschiedene Punkte auf der Skala zu erreichen, die die Tiefe deiner Trance von einem sehr seichten Stand bei der Zahl eins bis zu einem extrem tiefen von einhundert Punkten (oder welche Punktzahl auf deiner Skala die höchste ist) mißt.
Während der Isolation wirst du dir selbst vornehmen, daß du nacheinander alle Spiele, die du bisher durchgeführt hast, erneut ablaufen läßt und wiedererlebst. Noch einmal erlebst du die Vorstellungen und Gefühle und Geisteszustände, die du in den Spielen hattest, und du suggerierst dir selbst Bilderfolgen, die

dir mehr über die Bedeutung einiger dieser früheren Erlebnisse enthüllen.

Du wirst auf den verschiedenen Stufen der Trance meditieren, und zwar über fundamentale Fragen, wie z. B.: Wer bin ich? Wohin gehe ich? Warum bin ich hier? Was sind meine Ziele? Wie kann ich sie am besten erreichen?

Antworten auf diese Fragen können dir in visueller oder hörbarer Verkörperung erscheinen, auch beides zusammen wäre möglich. Oder es sind Antworten, die sich in stillen Gedanken äußern, die einer undefinierbaren Quelle entspringen. Du kannst auch von einer symbolischen Form angesprochen werden, während du in diesen langen Stunden der Isolation über diese Fragen meditierst.

Weiterhin meditierst du über das Wesen der Realität, über Bewußtsein und über viele fundamentale Fragen, die dich und die Welt betreffen.

Und mitunter wirst du verstehen, dein Gehirn vollkommen zu leeren, deine Aufmerksamkeit richtet sich auf nichts. Du hast dann deine Gedanken, keine Vorstellungen, keine Gefühle, überhaupt nichts.

Dann wieder wirst du über Bilder meditieren, du läßt sie aufsteigen und treiben; du wartest auf einen Punkt, an dem du durch sie hindurchdringen kannst in irgendeinen Bewußtseinszustand und zu einer Erfahrung, die dann daraus resultiert.

Während dieser ganzen Zeit wirst du wissen und dich auch ab und zu daran erinnern, daß du nicht nur deine Erfahrungen der Phantasie-Reisen konsolidierst und integrierst, sondern die Erfahrungen deines ganzen Lebens, und du glaubst daran, daß du aus deiner Einsamkeit irgendwie verändert, erweitert und von früheren Begrenzungen befreit herauskommst.

Du kommst sozusagen von diesem Berg herunter, bringst Einsichten und neue Erkenntnisse mit, die dich für die Spiele stärken, die noch zu spielen sind, und zwar dein Leben lang.

Jeder von euch geht jetzt, nachdem er selbst seinen veränderten Bewußtseinszustand beendet hat. Und jeder geht so schnell wie möglich und direkt zu dem Ort, den er für seine Isolation ausgesucht hat.

Wenn du dort angekommen bist, wirst du ohne Zögern mit dieser einmaligen und grundlegenden Erfahrung anfangen, die du dort haben wirst, und es wird eine sehr wertvolle Erfahrung für dich sein.
Jetzt beendest du deine Trance und gehst, ohne mit einem anderen zu sprechen und ohne mit mir zu sprechen. Ich wünsche der Gruppe viel Erfolg bei dieser Unternehmung.

14

Der Leiter hilft den Spielern, eine möglichst tiefe Trance zu erreichen, so lange, bis jeder Spieler durch ein unbewußtes Heruntersinken seines Kopfes anzeigt, daß er jetzt nicht mehr tiefer gehen kann.
Die Spieler werden dann angehalten, die Meditation über die konzentrischen Kreise durchzuführen, die auch am Ende des ersten und zweiten Zyklus der Phantasie-Reise hier stattgefunden hat. Diese Meditation führt den Spieler nach innen, durch sehr tiefe und umfassende Symbole seines Selbst, bis in der Mitte das tiefste und umfassendste Symbol des Selbst enthüllt wird.
Alle Symbole, die sich während dieser Meditation einstellen, werden von den Spielern erinnert und später in ihre Tagebücher eingetragen, wo sie mit denen aus den früheren Meditationen verglichen werden können. Nachdem den Spielern gesagt worden ist, daß sie sich an alle Symbole erinnern werden, und nachdem sie die Symbole sowohl aufgeschrieben als auch gezeichnet haben, informiert sie der Leiter, daß jetzt der dritte Zyklus der Phantasie-Reise beendet ist.

Der Leiter sagt zu den Spielern:

Ihr habt das bisher sehr gut gemacht und einen großen Fortschritt erzielt.
Wichtige Kräfte sind in euch freigesetzt worden, kreative Energien, ein zielgerichtetes Entwicklungsvermögen führt dich jetzt

zu größerer Reife und zu einem Wachstum und steigert die Möglichkeit deiner Selbstverwirklichung.
Dein Fortschritt wird weitergehen, und du erreichst mehr und mehr, während wir uns jetzt darauf vorbereiten, den vierten schwierigsten und tiefgreifendsten Zyklus der Spiele zu beginnen.
Und jetzt sage ich dir als Vorbereitung für diesen Zyklus:
Du wirst heute Nacht einen sehr lebendigen und höchst bedeutungsvollen Traum haben, einen Traum, der dir zeigt, wie deine innersten Gefühle über diese Spiele aussehen und in welcher Form du dich schon verändert hast durch diese Spiele und auch was deine weiteren dringendsten Bedürfnisse und deine stärksten Wünsche sind.
Du wirst dich an diesen Traum erinnern und ihn aufschreiben, und es wird die erste Eintragung in das neue Tagebuch sein, um dich daran zu erinnern, was hier als nächstes ansteht.
Und der erste Leiter, der für den vierten Zyklus gewählt wird, wird diesen Traum mit euch besprechen, wenn ihr es wollt. Jedoch soll der Traum vorher keinem anderen Mitspieler mitgeteilt werden.

Der Leiter beendet dann den veränderten Bewußtseinszustand, beglückwünscht erneut die Spieler zur Vollendung des dritten Zyklus und weist auf das nächste Treffen hin, mit dem der vierte und abschließende Zyklus beginnt.

Phantasie-Reisen
Viertes Buch

Vorbemerkung für Phantasie-Reisende

Es ist dies der vierte und letzte Zyklus von Spielen, der in diesen vier Büchern der Phantasie-Reisen dargestellt wird.
Wir wiederholen hier noch einmal, was wir den Spielern schon in den vorhergegangenen drei Büchern gesagt haben: um diese Spiele vollständig zu erleben und um ihre wohltuenden Wirkungen restlos zu erfahren, ist es erforderlich, die Spiele in der gegebenen Reihenfolge zu spielen.
Das bedeutet, daß man sich durch alle Spiele – vom ersten Spiel des Ersten Buches bis zum letzten Spiel des Vierten Buches – hindurchgearbeitet haben sollte. Die gleiche Reihenfolge sollte von denen eingehalten werden, die dieses Buch nur lesen, jedoch nicht vorhaben, die Spiele auch zu spielen. Auch der Leser, der diese Reihenfolge nicht einhält, wird nicht vollständig erfassen, was die Autoren den Lesern vermitteln.
Das Lesen oder Durcharbeiten von allen Spielen in dieser Abfolge ist deshalb eine so notwendige Praxis, weil die vorherigen Spiele das Fundament für die nachfolgenden legen. Denn diese Spiele sind von den Autoren so entwickelt worden, daß sie zu immer reicheren, tieferen und komplexeren Erfahrungen der Spieler führen.
Außerdem ist es so, daß die wohltuende Wirkung der Spiele sich nicht aus einzelnen Spielen ergibt, sondern diese Wirkung sammelt sich und wächst, je weiter der Spieler durch die Spiele hindurchgeht, sich entwickelt und Zugang erhält zu neuen Wegen des Seins und des Wissens. Zu Wegen, die vorher noch nicht begehbar waren.
Geh jetzt tiefer
und tiefer,
während du
diese Spiele spielst.

Wie das Buch Vier der Phantasie-Reisen geleitet wird

Dieser vierte Zyklus der Phantasie-Reisen sollte nicht als Übungsfeld für neue Gruppen-Leiter verwendet werden. Es könnte nämlich sein, daß dies die Spieler um den Gewinn bringt, für den sie jetzt so lange und so hart gearbeitet haben. Dennoch ist es wünschenswert, daß in diesem vierten Zyklus mehrere Personen als Gruppen-Leiter fungieren. Niemand sollte hier die Möglichkeit versäumen, *Spieler* in diesen Spielen sein zu dürfen. Also benötigt man mehrere Leiter, und ebenso entwickeln sich dabei dann immer mehr Gruppen-Leiter, die fähig sind, auf tieferen und wesentlich komplexeren Ebenen der Erfahrung und der Bewußtheit zu operieren.

Das Training kompetenter Gruppen-Leiter ist natürlich eine der wichtigsten Aufgaben innerhalb der Phantasie-Reisen. Indem immer mehr fähige Gruppen-Leiter heranwachsen, wird die Bewegung der Aufhebung von Blockierungen und das Freisetzen der Fähigkeiten unseres Geistes nicht mehr aufzuhalten sein; es werden jene unermeßlich weiten innerlichen Möglichkeiten produktiv erschlossen, die bis jetzt kaum angezapft worden sind.

Die Leiter für diesen vierten Zyklus sollten unter den reiferen Mitspielern ausgewählt werden, die mehr Wissen haben auf dem Gebiet der Philosophie, Psychologie, Mythologie, Religion, Literatur und der Künste, ebenso wie theoretische Kenntnisse über veränderte Bewußtseinszustände und ASC-Phänomene.

Die meisten Spieler werden jetzt gelernt haben, in Trance zu gehen, ziemlich tief in Trance zu gehen, doch möglicherweise lernen sie, während die Spiele gespielt werden, sogar noch tiefer zu gehen.

Wie dem auch sei, dieses Mal wird eine größere Tiefe wahrscheinlich von Erfahrungen ausgelöst werden, die im Inhalt der jeweiligen Reise zu suchen sind, und nicht so sehr durch Einleitungs- bzw. Vertiefungsprozeduren, die ja nur diesen einen Zweck haben.

Aus diesem Grund ist derjenige der geeignete Leiter für die Reisen des vierten Stadiums, der schon vorher eine außerge-

wöhnliche Fähigkeit gezeigt hat, mit Personen zu arbeiten, die sich in einem veränderten Bewußtseinszustand befinden – im Unterschied zu jenen, deren größte Fähigkeit darin besteht, Trance-Zustände einzuleiten und zu vertiefen. Häufig ist es so, daß beide Fähigkeiten nicht in einer Person vereinigt sind, obwohl es natürlich für einen Leiter wünschenswert wäre, er hätte beide Eigenschaften: die Gabe, ASC vorzüglich einzuleiten und zu vertiefen, und die Gabe, in den Stadien, die er eingeleitet und vertieft hat, auch hervorragend zu arbeiten.
Wir weisen auf diese Unterscheidung deshalb besonders hin, weil sie sehr wichtig ist und oft übersehen wird.
Schließlich sollte die Gruppe reif genug sein und über so viel aufgeklärtes Selbstinteresse verfügen, daß sie den Gruppen-Leiter nicht aus politischen oder Popularitätsgründen wählt, damit die Wahl nicht zu einer Quelle des Konflikts innerhalb der Gruppe wird oder zwischen einzelnen Teilnehmern böses Blut verursacht.
In diesem vierten Zyklus kann es kein anderes Kriterium für die Wahl eines Gruppen-Leiters mehr geben als ein Maximum an Effektivität, über das alle Spieler sich einig sind.

Trance und der Leser

Beim Schreiben dieses Buches haben die Autoren häufig von der sogenannten ›subkortikalen Linguistik‹ Gebrauch gemacht. Es handelt sich hierbei um eine Sprache, die in erster Linie die subkortikalen Gehirnmechanismen anspricht und so veränderte Bewußtseinszustände, Trance und hypnotische Zustände in vielen Lesern erzeugt. Viele Leser werden mit den veränderten Zuständen, die von Zeit zu Zeit während des Lesens der Spiele auftauchen, bereits vertraut sein und ebenso mit den Veränderungen, die in der Tiefe stattfinden und die auf verschiedenen Faktoren beruhen.
Diese »angelesenen« ASCs können die Teilnahme an der Lektüre steigern. Andererseits kann es dabei auch schwieriger sein als

gewöhnlich, das zu erinnern, was man gelesen hat. Das Material entschwindet schnell, wie viele Träume das tun. Doch im Unterschied zu Träumen kann der Leser hier wieder auf das Buch zurückgreifen und nachlesen, was er vergessen hat.

Und wie wir schon im Ersten Buch der Phantasie-Reisen dargelegt haben, sollten diese Trance-Stadien, ASCs und hypnotischen Zustände ihre entspannenden und wohltuenden Kräfte erweisen, und in einigen Fällen werden die Suggestionen direkt und kraftvoll zum Unbewußten sprechen, so daß die Wirkung der Spiele sogar auf den Leser übergehen wird.

Wie dem auch sei, sollte der Leser wünschen, einen Trance-Zustand, der durch das Lesen des Buches erzeugt worden ist, zu beenden, so ist er dazu in der Lage, indem er auf das Aufwach-Bild schaut (das unten abgedruckt ist). Er schaut auf das Bild, und gleichzeitig klatscht er laut in seine Hände und spricht energisch die Worte WACH AUF!

Wach auf!

1

Während dieser Eröffnungssitzung wählen die Spieler den ersten Gruppen-Leiter, der den vierten Zyklus anleiten wird.
Dieser Leiter wählt sich als Assistenten – falls verfügbar – zwei Somnambule oder andere Personen, die in der Lage sind, sich zu bewegen und sehr gut zu funktionieren, während sie tief in Trance verbleiben. Dabei sollte eine der Personen möglichst weiblich, die andere männlich sein.
Der Leiter heißt dann die Spieler zur Eröffnungssitzung willkommen, und er gratuliert ihnen, daß sie die vorhergehenden drei Phantasie-Reise-Zyklen bereits vollendet haben.
Dann könnte er sagen:

Durch all die Erfahrungen, die du bisher gemacht hast, bist du vorbereitet, jetzt in noch weitere und tiefere Dimensionen deines Bewußtseins einzudringen. Du kannst jetzt Erfahrungen machen, die so stark, so gewaltig sind, daß du sie noch nicht hättest akzeptieren und vielleicht noch nicht einmal hättest aushalten können ohne die Erlebnisse, die du während der vorherigen drei Zyklen hast sammeln können. Die Spiele, die jetzt folgen, enthalten die Möglichkeit außergewöhnlich tiefer Erfahrungen; einige davon ähneln oder sind gar dieselben wie die, welche herkömmlicherweise »Satori«, »Samadhi«, »Nirvana«, »kosmisches Bewußtsein«, »mystische Erfahrungen«, genannt werden, oder wieder andere, die man als Erfahrungen der »letzten Wirklichkeit« oder der »integralen Stufe« psychedelischer Erfahrungen bezeichnet.
Machtvolle, erweiterte und intensive Stadien des Bewußtseins und deren Auswirkungen können außergewöhnlich wohltuend sein und mit sehr wichtigen Durchbrüchen und einem Fortschreiten in der Entwicklung und Selbstverwirklichung des Spielers verbunden sein.
Natürlich kann es keine Garantie dafür geben, daß jeder Spieler derart tiefe Erfahrungen haben wird.
Es gibt auch keine Garantie dafür, daß einige Spieler nicht

glauben werden, daß ihre Erfahrungen tiefer und stärker sind, als es tatsächlich der Fall ist. Diese Erfahrung wird das Fortschreiten eher hindern, anstatt es zu fördern. Doch der Leiter und die Gruppe stehen zur Verfügung, um dem einzelnen zu helfen, Durchbrüche und »Gipfel« richtig einzuschätzen. In manchen Fällen wird der Spieler vielleicht den Wunsch haben, sich auch außerhalb der Gruppe noch eine Meinung oder einen Rat zu holen.

Doch sind deine Erfahrungen mit den Spielen, die du gespielt hast, eine unschätzbare Hilfe, mit all deinen subjektiven Realitäten fertig zu werden und ebenso mit den Erfahrungen tiefer psychischer und möglicherweise auch spiritueller Dimensionen umzugehen.

Diese Erfahrungen haben dich auch bereit gemacht, größeren Nutzen aus dem Eindringen in eine tiefere Ebene zu ziehen.

Du hast aus den bisherigen Spielen außerdem gelernt, daß du nicht furchtsam sein mußt, sondern daß du den Inhalten und den Prozessen deines Geistes ebenso wie des menschlichen leibseelisch-geistigen Apparates im allgemeinen Achtung entgegenbringen sollst.

Du weißt, daß dieser Apparat – der noch kaum angezapft ist – Quellen besitzt, die Ehrfurcht gebieten und die wahrscheinlich wunderbarer und gewaltiger sind als alles, was du dir ausmalen kannst. Wir werden diese Mächte respektieren, wie wir es auch in den vergangenen Reisen getan haben. Nur sehr vorsichtig werden wir uns ihnen nähern – niemals zu schnell –, und immer werden wir mit dem wichtigen Schutzfaktor Vernunft an diese Phänomene herangehen, die oft als irrational oder, wie wir in manchen Fällen besser sagen können, metarational bezeichnet werden.

Auf diese Art und Weise bewegen wir uns gemeinsam weiter auf eine Zusammenarbeit zwischen Vernunft und Imagination hin, auf ein Zusammenwirken, das die Menschheit nie zuvor erreicht hat, das sie aber in jedem Fall anstreben muß, sofern sie als Menschheit überleben will.

Du wirst jetzt über diese Aussage nicht weiter nachdenken, doch wenn du in Trance gehst – gleich –, dann wird dein unbewußter

Geist diesen Gedanken aus der Bewußtheit ziehen, so daß er auf tieferen Ebenen, nicht nur in Begriffen des menschlichen Körpers und Geistes, sondern kosmisch und metaphysisch betrachtet werden kann.

Und jetzt, während du *wirklich in Trance gehst,* während du in Trance gehst, wie du es gelernt hast, während du tiefer gehst und tiefer, wirst du beginnen, *all das* aufzunehmen und zu verstehen, was gerade zu dir gesagt worden ist. Du gehst tiefer und tiefer, und du nimmst es auf, und du verstehst es, weil es *sehr* wichtig für dich ist, aufzunehmen und zu verstehen, was gesagt worden ist.

Du gehst immer noch tiefer, sogar noch tiefer jetzt, und du verstehst es besser und besser. Du verstehst vollständig und auf allen Ebenen die *ganze* Bedeutung dessen, was heute in Worten für dich zusammengefaßt worden ist, in Worten, die heute hier gesprochen worden sind.

Und ich werde dir jetzt – gleich – drei Minuten normale Uhrzeit zur Verfügung stellen, und subjektiv gesehen, ist das genug Zeit, ja, mehr als genug, um alle diese Bedeutungen zu verstehen, so daß sie Wurzeln schlagen können in deinem Nervensystem, in deinem Gehirn, im Blut, und hinunter bis in jede Zelle können sie sich jetzt fest verwurzeln.

Und du bist jetzt motiviert, den höchsten Grad persönlicher Selbstverwirklichung zu erlangen – jetzt und während die Spiele weitergespielt werden. Und dieser Lernprozeß, der gerade erwähnt worden ist, dieser langandauernde und wirkungsvolle ganzheitliche Lernprozeß, der sich während der angegebenen Uhrzeit verwirklichen soll, beginnt *gerade jetzt*.

Nach Ablauf dieser Zeit bittet der Leiter die Spieler, ihren ASC-Zustand zu beenden, und nachdem dieses erfolgt ist, sagt er zu ihnen:

Bevor wir heute diesen Ort verlassen, möchte ich dir eine Erfahrung vorstellen, die sehr lustvoll für dich sein kann. Es ist eine ASC-Einleitung, die du den Methoden, die du bereits kennst, hinzufügen kannst, um die Türen zu anderen Orten zu öffnen. Diese Einleitung kann dich außergewöhnlich tief hinunterbringen, weil sie an etwas appelliert, das sich von allem unterscheidet, an das du vorher vielleicht noch nie appelliert hast.

Ich werde dir diese Methode so beschreiben, wie sie von einer Teilnehmerin bei einer früheren Gelegenheit erlebt wurde. Während ich das tue, wirst du wahrscheinlich eine Erfahrung haben, die mit ihrer Erfahrung nicht identisch ist, denn es ist ja jetzt deine eigene Version, beeinflußt durch dein Unbewußtes als ein Ausdruck deiner eigenen Persönlichkeit und insbesondere deiner eigenen Gefühle.

Du hast dein Schlüsselwort, bei dem du in Trance gehst, und du wirst es jetzt verwenden, dieses Schlüsselwort. Du gehst in Trance, und du gehst tiefer, während ich anfange, dir von der Methode dieser Spielerin zu erzählen, die genauso mit ihrem eigenen Schlüsselwort begann. Es lautete »Schmetterling«. Indem sie das Wort »Schmetterling« sagte, schlossen sich ihre Augen unwillkürlich, und augenblicklich war sie in Trance. Sie ging tiefer, während sie einem Schmetterling folgte, einem wunderschönen Schmetterling, der sie tiefer in ihre Trance hineinführte.

Bis sie an das schon vertraute Tor kam, von dem massive Steintreppen hinunterführten; das Tor öffnete sich für sie beim Näherkommen des Schmetterlings, und sie sah ein kleines Licht direkt auf der Schwelle des Tores.

Und dann begann sie, die Stufen *hinabzugehen,* vorbei an Farben und Farben und Farben, und diese Farben dienten dazu, ihre Trance mehr und mehr zu vertiefen. Die Farben dienten ebenfalls dazu, ihr und dem Leiter die Tiefe der Trance zu verdeutlichen. Und sie begann damit, daß sie das klare Licht durchschritt, dann *ging sie tiefer* durch das Gelb hindurch, das Orange, dann durch das Braun in vielen Schattierungen und Nuancen, sie ging durch alle Nuancen hindurch, und immer noch *ging sie tiefer.*

Sie stieg in das Grün *hinunter,* das Blau, das Mauve und durch das Mauve hindurch zum Karmesinrot und schließlich in ein *tiefes* Purpur und durch das tiefe Purpur hindurch.

Du gehst tiefer und immer noch tiefer in deine Trance hinein, bis sich bei dir schließlich, am Ende der Treppe, in der Tiefe deiner Trance, das Bewußtsein grundlegend verändert, bis du schließlich vom tiefen Purpur in eine samtartige Schwärze hinübergehst; du legst dich in dieses samtene Schwarz hinein, sinkst hinein, nach unten, durch die samtene Schwärze hindurch, bis zu einem Bereich, in dem es nichts mehr zu denken gibt, keine Bedeutungen mehr, nur klare ruhige und intensive Gefühle, und diese Gefühle begleiten das Wissen über jene unergründliche innere Tiefe.

Du verharrst einen zeitlosen Augenblick in diesem Zustand und kommst du zurück von diesem Ort, dann steigst du langsam von dort wieder nach oben. Du bist immer noch sehr tief und bewegst dich durch den leuchtenden tiefen Purpur, hin zum Karmesinrot, zum Mauve, zum Blau. Und dann langsam, ganz langsam und angenehm steigst du auf zum Grün und zum Braun, und du kannst wahrnehmen, wie die Trance immer leichter wird. Nach diesem Aufstieg gelangte die Teilnehmerin durch die Farbe Orange und dann durch das Gelb hindurch und landete schließlich wieder im klaren, hellen Licht. Und als sie durch das helle Licht hindurchging und jetzt wieder vor dem großen Tor stand, durch das sie am Anfang geschritten war, benutzte sie ein anderes Wort, mit dem sie aus einem veränderten Bewußtseinszustand wieder herausgelangte und das in ihr jedesmal ein Gefühl der Munterkeit und Wachheit hervorrief. Und dieses Wort lautete für sie: »Gazelle«.

Falls du noch kein solches Wort besitzt, suche dir jetzt eines, das du verwenden kannst, wenn du aufsteigen willst, wenn du aus der Trance herauskommen willst, und ebenso wie die Teilnehmerin, kannst du ein Wort oder ein Symbol wählen, das für dich angenehm und lebendig ist.

Dieses Wort stellt dann den Zustand vollständig wieder her, in dem du warst, bevor du in Trance gegangen bist. Oder sogar noch einen wesentlich frischeren und lebendigeren Zustand als der, in

dem du warst, bevor du das erste Wort, mit dem deine Trance hergestellt wurde, gesagt hast.
Wenn du bis hierher gekommen bist, kann es sein, daß du noch weiterüben willst, daß du dieses System, durch Farben hindurchzuwandern, noch weiter ausbauen möchtest.
Vielleicht weißt du jetzt, welche Farben deine Trance vertiefen, welche Farben die Tiefe deiner Trance verringern. Du kannst experimentieren, ob unter anderen Bedingungen in der Trance einige Farben besondere Eigenschaften haben, ob sie mit jenen Farben zusammenarbeiten können, die, wie du festgestellt hast, den äußerstmöglichen Zustand der Tiefe in dir ausgelöst haben.
Ich wollte dir diese Übung als einen angenehmen und geruhsamen Abschluß der Eröffnungssitzung unseres vierten und anspruchsvollsten Zyklus der Phantasie-Reisen geben. Jeder Spieler wird jetzt den Trance-Zustand ganz beenden, und ihr werdet jetzt alle nach Hause gehen und weiterhin das, was heute gesagt worden ist, in euch nachwirken lassen. Ihr geht jetzt in dem Wissen fort, daß ihr heute das *letzte* Stadium unserer Reise begonnen habt, die wir, die Phantasie-Reisenden, alle gemeinsam unternehmen.

2

Der Reise-Leiter führt die Mitglieder durch jene Trance-Einleitung hindurch, die das erste Mal in dem Ersten Buch der Spiele angewendet wurde und die danach schon oft wiederholt worden ist. In dieser Trance-Einleitung gelangen die Spieler durch die Tür, steigen die Treppe hinab und erreichen den Ort, wo das kleine Boot wartet. Das Boot trägt die Spieler in die Dunkelheit hinein, dann taucht das Sonnenlicht auf. Und das Boot setzt seine Fahrt sanft flußabwärts fort, während alle Sinne der Teilnehmer angeregt und durch die Suggestionen des Leiters einbezogen werden. Auf diese Weise wird die Trance vertieft.

Wenn dieser Punkt erreicht worden ist, sagt der Leiter zu den Spielern:

Du spürst jetzt, wie du tiefer gehst, während du die schaukelnden Bewegungen des Bootes empfindest, hin und her schaukelt das Boot, tiefer und tiefer, und die Sonne und die Brise liebkosen deinen Körper.
Du hörst das Plätschern des Wassers, dieses beruhigende Geräusch des Wassers, und wie Fische springen und wieder in das Wasser eintauchen, und du hörst die Vögel, die entlang des Ufers singen. Noch tiefer treibst du mit deinem Boot, und du siehst das frisch geschnittene Gras drüben auf den Feldern, und Blumen blühen am Ufer, und all diese Düfte wehen mit der Brise zu dir her.
Vielleicht möchtest du deinen Arm aus dem Boot heraushängen lassen, so daß du das kalte Wasser an deinen Fingern spüren kannst, es ist ganz klares, sauberes Wasser, so daß du deine Fingerspitzen an deine Lippen führen und dieses gute Wasser kosten kannst, so daß du probieren kannst, wie gut und erfrischend dieses Wasser ist, während du immer noch tiefer gehst.
Immer noch tiefer geht es, und träge, etwas benommen, jedoch sehr angenehm setzt du deine Fahrt nach unten fort. Du treibst den Strom abwärts, weiter nach unten, immer weiter nach unten. Und immer tiefer führt dich deine Trance, bis das Boot ganz leicht ans Ufer gelangt, und du bleibst sehr, sehr tief in Trance, ja, du gehst noch tiefer, während du aus dem Boot steigst und die Uferböschung hinaufsteigst. Dort ist eine Wiese, und auf ihr wächst hohes Gras. Und du kannst dem Gras zuhören, es scheint zu flüstern, wie es so vom Wind bewegt wird. Und du spürst das Gras, wie es um deine Beine streicht, während du äußerst träge im warmen Sonnenlicht daherschreitest. Es ist so angenehm zu spüren, doch es macht dich auch schrecklich schläfrig, es macht dich sehr, sehr schläfrig. Und vor dir, wenn du aufschaust, siehst du einen wunderschönen großen, schattigen Baum, einen starken, kraftvollen und doch

sehr alten Baum. Einige seiner Wurzeln sind über der Erde, und du bemerkst, daß Moos da ist, weiches, schweres Moos, es wächst auf einigen Wurzeln.
Und du legst dich nieder, du bettest deinen Kopf auf eine der moosbedecken Wurzeln im Schatten; das Gras und der Boden tun deinem Körper sehr wohl, und du findest, daß dies hier ein außergewöhnlich angenehmer und freundlicher Ort ist.
Und während du da liegst und alles spürst, was um dich herum vor sich geht, siehst du die Bewegungen der Kaninchen dort im hohen Gras, die Eichhörnchen schauen von den Gipfeln der Bäume nach unten, der Wind bewegt das Gras, Blätter rascheln – du spürst die gesamte Umgebung und findest es erholsam hier, friedlich und gut.
Und du spürst auch, daß du selbst mit deiner ganzen Person ein Teil davon bist. Du spürst dich, wie sehr du dazugehörst, und es scheint dir, als ob du niemals eine andere Existenz hättest außer der, hier zu sein mit dem Baum und dieser ganzen wundervollen, harmonischen Landschaft. Und du nimmst dich selbst so ganz als Teil dieser Szene wahr, daß du immer weniger das Gefühl irgend einer Art von Nichtverbundenheit oder Vereinzelung oder Getrenntheit von diesem Ganzen hast, weder physisch noch sonstwie, ja, du verlierst sogar das Bewußtsein dafür, daß es Teile gibt, du spürst nur das Ganze. Und du bemerkst jetzt, ja, du wußtest es schon vorher: falls du deinen Körper finden willst, könntest du gar nicht richtig sagen, wo die Rückseite deines Kopfes aufhört und die moosbedeckte Wurzel des Baumes anfängt, oder wo die Wurzel endet und dein Kopf anfängt; wo irgendein Teil deines Körpers aufhört und die Erde unter dir anfängt; oder irgend etwas auf der Erde, das dir erlauben würde, deinen Körper als getrennt von der Erde wahrzunehmen; und diese Art der Wahrnehmung dringt jetzt zu deinem Bewußtsein durch, ja sie bewegt nur leise eben die Oberfläche, denn jeder Bezug zu irgendwelchen Teilen bedeutet dir nicht mehr viel, es gibt nur noch das Ganze.
Und sogar die Luft ist in keiner Weise von deinem Körper zu unterscheiden. Und schau dir an: es ist das Gleiche mit den

Geräuschen, so daß du gar nicht weißt, dich auch nicht darum kümmerst, ob das Geräusch jetzt von außen oder von innen kommt. Und es ist tatsächlich so: drinnen oder draußen sind Begriffe, die dich nicht mehr interessieren. Ob sie nun Sehen oder Hören oder Berühren oder Schmecken betreffen, es gibt kein Innen und Außen, kein Ich oder Es, kein Subjekt oder Objekt, nichts ist irgend etwas anderem unterschieden.

Keine Teile, nur ein Ganzes, ein Ganzes mit einer wachsenden Bewußtheit der Harmonie und der Schönheit des Ganzen, des Ganzseins, und die Bewußtheit dieser wundervollen Zufriedenheit und der Freude über diese Einheit. Und das Einssein wird so intensiv und doch so friedlich wahrgenommen von diesem Bewußtsein, das ganz ist. Von diesem Bewußtsein, das Beziehungen und Begegnungen einschließt, doch das wesentlich mehr eine Bewußtheit ist von Energien, von lustvollen Energien der Bewußtheit; es wird immer intensiver, immer stärker aufgeladen, denn mehr und mehr Lebendigkeit, Vitalität durchpulst das Ganze, mit immer intensiveren Energien, intensiveren Schwingungen, energischer, es wird ektatisch für das Bewußtsein, es bewegt sich hinein in den Bereich, in den Entstehungsbereich, in dem die Bewußtheit gänzlich ein glückseliges Gefühl ist, die Wahrnehmung eines totalen, vollständig erfüllten Gefühls, das auch sehr emotional ist, das auch wissend ist und das doch in der Hauptsache reines klares Sein enthält.

Es ist jetzt die ektatische Bewußtheit reinen Seins, es ist die ektatische Bewußtheit und das Genießen dieser Bewußtheit des Seins, es ist das Genießen jetzt, dieser Einheit, dieser Ekstase, dieser überwältigenden Glückseligkeit und dieses kompletten Wissens und der Bewußtheit und des Entzückens darin, denn diese Ewigkeit mußt du erst vollständig erleben, bevor wieder zu dir gesprochen wird.

Und jetzt vergißt du, daß es überhaupt noch etwas anderes gibt, und du bist so hingerissen davon, daß du keinen Gedanken mehr daran hast, daß je zu dir gesprochen werden könnte, oder daß es überhaupt noch etwas gibt oder gab, was dir gesagt worden ist, oder daß es überhaupt noch etwas gibt außer dem Ganzen, der Bewußtheit oder der Totalität des Entzückens.

Der Gruppenleiter gibt den Spielern jetzt eine ausreichende Zeitspanne, diese Erfahrung zu durchlaufen, denn in diesem Erlebnis liegt für jede Person die Vorbereitung für noch weit tiefere Phantasie-Reisen und weitere Erfahrungen in den nächsten Sitzungen. Dann sagt er:

Jetzt werdet ihr mich wieder hören, und während ihr mich hört, beginnt ihr auch wieder, euch selbst wahrzunehmen. Und die Bewußtheit eurer eigenen Identität und eures Körpers nimmt wieder zu.
Doch nachdem ihr ein derartiges Erlebnis über diese besonderen Möglichkeiten in euch hattet, werdet ihr wissen, daß ihr jederzeit in diesen Bereich zurückkehren könnt, den ihr jetzt hinter euch laßt.
Für das, was vor euch liegt, laßt ihr das andere jetzt hinter euch. Und ihr bemerkt, daß ihr euch eures eigenen Körpers im Verhältnis zu dem Baum und dem Erdboden wieder bewußter werdet. Und ihr wißt zunehmend mehr, daß ihr euch von dem, was ihr seht und hört und berührt und schmeckt und riecht, unterscheidet. Ihr wißt, daß eure normale Art und Weise des Funktionierens die ist, die eine Unterscheidung erfordert, ein Gefühl für das, was drinnen ist, und für das, was draußen ist, und eine klare Empfindung, daß du im Verhältnis zu all den Nicht-Selbst-Erfahrungen, die du machst, du selbst bist.
Und während du jetzt deinen Körper vollständig wahrnimmst, bemerkst du auch, daß der Baum und die Wiese ihre Substanz verlieren und langsam aus deinem Bewußtsein ausgeblendet werden. Doch du bleibst weiterhin tief in deiner Trance, ja, du gehst sogar noch tiefer, doch du weißt, daß du hier mit mir an diesem Ort bist und eine Phantasie-Reise unternimmst.
Wir sind alle hier zusammengetroffen, um gemeinsam Phantasie-Reisen zu unternehmen, um gemeinsam unseren Körper und unseren Geist für einen höheren Zweck zu gebrauchen, denn wir

lernen dabei nicht nur für uns selbst, sondern so, daß jeder lernen, erfahren und erleben kann.
Sei dir dessen bewußt, und geh tiefer, und gleich werde ich dir etwas Musik vorspielen, und mit dem beschleunigten geistigen Prozeß (AMP), den du gelernt hast, wird es dir erscheinen, als ob in den wenigen Minuten meßbarer Uhrzeit die Musik für dich extrem lange spielen wird, aber du kümmerst dich nicht um die Menge der Zeit. Doch wenn du es tätest, dann schiene es dir, als ob die Musik Stunden dauern würde, so lange, daß du in der Tat jedes Gefühl für Zeit verlieren würdest; und du weißt nur, daß nichts passieren kann, um dein Erleben der Musik zu unterbrechen, und nichts wird dich stören, bis du die Musik vollständig erlebt hast.
Bei einer früheren Gelegenheit haben wir ein Spiel gespielt, in dem dein ganzer Körper für die Musik sensibilisiert wurde, so daß du die Musik schließlich gehört hast, als ob dein ganzer Körper mit den Endorganen des Hörens ausgestattet wäre. Und in diesem Spiel hast du die Musik auch als Berührung empfinden können, als Farben, als Gerüche und als Geschmacksempfindungen. Es war dies eine außergewöhnliche ästhetische, ja, sinnliche Erfahrung, nämlich die, als seist mit all deinen Sinnen in die Musik eingetaucht.
Und das ist auch, was gleich mit der Musik passieren wird, die ich dir spielen werde; und die Intensität deiner Sinneseindrücke wird zunehmen und zunehmen; die Reaktionen deines Körpers werden immer intensiver, so lange, bis die miteinander verbundenen Empfindungen und Sinneseindrücke so ekstatisch und glückselig intensiv werden, daß es fast unerträglich wird.
Doch wir wollen sogar noch einen Schritt weitergehen. Das, was wir heute gelernt haben, werden wir heranziehen, und so wirst du über die ekstatische Reaktion, die dein Bewußtsein in der Musik erfährt, hinausgehen. Du gehst weit darüber hinaus, du verlierst dich in der Musik, und die Musik verliert sich in dir. Und es gibt dann kein DU mehr und keine Musik, sondern nur noch eine erlebte Einheit, denn du hast jetzt gelernt, wie du so etwas erleben kannst. Und es wird keine Begrenzungen mehr

geben für dein Entzücken, es ist die reine Erfahrung reiner Verzückung.
Und ich werde diese Musik für dich *jetzt* spielen.

Nach Beendigung dieser beiden Übungen, die eine Vorbereitung für andere »mystische Erfahrungen« sind, führt der Leiter einen stufenweisen Wiedereintritt in den Normalzustand durch. Er suggeriert eine entspannte Rückkehr in einen erfrischten Wachzustand.
Der Leiter bittet die Spieler, sich selbst in einem ASC-Zustand zu versetzen und diesen Zustand zu vertiefen. Danach wird er noch einige zusätzliche, vertiefende Suggestionen geben. Nachdem dieses erfolgt ist, sagt er:

Höre mir genau zu und achte nur darauf, was gesagt wird. Du bleibst tief in deiner Trance, und du gehst sogar noch tiefer, und falls du in der Lage bist, tief in Trance zu bleiben, doch zur gleichen Zeit auch fähig bist, deine Augen zu öffnen und zu schauen, so tue das jetzt: öffne also deine Augen.
Und deine Aufmerksamkeit richtet sich jetzt auf ein Ereignis, das durch die gesamte Geschichte hindurch bekannt ist als das Auftreten einer höchst wunderlichen Erfahrung. Sie ist höchst eigenartig, doch von großer Kraft.
Und auch heute noch erfahren viele Millionen Menschen dieses eigenartige und doch so starke Erlebnis. Es heißt »Glossolalie« oder »Zungenreden«, und viele Menschen, die diese Technik praktizieren, machen dabei Erfahrungen, die sie oft so beschreiben, als wären es tiefe und intensive Erlebnisse mit psychedelischen Drogen, oder sie vergleichen sie mit verschiedenartigen religiösen Erfahrungen, die von Propheten oder Heiligen berichtet werden.
Das Zungenreden wurde in Amerika lange Zeit nur in der Pfingstbewegung praktiziert und einigen anderen fundamentalistischen Kirchen. Dann ging es in die Episkopalkirche und einige andere protestantische Gemeinden ein, und neuerdings gewinnt es in manchen kleinen römisch-katholischen Kirchengemeinden

großer Bedeutung. Und überall sind die Erfahrungen die gleichen, obwohl der äußere Rahmen nur von geringerer Wichtigkeit zu sein scheint gegenüber den Manifestationen, die dabei auftreten. Die Methode, dieses Erlebnis stattfinden zu lassen, ist der, daß der Geistliche oder der Leiter seine Hand auf die Stirn der Person legt und sie damit auffordert, sich zu öffnen und dem Heiligen Geist zu erlauben, sich zu manifestieren. Diese Manifestation benutzt jetzt den Körper der Person, und es tritt das auf, was wir das Sprechen in Zungen nennen.

Fremde Worte und Töne entströmen dem Mund der Person, und einige Menschen glauben, daß es eine sehr alte Sprache ist, die da gesprochen wird, möglicherweise die erste voll entwickelte Sprache, die je auf Erden gesprochen wurde; jene Sprache, in der menschliche Wesen das erste Mal zu Gott gebetet haben oder auf andere Weise direkt mit Gott zu kommunizieren in der Lage waren.

Höre jetzt sehr genau zu, was ich dir zu sagen habe. Geh tiefer und noch tiefer, während du auf das hörst, was ich zu dir gesagt habe. Wir werden diese Erfahrung jetzt nachvollziehen; wir versuchen, diese Erfahrung jetzt möglich zu machen. Wir werden diesem alten traditionellen Verfahren jetzt folgen mit Spielern, die sich im Wachzustand, und anderen Spielern, die sich in Trance befinden. Und während dieses Experiments werden die Somnambulen unter euch die Aufgabe des Übersetzens haben, falls ihnen die Bedeutung dessen, was die Sprecher in Zungen hervorbringen, klar ist. Und sollte ein anderer Spieler sich in der Lage fühlen, als Übersetzer zu fungieren, dann sollte er versuchen, sich Gehör zu verschaffen. Du wirst dieses Spiel jetzt sehr ernst nehmen, denn du weißt, daß wir hier mit einer außergewöhnlich großen Kraft arbeiten, die das Leben von Millionen von Menschen drastisch verändert hat, denn so mächtig ist sie in einigen ihrer Manifestationen.

Ich werde jetzt einige von euch an der Schulter berühren, und die, die berührt worden sind, werden ihre Trance beenden. Die Hälfte der Spieler ist dann in Trance und die andere Hälfte ist in ihrem normalen Wachzustand. Wir werden dann dieses Spiel spielen,

indem ich von einem Spieler zum nächsten gehe und ihm die Möglichkeit gebe, in Zungen zu reden. Und es ist gut möglich, daß einige Spieler bereits ohne meine Hilfe anfangen werden, in Zungen zu reden. Laßt es dann einfach geschehen.
Doch ich werde jetzt von einem zum anderen gehen, und nacheinander werde ich meine Hände auf eure Stirn legen und euch bitten, jene Kraft zu fühlen, die sich in euch manifestieren will, jene Kraft, die euch dazu anleiten wird, in Zungen zu sprechen. Du solltest dich für diese Kraft öffnen und ihr erlauben, sich durch dich zu manifestieren, und du weißt auch, daß sie für dich sehr wohltuend sein wird, so daß du nichts zu fürchten brauchst. Ich werde deine Stirn halten und dich eindringlich auffordern, dieser Kraft zu erlauben, sich machtvoll und mit einem Maximum an wohltuenden Wirkungen in dir zu manifestieren. Aber ich werde diese Kraft nicht definieren, obwohl sie tradionsgemäß »Heiliger Geist« genannt wird.
Was immer also diese Kraft sein mag, lasse sie sich manifestieren, und es sollte nicht weiter wichtig sein für dich, welches Etikett wir an sie heften. Es mag wirklich so sein, daß es der Heilige Geist ist, es kann sich auch um eine Art konzentrierter Energie handeln, oder wir betrachten sie als eine symbolische Manifestation der Gottes-Idee. Und doch werden wir, ohne sie definieren zu wollen, die Kraft ermutigen, durch das Auflegen der Hände von der Person empfangen zu werden und dadurch die Erfahrung zu ermöglichen.

Der Leiter führt diese Phantasie-Reise so, daß es vor allem auf das Resultat ankommt, wobei möglicherweise Dolmetscher eingesetzt werden.
Am Ende der Sitzung sollte die Rückführung so durchgeführt werden, als ob alle Spieler in Trance wären, obwohl ja bei einigen Spielern schon die Anweisung gegeben war, ihre Trance vorher zu beenden, und bei ihnen auch keine neuerliche Trance-Einleitung stattgefunden hat.

4

Spieler, die ihre Trance mit anderen teilen wollen, bilden Gruppen zu zweit oder zu dritt, und dann leiten sie ihre Trance gegenseitig ein und vertiefen sie. Der Gruppen-Leiter bedient sich für dieses Spiel desselben Verfahrens, das auch schon in vorhergehenden Phantasie-Reisen Anwendung gefunden hat, als die Trance von zwei Personen geteilt wurde.
Den Spielern wird eine Stunde für AMP (beschleunigter geistiger Prozeß) zur Verfügung gestellt, mit dem eindringlichen Hinweis, tiefer zu gehen und sehr tiefe und weitreichende Erkundungen der inneren Räume durchzuführen, wie sie es schon vorher in anderen gemeinsamen Trance-Erfahrungen getan haben. Der Leiter achtet darauf, daß er die üblichen Suggestionen gibt, die sicherstellen, daß er über den ganzen Zeitraum mit allen Spielern in Verbindung bleibt (falls dies nötig werden sollte), und führt dann das normale Verfahren durch, um die Trance wieder zu beenden. Zuerst beendet er die gemeinsame Trance und dann den individuellen ASC-Zustand. Die potentielle Bedeutung dieser Erfahrungen als eine neue Dimension menschlicher Intimität, als eine neue Art der Begegnung auf bisher nicht erfahrbaren Ebenen, sollte noch einmal bestätigt werden.
Ebenso sollte noch einmal betont werden, daß Vorsicht am Platz ist gegenüber emotionalen Bindungen zwischen den einzelnen Spielern, die sich aufgrund dieser wenig bekannten Wechselbeziehungen entwickeln können.
Nach dem Ende dieser Stunde sollten Leiter und Spieler – der ASC-Zustand ist jetzt aufgehoben – einige Zeit darauf verwenden, den Erlebnissen der Spieler nachzugehen und jeder sollte versuchen, ein neues Verständnis derartiger Erlebnisse zu entwickeln.
Insbesondere können die Spieler sich über den möglichen Einsatz einer gemeinsamen Trance in der Eheberatung und der Psychotherapie Gedanken machen oder als Hilfsmittel, eine sehr viel tiefere Ebene der Intimität zwischen Freunden, Liebenden oder möglicherweise anderen Personen herzustellen, mit denen ein

außergewöhnlich tiefes Einverständnis wünschenswert erscheint.

5

Der Leiter sagt zu den Spielern:

Wir haben viel vor, also laßt uns beginnen.
Macht jetzt Gebrauch von der bereits erlernten Fähigkeit, sehr schnell in Trance zu gehen. Eure Augen schließen sich bereits, schließt sie jetzt fester, und dann geht schnell tiefer, tiefer und immer tiefer in Trance.
Und ich werde jetzt zwei Minuten normaler Uhrzeit geben, und während dieser Zeit – wenn ich dir sage, du sollst beginnen – erlebst du dich selbst als jemand, der nach unten fließt, der dann nach unten treibt und – wenn die Trance tiefer wird – nach unten fällt, schneller und schneller, nach unten durch dunkle, scheinbar unendliche Räume. Du fällst weiter und weiter, und du hast das Gefühl des Fallens, eines Fallens, das dich sehr, sehr tief in die Trance hineinführen wird. Und du hast die ganze Zeit dafür zur Verfügung, und diese Zeit beginnt *jetzt!*

Als nächstes sagt der Leiter:

Und jetzt spürst du, daß du fällst, und bemerkst, daß dein Fallen langsamer wird, noch langsamer, da du dich jetzt ganz nahe einer wirklich tiefen Tiefe befindest. Innerhalb eines *kreisförmigen* Raumes, in dem du dich ganz sanft niederläßt, auf eine Substanz, die in der Lage ist, dich zu tragen, hier in der *zylindrischen* Tiefe deiner Trance.
Du wirst jetzt entscheidende Dinge lernen, und es ist anzunehmen, daß du hier Erfahren machen wirst, die sowohl äußerst stark als auch wunderschön sein werden. Gleichzeitig bereitest du dich auf endgültige, letzte Dinge vor, während du tiefer gehst und noch tiefer und noch tiefer, hinein in diesen veränderten Bewußt-

seinszustand, der erforderlich ist für jene Ereignisse, die du gleich haben wirst.
Und du beginnst jetzt, allmählich etwas wahrzunehmen, Strahlen von weißem Licht, die sich zu dir hin erstrecken, funkelndes, weißes Licht, und ein Strahlenbündel dieses Lichtes umkreist dich jetzt, es wächst, wird heller und heller, funkelnd und gleißend, es wärmt dich mit seinen Strahlen. Es ergießt sich auf dich, es durchdringt deinen ganzen Körper, es verändert seine Erscheinung von einem Augenblick zum nächsten, doch es ist immer glänzend weiß. In Kaskaden ergießt es sich um dich herum, und manchmal erscheint es dir gar als ein weißes und goldenes Licht.
Ein wundersam schönes weißes und goldenes Licht, überirdisch, blendend, überall um dich herum, und dein Körper bewegt sich in ihm, und du kannst fühlen, wie dein Körper mit dem Weiß verschmilzt und wie dein Körper viel größer wird, und du fühlst dich mehr und mehr verlängert. Dein Körper wird länger, schlanker, und dieses Gefühl bringt es mit sich, daß du jetzt etwas erlebst, was ein ganz unbeschreibliches, doch sehr starkes spiritituelles Gefühl ist, etwas, das gar nicht mehr menschlich ist, und das dein Körper jetzt fühlt, so wie du dastehst, so groß, so verlängert, mit dem blendend weißen und goldenen Licht überall um dich her, so sehr ein Teil von dir, daß dein Körper mehr wie ein Körper aus Licht, nicht aus Fleisch, erscheint.
Und das Licht fließt weiter, es wird heller und heller, und du spürst, wie du mit dem Licht verschmilzt, wie du selbst zum Licht wirst, und dein Bewußtsein findet sich selbst jetzt als ein Hagel bestehend aus lauter Funken, und sie regnen hernieder, und sie bilden ein großes Becken weißen Lichtes dort auf dem Boden, wo deine Bewußtheit sich befindet, wo du bist, und du *bist* dieses Becken von weißem Licht, dieses große Becken reiner Energie, die jetzt entfesselt werden soll.
Energien, Kräfte sind jetzt hier gesammelt, und dieses weiße Licht schießt jetzt nach oben, es erhebt sich, bäumt sich auf, eine Säule aus weißem und goldenem Feuer, es steigt nach oben, nach oben, durch diesen fast endlos langen, zylindrischen Raum, eine

Säule weißer und goldener Flammen, von denen du ein Teil bist, und du nimmst nichts wahr außer dieser Säule weißen und goldenen Feuers.
Es ist eine Säule, die immer weißer und weißer leuchtet, eine Säule weißen Feuers, und du bist ein Teil davon, und sie steigt auf, buchstäblich aus dem Mittelpunkt der Erde, drängt nach oben, fließt nach oben, immer mehr nach oben und weiter nach oben, bis sie schließlich herausbricht aus einer Öffnung auf der Oberfläche der Erde, doch die Säule bricht noch weiter hinaus, nach oben, weit, weit hoch in den Himmel. Eine Säule weißen Lichtes steigt jetzt auf aus dem Mittelpunkt der Erde, und sie bricht heraus, endlos, herein in die schwarze unermeßliche Weite des Raumes, so als würde die Kraft der Säule es erlauben, das Universum zu durchdringen.
Und du kennst das Gefühl dieser ehrfurchtgebietenden Kraft, die von erhabener Schönheit ist und von Wundersamkeit und voll Energie, da du Teil hast an dieser großen Säule aus weißem Feuer.
Doch jetzt fühlst du auch, daß du wieder zurücksinkst mit ihr, zurück und wieder nach unten, zurück unter die Oberfläche der Erde, zurück und hinein in diesen unterirdischen Zylinder, bis schließlich auf dessen Boden nur eine kleine weiße, brennende Flamme zurückbleibt. Und du steigst heraus aus dem Feuer, und damit verlöscht es.
Du wirst dir wieder deines Körpers aus Fleisch und Blut bewußt, doch du fühlst dich verändert: als ob dein Körper eine entscheidende Reinigung und Läuterung durch das Feuer erfahren hätte, als ob dein Körper durch dieses Erlebnis erneuert worden wäre, als ob du jetzt mehr Zugang hättest zu den lebenswichtigen Energien und Kräften als zuvor.
Du gehst tiefer und tiefer, du bist in der Lage, tiefer zu gehen, und du befindest dich schließlich hier an diesem Ort mit mir, doch jetzt hast du Zugang zu einigen sehr mächtigen Energien deines Inneren. Und du richtest dein Bewußtsein jetzt auf das unterste Ende deines Rückgrats, du bist ganz konzentriert auf diese unterste Stelle deines Rückgrats, und dir wird bewußt, daß dort

ein großes Becken sanft fließender, jedoch außergewöhnlich kraftvoller Energien vorhanden ist.
Du richtest deine Aufmerksamkeit auf dieses Becken und merkst allmählich, daß du dort eine Art Kribbeln spüren kannst; es ist ein zunehmend stärker werdendes Gefühl, und du dirigierst diese Energie jetzt so, daß sie entlang deines Rückgrades aufzusteigen beginnt. Sei jetzt ganz aufmerksam, wie die Kraft wächst und immer mehr wächst, wie sie an Stoßkraft gewinnt, langsam, wie sie mehr Kraft gewinnt, wie die Kraft zunimmt.
Und jetzt hat sie die Fähigkeit, mit einer enormen Kraft den ganzen Weg zum Gehirn hochzusteigen, und dort löst sie eine Art Energie-Explosion aus, und diese Explosion bewirkt ein Aktivieren von immer mehr und mehr Gehirnzellen und von gewaltigen elektrischen und chemischen Reaktionen, von Ereignissen in deinem Gehirn, die dich stark verändern können, die dir Zugang geben zu Kräften, die bis zu diesem Zeitpunkt nur latent in dir vorhanden waren.
Sei dir jetzt wieder des Energiesystems bewußt, wie es langsam entlang deiner Wirbelsäule aufsteigt, halte es etwas zurück, so daß es genügend Kraft sammeln kann, aber verhindere nicht seine Bewegung; halte die Bewegung in einer langsamen, aber steten Vorwärtsbewegung nach oben, entlang deiner Wirbelsäule, und beobachte sie genau; versuche einzuschätzen, wann die Spannung groß genug ist, um ein Emporschießen hoch in das Gehirn zu bewirken, doch sie soll nicht so groß sein, daß sie überwältigend für dich sein würde – du wirst zuverlässig spüren, wieviel Kraft du aushalten wirst.
Du wirst wissen, wann du aufhören mußt, die Kraft zurückzuhalten, und wann du die angestaute Kraft freilassen darfst, so daß sie aufsteigen und zum Gehirn hochschießen kann. Und wenn die entfesselte Kraft genügend Energien hat, dann wird sie diese Explosion in deinem Gehirn auslösen und damit jene Kräfte freisetzen, die ich dir beschrieben habe.
Und jetzt konzentriere dich auf diese Aufgabe, die Energien in dir nach oben zu dirigieren, nach oben durch dein Rückgrat hindurch, du dirigierst sie nach oben und spürst dabei die Ansamm-

lung von Spannungen, bis du das Gefühl hast, du kannst sie loslassen, du kannst die Energien in dein Gehirn schießen lassen. Und dann laß sie los.

Der Reise-Leiter gibt den Spielern ausreichend Zeit, die Ausführung seiner Anleitungen durchzuerleben, doch er muß sich darauf gefaßt machen, daß das Erwecken dieser Energie nur zum Teil erfolgreich war. Und sollte gelegentlich ein Spieler dabei sein, der Erfolg hatte, so wird es einer sein, der sich durch verschiedene Mittel für einen derartigen Erfolg vorbereitet hat. Er wird dann in der Lage sein, dieses Phänomen in völliger Sicherheit und wahrscheinlich mit großem Nutzen er erleben.
Doch die meisten Spieler, ja, höchstwahrscheinlich alle Spieler werden diese Übung nicht abschließen, und der Leiter sollte ihnen nichtsdestoweniger zu dem Erfolg gratulieren, den sie dennoch gehabt haben. Den Spielern sollte gesagt werden, daß sie sich in allen Einzelheiten daran erinnern sollen, wie sie die Energien beobachten konnten und wie sie es angestellt haben, den Erfolg zu erzielen, den sie spürten, indem sie die Energien zum Hochsteigen veranlaßt haben.
Es muß ihnen erklärt werden, daß ein Erfolg möglich ist, doch daß er sich gewöhnlich erst nach einer beachtlich langen Übungszeit einstellt. Wie auch immer, es ist ein ungewöhnlich guter Anfang gemacht worden. Jetzt wird der ASC-Zustand beendet, und beide Ereignisse, die die Spieler gehabt haben, werden besprochen.

6

Die Spieler vereinbaren, sich vorher einmal zu treffen, bevor sie eine Erfahrung langen Fastens, mit Isolation und Meditation beginnen. Es wird eine tiefe Trance eingeleitet, und der Leiter gibt den Spielern folgende Anweisungen:

Während der 48 Stunden Isolation, die für diese Phantasie-Reise erforderlich ist, wirst du nichts essen, gar nichts, und du wirst auch nur so viel trinken, wie gerade notwendig ist, so daß der Durst dich nicht stört.

Und du wirst, während du tief in Trance bist, über wenige grundlegende Fragen meditieren.

Du wirst dich daran erinnern, daß Gott zu den menschlichen Wesen immer im Schlaf oder in Visionen gesprochen hat, und daß es kaum Berichte gibt, die eine Ausnahme bilden von dieser historischen Tatsache. Und du wirst tief darüber meditieren, warum das so ist und was es für Folgen hat, und du wirst diesen Dingen auf den Grund gehen, indem du mit Worten und Bildern meditierst und vielleicht andere Hilfen gebrauchst. Eine davon ist vielleicht das Gebet. Und du wirst über die Frage meditieren: Was ist die höchste Wirklichkeit? Und was meine ich mit oder verstehe unter einem solchen Begriff: »höchste Wirklichkeit«? Und was könnte überhaupt jemand darunter verstehen? Und wie kann man diese Wirklichkeit erfahren?

Indem du diese Fragen erwägst, versuchst du mit verschiedenen Mitteln zu erforschen, ob der Weg zur Erfahrung dieser höchsten Wirklichkeit darin liegt, tiefer zu gehen und immer tiefer, hinein in tiefe Zustände der veränderten Wahrnehmung, so tief, daß die Bewußtheit sich stark nach außen erweitert – jedoch ohne Verlust von Tiefe. Und falls du diesen Punkt erreichst und mit dieser Erweiterung fortfährst, wirst du dann notwendigerweise an einen Punkt kommen, wo du alle Bewußtheit deines Selbst verlierst, so daß du in einem gewissen Sinne aufhörst zu sein? Falls du diesen Punkt erreichst, an dem du zu existieren aufhörst, und dann – später – zurückkehrst zu deiner Selbst-Bewußtheit, wie kannst du in Erfahrung bringen, was deinem Selbst dort passiert ist – wenn etwas passiert ist –, da es doch gar nicht seiner selbst bewußt war? Und falls bestätigt wird, daß dein Selbst, während es seiner selbst nicht bewußt war, mit Gott oder mit einer höchsten Wirklichkeit vereinigt war, worauf könnte eine derartige Behauptung sich gründen?

Und du wirst diese Dinge nicht nur damit erforschen, indem du über sie nachdenkst, sondern du wirst es experimentell und direkt tun, indem du dich, so weit es dir möglich ist, in eine Vertiefung und Erweiterung hineinbegibst, indem du dein Selbst eintauchen läßt in dieses Unbekannte. Du gehst tiefer, und du weißt, daß du in diesen Meditationen eine besondere Unterstützung erhältst durch die verschiedenen Erfahrungen, die du hier während der Phantasie-Reisen hast sammeln können. Insbesondere erhältst du Unterstützung von den Spielen des vierten Zyklus. Zwar sind die Erfahrungen aller Phantasie-Reisen für dich von großem Nutzen in deinen Bemühungen, doch sind vor allem einige der Spiele, die wir gespielt haben, seit der vierte Zyklus begann, für dich von großem Vorteil, und dein unbewußter Geist weiß von selbst, wie er den bestmöglichen Nutzen aus diesem jüngsten Gewinn ziehen kann. Du wirst also über diese entscheidenden Fragen, die ich dir genannt habe, meditieren; und über die Wirklichkeit in ihrem Bezug zum menschlichen Bewußtsein. Falls du bemerkst, daß du in diesen Meditationen vom Thema abweichst, so praktizierst du einfach eine Vertiefung deines veränderten Bewußtseinszustandes. Und du schläfst so wenig wie möglich, du verwendest den beschleunigten Prozeß (AMP) zusammen mit der Suggestion, daß ein paar Minuten Schlaf vollständig ausreichen, so wie du es schon bei vorherigen Gelegenheiten der Isolation und des Fastens gehalten hast.

Um Mißverständnisse zu vermeiden, laß dir gesagt sein, daß diese Meditationen niemandem irgend einen Glauben aufzwingen. Du könntest zum Beispiel mit deinen eigenen Vorstellungen von Gott oder dem, was andere unter Gott verstehen, beginnen, und im Verlauf der Meditationen kann sich dein Glaube durch das, was du erlebst, ändern, aber das muß nicht sein.

Du sollst dich einfach darauf beschränken, lange und mit einer Vielfalt von Hilfsmitteln über eine begrenzte Zahl von Fragen nachzudenken, die in jedem Fall von großer Reichweite und Tiefe sind. Du solltest dich anstrengen, bei diesen Fragen zu bleiben, denn dann wird der Erfolg deiner Bemühungen dich mit Sicherheit zu Erfahrungen führen, die du kaum vorher gehabt haben wirst. Am Ende der 48 Stunden, kehrst du ohne vorher mit jemanden zu sprechen (so weit das möglich ist), hierher zurück, und die Gruppe der Spieler wird sich versammeln, um die

Erfahrungen, die die einzelnen Spieler gemacht haben, auszutauschen.

Der Leiter beendet jetzt den Trance-Zustand und bittet die Spieler ohne Unterhaltungen oder Verzögerung den Ort aufzusuchen, den jeder sich für sein Fasten und seine einsamen Meditations-Übungen gewählt hat.

7

Dieses Spiel muß in einer abgeschiedenen und angenehmen Umgebung in der Natur gespielt werden. Das Wetter sollte schön sein. Lassen diese Bedingungen sich nicht erfüllen, dann muß dieses Spiel aus dem Spielplan herausgenommen werden, und die Spieler gehen zum nächsten Spiel über.
Es sollten aber in jedem Fall Anstrengungen unternommen werden, einen geeigneten Platz für dieses Spiel zu finden, da es beachtliche Wirkungen auszulösen imstande ist.
Nachdem die Spieler sich an diesem Ort der Natur zusammengesetzt haben, bittet der Leiter die Spieler, sich selbst in einen ASC-Zustand zu versetzen und diesen Zustand so weit, wie es irgend möglich ist, zu vertiefen.
Wenn dann für jeden Spieler der tiefste Zustand erreicht ist, wird jeder Spieler diesen Zustand selbst bemerken, und er wird es dem Leiter dadurch kundtun, daß sein Kopf unwillkürlich nach vorne fällt. Der Kopf wird ganz langsam nach vorn sinken und dort etwa eine Minute so verbleiben. Dann wird er – ebenfalls unwillkürlich – sich wieder nach oben erheben.
Wenn das erfolgt ist, sagt der Leiter:

Du bleibst jetzt tief in deiner Trance, und nach einem kleinen Moment werde ich dich bitten, die Augen zu öffnen und aufzustehen, und du wirst dich bewegen, doch dabei bleibst du in Trance, und du gehst sogar noch tiefer und tiefer, während ich fortfahre, zu dir zu sprechen, und während du auf die Suggestionen, die dir gegeben werden, weiterhin reagierst.

Sollte einer von euch das Gefühl haben, er oder sie sei unfähig, mit offenen Augen in Trance zu bleiben, so öffnet trotzdem die Augen und geht mit den anderen Spielern umher, und dabei werdet ihr euch jedoch sehr *lebendig vorstellen,* wie ihr auf derartige Suggestionen reagieren würdet, wenn ihr wirklich in Trance wärt. Der Betreffende wird sich also mit geöffneten Augen so verhalten, als wäre er in einer tiefen Trance. Und es ist sehr wahrscheinlich so, daß der Spieler, der damit begann, sich lebhaft vorzustellen, er sei in tiefer Trance und er reagiere genauso, entdecken wird, daß es nicht länger erforderlich ist, sich die Trance vorzustellen, da sie in einigen Punkten bereits Wirklichkeit geworden ist, und er bereits eine unbestimmbar lange Zeit in Trance war.

Der Spieler wird das Vorhandensein der Trance daran erkennen, daß seine Reaktionen auf einige Suggestionen vollständig anstrengungslos sind und er sehr deutlich die Wirkung spürt.

Und anschließend wird er dann in der Lage sein, bereitwillig in die Trance zu gehen und sie aufrechtzuerhalten, während er herumläuft und verschiedene Funktionen ausübt.

Und jetzt gehst du tiefer, und du *wirst* deine Augen öffnen, und jetzt blickst du nach oben. Zuerst schaust du zum Himmel. Und du schaust so zum Himmel, als sähest du ihn am Beginn der Schöpfung, als wäre er etwas, das von einem menschlichen Auge das erste Mal erblickt würde.

Alles, alles in dieser Umgebung wird von dir wahrgenommen in einer völlig neuen Weise, als wäre es vollständig neu für dich, als ob deine Tat, die Sinne so zu verwenden, wie du sie verwendest, vollständig neu für dich wäre.

Und du wirst dir der großen Veränderungen dieser Wirklichkeit bewußt, dieser Wirklichkeit, die du wahrnimmst, und du merkst jetzt, daß dieser Ort, an dem wir uns befinden, außerhalb der Zeit zu liegen scheint, er ist ein *ewiger, zeitloser, mystischer,* ja sogar ein *heiliger* Ort.

Sieh, überall um dich herum sind belebte und unbelebte Formen,

sie haben die Eigenschaft der Einzigartigkeit, der Originalität – als ob jedes dieser Dinge wirklich zum ersten Mal auf unserer Erde erscheine. Als ob diese Dinge Gottes Prototypen wären, die ursprüngliche Schöpfung dessen, was jedes Ding ist.
Und dieses Gefühl wächst, als ob wir uns hier in einem mythischen Reich aufhielten, während du hinüber zu den Bäumen schaust. Schau sie dir genau an, schau dir die unglaubliche Kompliziertheit des Musters auf den Blättern dieser Bäume an und beobachte, wie kunstreich die Blätter und Zweige miteinander als Teile koexistieren, jeder Teil in sich vollkommen und dennoch harmonisch integriert und wie die Stimmen eines Orchesters zu einem komplexen, schönen Ganzen vereinigt.
Betrachte die Rinde der Bäume, die Bilder, die Welten die aus dieser Rinde entstehen – berühre die Rinde, erkennen sie, indem du sie berührst, mit offenen Augen und mit geschlossenen Augen, rieche an ihr, und jetzt lege dein Ohr an diese Rinde und lausche ihr.
Und jetzt wirst du eine Weile umhergehen, du berührst die Erde und das Gras, irgendwann legst du dich nieder und schaust nach oben in die Bäume und in den Himmel. Und dabei spürst du sogar die Luft, die dich umgibt, als könntest du sie greifen, während du durch sie durchschreitest, oder wie du sie erfährst, wenn du still liegst.
Und du hast jetzt fünf Minuten Uhrzeit, doch es wir dir vorkommen, als hättest du Stunden oder jedenfalls so viel Zeit, wie du dir wünschst, um herumzugehen und die gesamte Schönheit und Einzigartigkeit dieses Ortes in vollen Zügen zu genießen. Am Ende dieser Zeit werden wir uns hier wieder zusammenfinden, und ich werde wieder den Kontakt zu dir aufnehmen. Jetzt gehe los und erkunde und genieße den Reichtum der Erlebnisse, die dich hier erwarten.

Wenn die Spieler zurückgekehrt sind, dann sagt der Leiter:

Und jetzt fährst du fort, tiefer zu gehen, noch tiefer, ja, du gehst jetzt noch tiefer, und du kostest die Harmonie dieses Platzes tief aus, und es wird dir deutlich, daß dies ein Ort von außergewöhnlicher Heiterkeit und Klarheit ist. Laß diese Klarheit jetzt in dein Dasein eindringen, so daß sie in deinem Körper und deinem Geist Wurzeln schlägt, so daß du sie immer wieder hervorrufen kannst, so daß sie immer für dich da sein kann.

Und jetzt wirst du dir der ganzen Freude dieses Platzes bewußt. Du erlebst die Freude, die rings um dich her ist, die Freude, die jetzt auch in dir aufsteigt, die größer wird, und du lernst jetzt, daß die Freude ein ganz wesentlicher Teil von dir ist, daß du sie jederzeit wieder herbeirufen kannst. Und jetzt höre mir bitte mit deiner ganzen Konzentration zu, höre genau hin, konzentriere dich so vollständig wie möglich auf das Lernen und das Annehmen dessen, was zu dir gesagt werden wird.

Bitte, werde dir jetzt des Bodens ganz bewußt, des Bodens, auf dem du stehst, fühle den Boden unter deinen Füßen. Du stehst da und hebst jetzt erst den linken Fuß und anschließend den anderen Fuß, und dann stellst du beide Füße fest und sicher auf die Erde. Und du spürst jetzt, daß durch die Sohlen deiner Füße Wurzeln sich nach unten strecken, Wurzeln, die nach unten gehen, nach unten und nach unten, und du weißt auch, es sind symbolische Wurzeln. Denn sie hemmen dich nicht oder fesseln dich gar in irgendeiner Weise, sondern du erhältst eine Art Nahrung durch sie. Und du weißt auch, daß diese symbolischen Wurzeln für etwas stehen, das sehr real ist. Du weißt, daß das, was du jetzt hier erlebst, eine reale Erneuerung ist und daß das Symbolische Realität und große Kraft besitzt.

Es ist eine reale Erneuerung deiner Wurzeln, deiner Verwurzeltheit mit der Natur, mit jener Natur, von der du schon immer ein Teil warst und von der du irgendwie getrennt und entfremdet worden bist, da du geglaubt hast, du wärest etwas anderes als sie. Doch jetzt weißt du, daß du nicht von ihr getrennt bist, daß du ein Individuum bist und frei, doch daß du ebenso ein Teil des Ganzen bist und daß du dich selbst und die Natur jetzt als ein Teil einer Harmonie erleben kannst, an der du teilhast – so daß du dich jetzt vollständig zu Hause fühlen kannst in dieser Welt.

Und es ist, als wärest du, nachdem du eine Weile fort warst, jetzt

nach Hause zurückgekehrt, zu deinen Wurzeln, zu den Quellen deines Lebens und deiner Stärke. Und du wirst diese Bewußtheit des Ganzen jetzt nicht mehr verlieren, und ebenso wirst du die Fähigkeit, dich dieser Nahrungsquelle zu bedienen, die dir die Natur bietet, nicht mehr verlieren.
Denn die Natur nährt und erhält jedes Wesen, das ein Teil ihrer Schöpfung ist. Sei dir jetzt eine Weile dieser Tatsache bewußt und laß dieses Wissen in dich einfließen und dich ausfüllen. Sei dir nur dieses Themas bewußt, über das ich gerade zu dir gesprochen habe, bis ich dich wieder ansprechen werde.

Während der Leiter jetzt die Spieler beobachtet, entscheidet er auch, wann er zum nächsten Stadium dieser Reise übergehen kann, und wenn er entschieden hat, weiterzugehen, sagt er zu den Spielern:

Verbleibe weiterhin tief in diesem anderen Zustand deines Bewußtseins und gehe noch tiefer, ja, du fährst fort, tiefer zu gehen, während du die nächsten ein oder zwei Stunden damit zubringst, all dies, was um dich herum ist, tief auf dich wirken zu lassen. Während dieser Zeit gehst du an diesem Platz herum, du durchwanderst ihn, und wir werden das essen, was wir uns mitgebracht haben, und wir trinken das bereitgestellte Wasser und die Milch. Wir werden dieses einfache Mahl und die einfachen Getränke sehr genießen, wir werden Vergnügen daran haben und du fühlst dabei, wie du selbst, wie dein Körper reichhaltig von diesem Essen und Trinken genährt wird. Und du wirst mit den anderen keine Worte austauschen, sondern höchstens auf andere Weise mit ihnen kommunizieren, du wirst schweigend die anderen Spieler ebenso anerkennen, wie du den Himmel, die Bäume, die Vögel und die Tiere anerkannt hast, wie alles, was sich hier an diesem Ort befindet. Und während du das tust, verändert sich dein Bewußtsein immer mehr und immer tiefer, deine Bewußtheit erweitert sich so, daß die Dinge, die deine Sinne wahrnehmen, zwar in der üblichen Weise von dir aufgenommen werden, doch du merkst auch, daß diese wahrgenommenen Objekte von dir sehr viel deutlicher und schärfer wahrgenommen werden, so als hätten sie viele Arten von Wirklichkeiten: als Ausdruck der Kunstfertigkeit der Natur, als Schöpfung Gottes, als hätten sie eine Bedeutung, die du ihnen niemals zuvor beigemessen hast, die du niemals zuvor erkannt hast.

Und so werden dir deine Welt und deine Wahrnehmungen auf die verschiedenste Weise klar. Und diese Bewußtheit ist nicht etwa das Produkt einer Anstrengung, auf neue Art zu denken oder wahrzunehmen, sondern sie tritt einfach auf, sie erscheint dir einfach. Und du wirst nicht die Bewußtheit haben, die ich dir suggeriere, sondern eine vollständig andere: eine Bewußtheit, die Ausdruck ist deiner eigenen Erlebnisse, deiner eigenen Oberfläche und deiner eigenen Tiefe, und diese wird in keiner Weise davon gefärbt sein, was dir gesagt worden ist. Du hast also sehr viel Zeit für dieses Erlebnis, und wenn diese lange Zeit verstrichen ist, dann werde ich die Spieler wieder zusammenrufen, indem ich ein Glöckchen erklingen lasse, und dann wirst du wieder hierherkommen. Und als Raum für dieses Spiel hast du 50 Meter im Umkreis, das ist der ganze Raum, den du benötigst, während ich hier im Zentrum bleibe.

Geh jetzt und beginne.

Wenn die Spieler zurückgerufen worden sind, dann spricht der Leiter zu ihnen folgende Worte:

Es bricht jetzt bald die Nacht herein. Wir werden jetzt ein Feuer machen und unsere Decken ausbreiten, um die Nacht an diesem Ort zu verbringen.

Du wirst etwa 30 Minuten brauchen, um diese Vorbereitungen zu treffen, und während dieser Zeit kannst du die Trance entweder unterbrechen oder auf eine etwas höhere Trance-Ebene aufsteigen; du kannst bleiben, wo du gerade bist, oder sogar noch tiefer in Trance gehen. Doch wenn du eine Veränderung wünschst oder vielleicht einige Zeit in deinem Normalzustand verbringen möchtest, so tue das nur.

Nachdem die Spieler Holzstücke und Reisig herbeigebracht, ihre Decken ausgebreitet und die Vorbereitungen beendet haben, stellt der Leiter sicher, daß die Decken im Kreis herum angeordnet sind, und zwar in einer angenehmen Entfernung von dem Platz, an dem das Feuer brennen wird, und sagt:

Falls du deine Trance vorher beendet oder verringert hast, so geh jetzt bitte zurück in einen Zustand, der so tief ist, wie du ihn heute vorher schon erreicht hast, und du wirst merken, daß du das ziemlich schnell tun kannst. Bitte, tue dies jetzt.
Und es kann sein, daß du noch tiefer gehen willst, und du kannst fortfahren, das zu tun, während ich hier spreche, während ich dich bitte, es dir hier jetzt sehr bequem zu machen.
Und nach einer kleinen Weile werde ich dich bitten, eine Aufgabe durchzuführen, eine Aufgabe, die von großer Wichtigkeit und sehr wertvoll für dich sein könnte.
Was du jetzt tun sollst, ist folgendes: meditiere über die 48 Stunden, die du kürzlich fastend und isoliert und mit reichen Erfahrungen zugebracht hast. Erforsche, was während dieser Zeit passiert ist und was während der Gespräche, die wir anschließend darüber führten, in dir geschah, und erforsche deine Gedanken, die du seither darüber hattest. Und du integrierst jetzt dies alles und bringst es außerdem mit alldem zusammen, was du heute hier erlebt hast. Du läßt dies alles zusammenfließen, so lange, bis es ein integriertes Ganzes wird. Ich gebe dir 15 oder 20 Minuten, das zu tun, und dein Geist wird dabei genügend beschleunigt, so daß diese Aufgabe wirklich in der angegebenen Uhrzeit bewerkstelligt werden kann. Und jetzt beginnst du.

Später wird das Feuer angezündet, die Spieler beobachten das Feuer, und der Leiter sagt:

Und während du in das Feuer schaust, gehst du tiefer und tiefer, du schaust in das Feuer und gehst tiefer, und du schaust, und du nimmst Bilder wahr in dem Feuer, und du merkst, wie du dich selbst zurückversetzt, du reist durch die Zeit, zurück in der Zeit,

zurück zu einer Stelle, an der die ersten Menschen an einem Feuer zusammensaßen, und du fühlst etwas von dem, was sie gefühlt haben, und du reagierst auf das Feuer so, wie sie reagierten. Du kannst das wirklich jetzt fühlen, und du fühlst es jetzt.
Doch dein geistiger Prozeß beschleunigt sich jetzt wieder, und du hast jetzt fünf Minuten Uhrzeit zur Verfügung, um zurückzukehren durch die Jahrtausende, von der Zeit dieser freien Menschen, zurück durch die Jahrhunderte, und du erlebst *all das,* was Feuer für die Menschheit je bedeutet hat, Feuer als Werkzeug, als eine Geißel, als ein Symbol, sämtliche Beziehungen, die Menschen je zum Feuer hatten, du erlebst die Bedeutung des Feuers für den Menschen. Und du beginnst damit *jetzt!*

Der Leiter gibt anschließend den Spielern ähnliche Anleitungen, wie sie die Elemente Erde, Luft und Wasser erleben können. All diese Erlebnisse sind unter dem beschleunigten AMP-Prozeß jeweils innerhalb von fünf Minuten normaler Uhrzeit durchzuführen.

Als nächstes veranlaßt er sie, tiefer zu gehen und noch tiefer, und er ernennt eine der Spielerinnen für die Rolle der Priesterin, und in dieser Rolle soll sie den Geist des Mondes beschwören. Die Spieler beobachten den Mond, und die Priesterin beschreibt die Schönheit des Mondes und was der Mond bisher für die Menschheit bedeutet hat. Sie ruft den Mond an als eine symbolische Kraft, als einen Gegenstand, der schon so lange angebetet worden ist, dem schon so viel große Kraft zugeschrieben wurde, und sie spricht den Wunsch aus, daß der Mond schützend auf die Erde herniederscheinen möge.
Und insbesondere wird die Priesterin den Mond anrufen, damit er die Phantasie-Reisenden behütet und beschützt und die Zusammenkünfte inspiriert.
Der Gruppen-Leiter ernennt sodann eine zweite Person, die die Gruppe dazu anhält, die Schönheit der Nacht, des Himmels und der Sterne zu beobachten.

Und dieser Spieler richtet eine kurze Botschaft an den Nachthimmel, indem er beschreibt, was die Sterne für die Menschheit bedeutet haben, sie waren Erheller der Nacht, sie sind die Mächte, von denen die Menschen immer geglaubt haben, sie wohnten im Himmel. Der Spieler erinnert daran, daß die Götter – nach Ansicht der Menschen – dort ihren Sitz haben, und er ruft nach oben: welche Form intelligenten Lebens auch immer da draußen im Kosmos vorhanden sein möge, ihr werde jetzt ein Gruß der Liebe und des guten Willens von allen Spielern gesandt, und er bittet darum, daß dieser Gruß erwidert werden möge.
Er sagt dann zu den Spielern:

Und jetzt sitze noch eine Weile und blicke scharf ins Feuer, und dabei wirst du bemerken, daß du immer müder wirst, du wirst ungeheuer schläfrig. Und bald wirst du dich so fühlen, als hätte man dir ein außergewöhnlich wirksames Getränk gegeben, das dich zum Schlafen bringt, einen starken Schlaftrunk, und der Schlaf, den du daraufhin schlafen wirst, ist ein sehr tiefer Schlaf. Und während dieses Schlafes werden Bilder in dir aufsteigen, Bilder, welche Kräfte in dir repräsentieren, die dich heilen, die dir Energie geben und Stärke und Heiterkeit und Vertrauen, die dir Kräfte geben, daß du deine wichtigsten Ziele erreichen kannst. Du bist jetzt fast eingeschlafen, und du kannst kaum noch so lange wach bleiben, daß ich dir sagen kann, du wirst beim Morgengrauen erwachen, und kurz danach brechen wir auf. Und jetzt fällst du in diesen tiefen Schlaf.

Am nächsten Morgen werden die Spieler vom Gruppen-Leiter begrüßt und angewiesen, still die Morgendämmerung anzuschauen, sie sollen das Gefühl der Erfrischung, der Neuwerdung genießen, und sie werden zunehmend munter, frisch und energisch und fühlen sich so wach wie eh und je, und sogar noch wacher!
Sie werden dann aufgefordert, alle Spuren ihres Aufenthalts zu beseitigen, und danach sollte jeder, ohne sich mit Gesprächen aufzuhalten, seiner Wege gehen.

8

Der ASC-Zustand wird entweder von den Spielern selbst oder vom Führer eingeleitet, und den Spielern wird gesagt, daß das unwillkürliche Heben des linken Armes sowohl dem Spieler als auch dem Leiter anzeigt, daß jetzt der tiefste ASC-Zustand erreicht ist, den der Betreffende im Moment erreichen kann. Wenn alle Spieler dieses Signal gegeben oder andernfalls mit dem Leiter gesprochen haben, dann sagt dieser:

Du wirst heute eine Reihe von Erfahrungen machen, und du wirst dabei den beschleunigten geistigen Prozeß (AMP) einsetzen, so daß du eine große Anzahl subjektiver Erlebnisse innerhalb einer sehr geringen Zeit, als Uhrzeit gemessen, haben wirst. Du hast diesen AMP-Prozeß natürlich schon verschiedentlich angewendet, doch heute werden einige besondere Anforderungen an diese Fähigkeit gestellt. Als erstes wirst du jetzt durch eine Erfahrung gehen, die sehr angenehm für dich sein wird und die, sofern du vollständig reagierst, alle deine Erwartungen, wie angenehm eine derartige Erfahrung wirklich sein kann, noch übertreffen wird. Diese Erfahrung wird dich auch sehr tief führen, sehr tief, und ich möchte dir ein wenig mehr über diese Erfahrung erzählen, bevor ich dir die Anweisung gebe, sie zu machen. Und wenn du die Anweisungen bekommst, dann wirst du mit der Erfahrung beginnen, mit Bildern und Sinneseindrücken, auf die du mit großer Intensität und sinnlichem Vergnügen reagierst. Du wirst mit all deinen Sinnen beteiligt sein, und was du dann erlebst, wird dir von deinem eigenen unbewußten Geist und seinem Wissen beschert, auf welche Sinneseindrücke du mit der größten Intensität und mit dem größten Vergnügen reagieren wirst.
Du wirst sehr viele verschiedene Reize erleben, so daß du auf unterschiedliche Weise stimuliert wirst. Und es kann sein, daß es dort eine Vielfalt von Möglichkeiten gibt, von Dingen, von Menschen oder was immer für dich angenehm ist, und diese freudigen Ereignisse verstärken sich gegenseitig, sammeln sich, so daß auch deine Freude sich zu einer mächtigen Konzentration

von Sinnesreizen verdichtet, die alles übertrifft, was von Menschen gewöhnlich als Freude bezeichnet wird, und du gelangst in Bereiche, die eher mit Glückseligkeit, Entzücken und Ekstase zu beschreiben sind. Diese Freuden können ästhetischer Art sein oder erotisch, ja, jede Art von Sinnesreiz und Genuß kann dabei vorkommen, so lange, bis dein Körper an den Punkt der Reizüberflutung gelangt, zu einer Menge an Reizen, die die Grenzen deiner bisherigen Erlebnisfähigkeit überschreitet, und du wirst alles erleben, was du aushalten, alles, was du noch als lustvoll erleben kannst. Und für diesen Zweck wirst du den AMP-Prozeß einsetzen, denn du hast fünf Minuten normale Uhrzeit zur Verfügung, und das reicht vollständig für diese Erfahrung einer scheinbar endlosen Kette von Reizen, für dieses Erlebnis endloser Freude, Köstlichkeit und Ekstase. Und du beginnst, diese Bilder von Sinnesreizen zu empfangen, *jetzt!*

Am Ende der angegebenen Zeit spricht der Leiter zu den Spielern:

Wie auch immer deine Erfahrungen gerade ausgesehen haben mögen, sofern du dich auf sie einlassen konntest, du spürst jetzt, daß du tiefer gehst, du gehst tiefer und tiefer, weit, weit weg von der Oberfläche, weit weg von der Sinneswelt, und wenn ich dich auffordere, zu beginnen, dann hast du fünf Minuten normale Uhrzeit zur Verfügung, und während dieser Zeit beobachtest du oder nimmst teil an den entscheidenden Ereignissen deines Lebens, so wie du es bis zu diesem Punkt hier und heute gelebt hast. Du begegnest allen Menchen, die eine entscheidende Bedeutung für dich gehabt haben. Du wirst finden, daß wichtige Ereignisse, die dich geformt haben, wieder auftauchen, und du wirst in einigen Fällen verstehen – vielleicht zum ersten Mal –, worin die wahre Natur deiner Beziehung zu jenen Personen bestand oder wie der wahre Weg ausgesehen hat, auf dem diese wichtigen Ereignisse deines Lebens dazu beigetragen haben, dich zu der Person zu formen, die du heute bist. Es mag so aussehen, als durchlebtest du große Abschnitte deines Lebens,

doch du bist in der Lage, deine Interpretationen und dein Verständnis der verschiedenen Ereignisse zu revidieren, während sie auftauchen. Es kann sein, daß du etwas wiedererleben wirst, was dir geschah, als du noch ein Kind warst, und was du damals falsch verstanden hast und was dir dann geschadet hat, und möglicherweise leidest du bis heute an den Folgen dieses kindlichen Mißverständnisses.
Doch jetzt, mit dem Vorteil der größeren Reife, wenn du das Ereignis wiedererlebst, bist du in der Lage, diese Fehldeutung von früher zu korrigieren. Und damit veränderst du den Einfluß, den das Ereignis auf deinen bewußten und unbewußten Geist hat, so daß der vergangene Irrtum dein Verhalten nicht länger mehr beeinträchtigen kann. Er kann dich dann in keiner Weise mehr betreffen.
Du gehst also jetzt daran, dieses sehr konzentrierte Wiedererleben vergangener Ereignisse deines Lebens zu durchlaufen, und du hast dafür so viel Zeit, wie du benötigst, und du beginnst *jetzt!*

Nach Ablauf der angegebenen fünf Minuten sagt der Leiter:

Und jetzt gehst du noch tiefer, und all das, was du gerade erlebt hast, stellst du einen Moment zur Seite; dem, was gerade passiert ist, schenkst du jetzt keinen weiteren Gedanken. Du wirst es nicht vergessen, doch jetzt wird dein Bewußtsein vollständig angefüllt sein von den Worten, die zu dir gesprochen werden. Und du gehst tiefer. Du gehst jetzt tiefer und tiefer, und du erlaubst, daß viel tiefere Prozesse und Inhalte deines Geistes in dir zum Vorschein kommen. Ich werde dir fünf Minuten normale Uhrzeit zur Verfügung stellen, und zusammen mit dem AMP-Prozeß ist das wirklich Zeit genug, um das reiche Erlebnis zu haben, das dir gleich zuteil wird, daß dir in einem kleinen Moment zuteil wird, wenn dir aufgetragen wird zu beginnen.
Doch zuerst, während du weiterhin tiefer gehst, möchte ich dir sagen, daß das, was du während der vorherigen Teile dieser Reise erlebt hast, jetzt von deinem unbewußten Geist in Symbole und symbolische Dramen übersetzt werden kann, und du merkst

vielleicht, daß dieses Drama die Form einer Legende, die Form eines Mythos annehmen wird. Ganz sicher wird es eine Art dramatischer Folge werden, und es wird damit zu einem symbolischen Ausdruck deiner Person und deines Lebens. Und es mag dazu führen, daß dir damit wertvolle Einsichten gegeben werden, und einige wirklich ernsthafte Probleme könnten im Laufe dieser Erlebnisse gelöst werden, in diesem deinem eigenen Theater der Symbole, diesem Theater deiner tiefen Psyche. Und vielleicht wirst du davon vorwärtsgetrieben zu mehr Wachstum, mehr Verständnis und zu einem Gesundheitszustand, der einen erheblichen Fortschritt bedeutet. Dein unbewußter Geist hat sehr genau verstanden, was ich gesagt habe und was getan werden muß, und du wirst diese Erlebnisse beginnen. *Jetzt!*

Am Ende der Zeit sagt der Leiter:

Geh noch tiefer, und das, was du erlebt hast, wird deinen bewußten Geist jetzt nicht weiter kümmern, doch all die heutigen Erlebnisse werden in gewichtigem Maße zu dem, was gleich auf dich zukommt, beitragen, wenn wir in das letzte und das tiefste Stadium unserer Reise eintreten.
Es bleibt dir jetzt ein viertes, sehr viel tieferes und letztes Stadium von Erlebnissen, und du gehst jetzt tiefer in deine Trance, du läßt dich selbst jetzt sehr tief gehen, und du hörst zu, was zu dir gesagt wird, bevor du aufgefordert wirst, in das vierte und letzte Stadium einzutreten.
Gleich, nach einer kleinen Weile, wirst du in einen Bereich eindringen, der weit jenseits der Bilder deines eigenen Lebens liegt, jenseits aller Symbole, die für dich persönlich gelten. Du gehst tiefer und tiefer hinein in ein Reich der Bewußtheit, das nicht mehr erkennen läßt, ob es eine Beziehung zu deinem persönlichen Leben hat oder irgendwie ein Ausdruck deiner selbst ist. Und dies sind Gegenden, die transpersonal zu sein scheinen, Teile der kollektiven Erfahrung einer ganzen Kultur von Menschen, möglicherweise sogar der ganzen Menschheit. Dabei durchquerst du die Antipoden des Geistes, die Reiche der

Archetypen und der universellen Symbole, die offenbar ihre eigene unabhängige Realität, ihre eigene jetzige Bedeutung haben.
Und du fährst fort, tiefer zu gehen, immer tiefer in Trance, und du dringst tiefer und tiefer; es gibt dort Urquellen von Energien, aus denen diese Bilder aufsteigen, vielleicht entsteigen ihnen sogar alle Objekte, Orte urzeitlicher Gewalt, aus denen die Schöpfung sich nährt.
Und vielleicht gehst du noch tiefer, oder du erlebst deine Bewegung als aufsteigend, hinein in Bereiche, die mitunter Überbewußtsein genannt werden, wo man möglicherweise eine Bewußtheit erlangt, die zugleich die höchste, die tiefste und die weiteste Form ist, deren ein Mensch fähig ist. Du gehst jetzt ein in dieses Reich der Erfahrung, und falls du fähig bist, weit genug zu gehen, dann wirst du eine Art Erleben der höchsten Wirklichkeit haben, der letzten Gründe des Seins, der unvergänglichen Energie oder was auch immer deine eigenen Erlebnisse sein werden, wenn du weit genug gehen kannst.
Du hast wieder die gleichen fünf Minuten der normalen Uhrzeit, doch wenn du in jene Dimensionen eindringst, so ist das unerheblich, denn hier scheint die Zeit nicht zu existieren, und man weiß einfach, daß jenes Reich jenseits von Zeit und Raum liegt, es ist ewig.
Du wirst jetzt so weit und so tief gehen, wie du vermagst, und du beginnst deine Bewegung *jetzt!*
Nachdem die angegebene Zeit verstrichen ist, beobachtet der Gruppenleiter die einzelnen Spieler sehr genau, und er achtet darauf, daß er keinen Spieler stört, der so aussieht, als hätte er das, was er erlebt, noch nicht beendet. Doch er gibt den anderen Spielern die Anleitung, daß der ASC-Zustand jetzt beendet wird und daß die Spieler in einen erfrischten Wachzustand zurückgeholt werden.
Anschließend an diesen letzten Teil des Spiels, läßt der Leiter die Spieler sich in kleinen Gruppen von zwei oder drei Personen versammeln, von denen er weiß, daß sie einander besonders nahestehen. Und diese Spieler werden dann austauschen, was bei

ihnen passiert ist oder was auch immer die Spieler im Zusammenhang mit diesem Spiel besprechen wollen.
Danach, falls die Erlebnisse eines Spielers dazu berechtigen, gibt der Leiter dem Spieler die Aufforderung, eine Weile in Stille zu verharren, damit das, was erlebt wurde, integriert werden kann.
Und dann wird jedem Spieler gesagt, daß er oder sie nach Hause gehen soll, wenn er oder sie wirklich dazu bereit ist.

9

Die Spieler werden vom Leiter aufgefordert, einen ASC-Zustand herzustellen und zu vertiefen. Sie haben dafür zehn Minuten Zeit zur Verfügung, danach werden sie neue Instruktionen erhalten. Es wird ihnen dann gesagt, daß sie – wieder einmal – jenen Gruppen-Geist erwecken werden, der schon in früheren Spiel-Zyklen gerufen worden ist. Doch diesmal wird ihm ein größeres Maß an Energie, an Bewußtsein, ein Art reale Existenz gegeben, und die Spieler werden für die Dauer des Spiels wirklich fest daran glauben, daß sie in der Lage sind, das zu tun, und daß sie es auch getan haben.
Der Leiter sagt zu den Spielern:
Geh tiefer. Und solange dieses Spiel dauert, bist du auf den Glauben programmiert, daß der Gruppen-Geist in der Tat ein reales, intelligentes Wesen mit Bewußtsein und Macht ist, jedoch gewissen Bedingungen untersteht. Und dieser Glauben, der dein Verständnis des Gruppen-Geistes bestimmt, wird so lange anhalten, bis ich oder jemand anders, der meine leitende Funktion übernehmen wird, diese Phantasie-Reise beendet.

Der Leiter fordert die Spieler dann auf, ihre Augen zu öffnen, ohne sich um den Bewußtseinszustand zu kümmern, in den sie geraten, wenn sie das tun; was auch immer der Zustand dann sein mag, sie sollen ihn akzeptieren.
Und die Spieler sollen dem Leiter sehr aufmerksam zuhören, der jetzt sagt:

Wir fangen jetzt an, zusammen in Trance zu gehen. Wir werden gemeinsam die Vertiefung erleben, und schließlich wird jeder von uns einen Beitrag leisten zu diesem großen Becken des Bewußtseins, aus dem der Gruppen-Geist seine Substanz ziehen und aufsteigen wird, um noch einmal zu existieren.
Wir werden rhythmisch zusammen atmen und dabei immer mehr unseren Atem vereinigen, so lange, bis wir alle in absolutem Gleichmaß einatmen und ausatmen. Wir werden das eine ganze Weile tun, so lange, bis ich wieder zu euch sprechen werde. Jetzt laßt uns mit dem Atmen beginnen, und während wir atmen, erzeugen wir unsere Einheit des Bewußtseins.

Dann sagt der Leiter zu den Spielern:

Und jetzt werden wir zusammen OM anstimmen. Wir intonieren das OM, und wir fangen damit an, wenn ich meine Hand das zweite Mal hebe. Und während wir zusammen jenen Ton immer wieder erzeugen, gehen wir gemeinsam in einen veränderten Bewußtseinszustand und gehen immer tiefer.

Danach fordert der Leiter die Spieler auf, noch tiefer zu gehen, und er leitet die Spieler an, die Worte zu wiederholen, die er ihnen vorspricht:

Und wir werden jetzt,
und alle werden wir jetzt,
alle werden wir ein Geist,
ein Geist, ein Geist, ein Geist,
ein Geist, ein Geist, ein Geist,
eine Trance, eine Trance, eine Trance,
eine Trance, eine Trance, eine Trance,
eine immer tiefere Trance
eine immer tiefere Trance
ein Geist, eine Trance,
ein Geist, eine Trance,
eine Trance, eine immer tiefere Trance
eine Trance, eine immer tiefere Trance.

Der Leiter fährt fort, diese Sätze so lange zu wiederholen, wie es ihm angemessen erscheint, und dann sagt er:

Jetzt schenkst du mir deine ganze Aufmerksamkeit, und du weißt, daß du diese Trance mit allen hier teilst und daß du diese Trance bist, die wir alle sind.
Und wir haben uns in diesem Kreis versammelt, so daß du in die Mitte dieses Kreises schauen kannst, und von jedem von uns gehen Energieströme zu diesem Mittelpunkt hin, und von jedem von uns fließen Bewußtseinsströme zu diesem Mittelpunkt hin, Ströme der Energie, Ströme des Lichtes, und sie erzeugen dort ein großes Bewußtseinsbecken, ein Becken, in das alle etwas hineingeben, ein Becken, das teilhat an dem Ganzen dessen, was wir sind, so daß dieses Bewußtseinsbecken weit größer ist in seinen Möglichkeiten als jeder einzelne von uns. Doch nicht nur so groß wie alle unsere Fähigkeiten zusammen, sondern noch weit größer und doch ebenso kraftvoll, wie eine einzige Einheit sein könnte, wenn alle diese Fähigkeiten sich in einem Wesen vereinigen ließen.
Und so werden wir jetzt bewirken, daß aus diesem Becken jene Einheit aufsteigt, die wir Gruppen-Geist genannt haben.
Diejenigen von euch, die in der Lage sind, ihre tiefe Trance auch mit geöffneten Augen aufrecht zu erhalten, werden jetzt die Augen öffnen, so daß sie Zeuge sein können des Aufsteigens des Gruppen-Geistes. Und die anderen Spieler werden sich auf andere Weise der Ankunft dieser Präsenz, die wir gerufen haben, bewußt.
Du spürst jetzt das Aufsteigen und die Anwesenheit des Gruppen-Geistes in dem Raum, da im Mittelpunkt. Und du konzentrierst dich auf diesen Raum, du bist sehr intensiv bei diesem Brennpunkt, und du bleibst auch dort zentriert, und du verstehst jetzt, daß wir jetzt den Gruppen-Geist *materialisieren* können und müssen, wir statten diese Wesenheit mit ausreichendem Material aus, so daß sie uns allen erscheinen kann. Ja, mehr noch, wenn wir erfolgreich genug sind, dann sind wir sogar in der Lage, den Gruppen-Geist mit allen unseren Sinnen wahrzunehmen. Wir

können ihn dann sehen, hören, wir könnten ihn sogar berühren, wäre es nicht erforderlich, dafür einige Vorsichtsmaßnahmen zu ergreifen, und das wollen wir tun.
Doch wir *können* dieses Wesen materialisieren, indem wir uns auf den Mittelpunkt konzentrieren und uns sehr lebendig vorstellen, uns sehr kraftvoll vorstellen, wie dieses Fließen der Substanz, dieses Fließen des Materials von uns zum Zentrum, wo dieses Becken von uns erzeugt worden ist, vonstatten geht. Die Vorstellung des Materials, die Vorstellung der Substanz, die von uns aus zum Zentrum fließt, diese Vorstellungen materialisieren sich jetzt in der Substanz des Gruppen-Geistes.
Konzentriere dich auf diese Aufgabe, so daß alles andere für dich nicht mehr existiert, konzentriere dich mit einer totalen Hingabe, und bleibe dabei, das zu tun, bis ich zu dir ein ganz einfaches Wort sage, und dieses Wort heißt: *Halt!*

Nachdem der Leiter das Halt-Zeichen gegeben hat, stellt er fest, wie viele Spieler jetzt die Präsenz des Gruppen-Geistes wahrnehmen und auf welche Art sie es tun.
Falls die Anwesenheit des Gruppen-Geistes nicht von wenigstens zwei Spielern deutlich gespürt wird, dann sollte der Prozeß des Ausgießens von Bewußtsein und Kraft in das Becken noch einmal wiederholt werden, ebenso der Materialisationsprozeß, bis noch mehr, vielleicht sogar alle Spieler, die Anwesenheit spüren.
Wenn die Spieler den Gruppengeist wahrnehmen, dann rückt der Leiter etwas zur Mitte vor, und innerhalb des Kreises, den die Spieler bilden, zieht der Leiter einen kleineren Kreis, der das Bewußtseinsbecken umgeben soll, aus dem der Gruppen-Geist geboren wurde.
Er sagt dazu als nächstes:

Wir halten den Gruppen-Geist jetzt innerhalb des Kreises, den ich gezogen habe, indem ich den Gruppen-Geist dreimal umkreiste. Und von diesem Moment an wird er dort verbleiben, innerhalb unserer Bewußtheit, jedoch unabhängig von uns existie-

rend, und zwar wird er so lange dort bleiben, wie wir unser Bewußtsein und unsere Energien, die dieses Wesen zum Leben benötigt, nicht aus dem Becken zurückziehen.
Wir haben uns hier versammelt, um den Gruppen-Geist auferstehen zu lassen, er ist eine gemeinsame Verkörperung von uns und unserer Arbeit.
Wir haben ihn erzeugt, um unser gemeinsames Werk zu krönen, all das, was wir zusammen erlebt haben, und um die Einigkeit unserer Absichten und unserer Erfahrungen zu feiern, die wir unserer Arbeit entgegengebracht haben und auch weiterhin entgegenbringen.
Wir feiern all diese Dinge in der Gestalt des Gruppen-Geistes, und wir werden uns diesem Geist öffnen, einer nach dem anderen, und werden diesem Geist erlauben, uns zu inspirieren mit den Mitteln, die jeder von uns am besten zelebrieren kann.

Der Leiter wählt dann eine Spielerin aus und sagt zu ihr:

Du bist die erste Auserwählte. Erhebe dich. Gehe hin und stell dich vor jenen Platz, den wir als die Residenz dieser Wesenheit, die von uns hervorgebracht wurde, bezeichnet haben. Und jetzt bitte um Inspirationen in der Form eines Tanzes, oder eines Liedes oder Gesanges, in einer Form also, die von dir jetzt dargestellt werden kann als ein Opfer, mit dem du den Geist unserer Gruppe feiern kannst.

Danach wird sich jeder Spieler nach den Anweisungen des Leiters in die Mitte stellen und dort Inspiration erlangen. Und er führt dann Bewegungen aus oder gibt Töne von sich oder zeigt ein anderes Verhalten, zu dem er sich motiviert fühlt, und er erlebt diese Motivation als direkt vom Gruppen-Geist herkommend.
Wenn jeder Spieler auf diese Art den Gruppen-Geist gefeiert hat, sagt der Leiter:

Geh jetzt noch tiefer und mache es dir bequem, und nach einer kurzen Weile wirst du einschlafen. Du wirst jetzt schon ganz

schläfrig, und gleich fällst du in einen tiefen, tiefen Schlaf und dieser Schlaf dauert dreißig Minuten normale Uhrzeit.
Doch du wirst nicht einschlafen, bevor die Anleitung, die du gerade bekommst, zu Ende ist und du dann weißt, was du zu tun hast.
Während des Schlafes wirst du sehr schnell auf eine Ebene sinken, auf der du lebhaft träumen wirst. Der Gruppen-Geist wird dir im Traum erscheinen, und du bist dann in der Lage, einen klaren und detaillierten Eindruck von seiner Erscheinung zu erhalten, und du kannst vielleicht in eine Unterhaltung mit ihm eintreten, und es kann sein, daß dir viele Dinge darin offenbart werden. Du wirst dich an den ganzen Traum erinnern, und nach Ablauf der dreißig Minuten wirst du aus deinem Schlaf erwachen, doch du wirst dabei in Trance bleiben, und sodann machst du in dein Notizbuch eine Zeichnung und gibst Beschreibungen, die das Traumbild des Gruppen-Geistes betreffen. Dieses Material wird dich in die Lage versetzen, später eine noch genauere Zeichnung oder ein Gemälde anzufertigen und vollständigere Aufzeichnungen zu machen.
Nachdem du deinen Traum aufgezeichnet hast, solltest du auch noch ganz schnell eine Skizze des Gruppen-Geistes machen, so wie du ihn vor deinem Traum wahrgenommen hast, und ebenfalls eine kurze Skizze und eine Beschreibung, wie du ihn jetzt wahrnimmst, da du dieses alles notierst. Auch diese Notizen können von dir später ausgearbeitet werden. Doch jetzt bist du erst einmal so schläfrig, daß es dir nicht möglich ist, länger wach zu bleiben. Und doch haben diese Anleitungen, die ich dir gegeben habe, sich tief in dich eingegraben, und jetzt schläfst du ein.

Wenn die Spieler wieder wachgeworden sind und ihre Skizzen und Aufzeichnungen beendet haben, fragt der Leiter, ob einer der Spieler oder Spielerinnen in einem ungewöhnlich engen Kontakt mit dem Gruppen-Geist steht, und falls das der Fall ist, dann sollte der Versuch unternommen werden, eine gute Kommunikation herzustellen, indem Fragen gestellt und Antworten von der

Einheit erheischt werden. Der Leiter wird die Spieler so lange zu einer Kommunikation mit der Wesenheit ermutigen, wie er es für angemessen hält, und er wird dann sagen:

Sei bitte jetzt still und gehe noch tiefer, und du hörst jetzt nur die Worte, die zu dir gesprochen werden. Die Anweisungen, die du jetzt erhältst, sind von großer Wichtigkeit, und es ist notwendig, daß du deine gesamte Aufmerksamkeit auf das richtest, was du gleich zu tun hast, und du wirst es sehr genau ausführen.
Dies ist das letzte Mal, daß wir den Gruppen-Geist wieder entlassen, diesen Gruppen-Geist, den wir geboren, genährt und mit Substanz versehen haben. Wir werden ihn jetzt wieder freilassen, und wenn wir ihn entlassen, wird er in keiner Weise mehr als eine Wesenheit mit einer unabhängigen Existenz für sich selbst existieren können. Er wird dann nur noch als Erinnerung existieren, und wir werden uns daran erinnern, was wir alles gelernt haben, indem wir von Zeit zu Zeit ein Wesen herbeigerufen haben, das getrennt von uns zu existieren schien, und zwar ganz anders als alle anderen Existenzformen unserer Erfahrung.
Wir werden uns an den Geist dieser Gruppe erinnern und auch an die symbolische Form, die diesen Geist ausgedrückt hat, und wir werden uns erinnern, was wir über die Modifizierung der Realität gelernt haben, die stattfinden und Gestalt annehmen können, wenn ein kollektives Bewußtsein durch Zufall oder mit voller Absicht ins Leben gerufen wird.
Und wir werden uns daran erinnern, daß dieses kollektive Bewußtsein eine Kraft erschaffen kann, welche die Summe der Geister aller beitragenden Individuen weit übersteigt.
Wir werden über diese Erfahrung nachdenken und über ihre Bedeutung für die Religion, für die Politik, für den Krieg, und für den Frieden sowie für die Gestaltung der Wirklichkeit und der menschlichen Erfahrungen überhaupt. Und wir werden die Bedeutung dieser Erfahrungen mit der Zeit immer mehr begreifen und verstehen.
Jetzt richte dein Bewußtsein wieder auf jene symbolische Gedankenform, den Gruppen-Geist, und ziehe dann die gleichen

Ströme, die du hineingegeben hast, wieder aus dem Becken zurück. Ziehe dein Bewußtsein zurück, deine Energien, deine Lebenskraft, deine Kräfte, mit denen du das Becken genährt hast und mit denen du den Gruppen-Geist genährt hast. Ziehe dies alles zurück, wieder zu dir zurück, das Bild der Materie, das Bild der Substanz, diese lebendigen Bilder, die von dir ausgegeben wurden in der Absicht, den Gruppen-Geist zu materialisieren, du hast jetzt ebenso lebhafte Bilder von dieser Materie und Substanz, wie sie zu dir zurückkehrt.
Und während du das tust, wird dir deutlich, daß der Gruppen-Geist als eine symbolische Form in seiner Realität immer geringer und weniger wird, daß sein Dasein blaß und dünn wird und daß langsam seine Existenz schwindet, je mehr das Becken aufhört zu existieren, je mehr der einzelne das zurücknimmt, was er eine Zeitlang abgegeben hat.
Du wirst auch bemerken, daß du jetzt stärker wirst und kenntnisreicher; daß du als Individuum jetzt reicher wirst, weil du teilgenommen hast an diesem Zusammenfließen der Bewußtseinsströme, daß du jetzt etwas mitbringst aus diesem Becken, und diese Bereicherung bleibt jetzt bei dir.
In wenigen Minuten wird diese heutige Reise ein Ende finden und damit natürlich der Glaube, den du hinsichtlich des Gruppen-Geistes angenommen hast. Und wenn diese Phantasie-Reise beendet ist, dann sind die Spieler nicht mehr kollektiviert oder anderweitig miteinander verschmolzen. Die Egos sind wieder getrennt. Jeder von euch ist total getrennt von jeder anderen Person, jedes ist eine eigenständige Person, ein wohldefiniertes Individuum. Und du wirst sogar noch etwas mehr du selbst, da du dich selbst jetzt besser realisieren kannst in der Freisetzung deiner Fähigkeiten, die aus dem Spielen dieses Spiels stammt.
Jetzt am Ende des Spiels muß ich dir noch einige Anweisungen geben. Bevor wir uns wiedersehen, solltest du die Zeichnungen oder die Gemälde – vielleicht sogar Skulpturen – fertiggestellt haben, jene Kunstwerke, die den Gruppen-Geist genau so darstellen, wie du ihn wahrgenommen hast.

Du wirst dich außerdem an deinen Tanz oder dein Lied oder die anderen Darstellungen erinnern, die du gabst, um den Gruppen-Geist zu feiern. Und wahrscheinlich wirst du entdekken, daß ein Nachvollzug dieses Auftritts zu einem Hilfsmittel für dich werden kann, sehr schnell in den ASC-Zustand zu gelangen, ein Hilfsmittel, das du zur Vertiefung einsetzen kannst. Andere Mitspieler wiederum mögen ähnliche Auswirkungen bei deinem feierlichen Auftreten verspürt haben und du vielleicht bei ihrem.
Wenn wir uns wieder treffen, aber bitte nicht vorher, werden wir diese Kunstwerke, die die Spieler geschaffen haben, um dem Gruppen-Geist sichtbaren Ausdruck zu verleihen, miteinander vergleichen. Wir werden dann einige Hinweise darauf bekommen, wie ähnlich oder wie verschieden unsere Erfahrungen waren.

Der Leiter wird dann noch einmal wiederholen, daß der Glaube zusammen mit der Trance beendet wird, und er stellt bei den Spielern einen sehr lebendigen, erfrischten Wachzustand her.

10

Die Spieler bringen ihre Kunstwerke mit, die den Gruppen-Geist darstellen, und sie werden vom Gruppen-Leiter vorher angewiesen, sie zunächst so zu bedecken, daß sie nicht zufällig von anderen Gruppenteilnehmern gesehen werden können. Bei der Ankunft werden sie gebeten, es weiterhin bedeckt zu halten und es so lange zur Seite zu stellen, bis alle Arbeiten von den Spielern angeschaut werden.
Der ASC-Zustand wird eingeleitet und vertieft, und dann sagt der Leiter:

Wir werden jetzt gemeinsam ein abstraktes Kunstwerk erschaffen, an dem jeder Spieler, einer nach dem anderen, teilhaben

wird, wie wir es in der Vergangenheit schon öfter getan haben. Und wir werden so lange daran arbeiten, bis wir wissen, daß es jetzt beendet ist.
Dieses Kunstwerk wird der kollektive Ausdruck der gesamten Erfahrung mit dem Gruppen-Geist sein, so wie wir es alle während der letzten Sitzung erlebt haben.
Wir werden keine Handlung ausführen, um die Existenz des Gruppen-Geistes noch einmal zu beschwören, sondern unsere Darstellung wird die Natur einer Erinnerung von etwas haben, das einmal in der Vergangenheit existiert hat, aber jetzt nicht mehr da ist und auch nie mehr da sein wird.
Und wir werden eine große Gemeinsamkeit und Harmonie spüren, während wir die Arbeit ausführen.
Jeder von uns wird fühlen, daß die künstlerische Fähigkeit jetzt unser Bewußtsein beherrscht, und wir werden die Arbeit so tun, daß sie ein Ausdruck dieses künstlerischen Bewußtseins ist, das jeder von uns in sich trägt. Ich werde das erste Zeichen auf diese Leinwand setzen, und dann werde ich nacheinander die Spieler benennen, die als nächstes drankommen, bis jeder Spieler seinen Beitrag geleistet hat.

Wenn die Spieler empfinden, daß das Werk vollendet ist, nehmen sie wieder Platz, und wenn drei Viertel der Spieler sitzen, dann entscheidet der Leiter, wann er das Kunstwerk als beendet erklären will. Er sagt dann zu den Spielern: »Es ist vollbracht.«
Nach dieser Beendigung durch den Leiter wird auch der Trance-Zustand aufgehoben, und die Spieler haben Gelegenheit, das gerade vollendete Werk und die individuellen Kunstwerke aus der vorangegangenen Sitzung zu prüfen und zu besprechen.
Durch diese und andere Hilfsmittel versuchen die Spieler jetzt, sich über die Bedeutung des Gruppen-Geistes zu verständigen, und erforschen, was diese für die Gruppe und für die noch übrigen Reisen zu bedeuten hat.

11

Den Spielern wird gesagt, daß sie ein Spiel spielen werden, in dem die Trance wieder mit einem Partner geteilt wird, und diejenigen, die daran teilnehmen wollen, sollen sich wieder in Paaren zusammenfinden. Diese Spieler setzen sich einander gegenüber, und zwar in einiger Entfernung von jenen Spielern, die beschlossen haben, nur Beobachter zu sein.
Wenn das so weit ist, sollte der Leiter noch einmal fragen, ob noch irgendein anderer Spieler sich einen Partner suchen möchte, bevor das Spiel beginnt.
Der Leiter fügt noch hinzu, daß dieses Mal ganz besondere gemeinsame Forschungen unternommen werden und daß dabei außergewöhnlich reiche Erfahrungen in Aussicht stehen. Sollte es Spieler geben, die ihre Meinung ändern und doch noch Partner für dieses Spiel suchen wollen, haben sie jetzt eine letzte Gelegenheit, das zu tun.
Anschließend bittet er die Beobachter, während des ganzen Spiels zu schweigen, und sagt dann zu den Teilnehmern:

Als erstes gebe ich dir Anweisungen und beschreibe einige Möglichkeiten, die du während deiner geteilten Trance vielleicht erkunden oder realisieren möchtest. Doch bevor ich damit beginne, möchte ich dich bitten, jetzt einen ASC-Zustand herzustellen und dabei so tief zu gehen, wie es dir während der nächsten Minuten möglich ist, bis ich wieder zu dir sprechen werde. Bitte, beginne diese Trance-Einleitung und Vertiefung jetzt.

Als nächstes sagt er:

Geh jetzt noch tiefer, tiefer und immer tiefer in deine Trance, und du hörst nur, was ich zu dir sage. Dein Körper ist sehr entspannt, deine Haltung bequem, so bequem, daß du ihn gar nicht weiter beachten mußt, sondern nur darauf achtest, was zu dir gesagt wird, und dich nur auf diese Worte konzentrierst. Mit jedem

Wort und mit jedem Bild, das du empfängst, fährst du weiter fort, tiefer zu gehen, tiefer hinein in die Trance.
Später, wenn du deine Trance mit deinem Partner teilst, mit deinem Begleiter auf der Reise in die Tiefe, die du machen wirst, werden du und dein Partner einige wichtige Aufgaben zu erledigen haben – Aufgaben, die von großer Wichtigkeit für dich sind, Aufgaben, die du möglicherweise zu unser aller Nutzen ausführen wirst.
Und später wirst du dich zusammen mit deinem Partner hineinwagen in andere Wirklichkeiten, mystische Wirklichkeiten, legendäre Wirklichkeiten, oder als was auch immer sich diese Wirklichkeiten darstellen werden. Manchmal werdet ihr zusammen weit in der Zeit zurückgehen, oder ihr nehmt andere Pfade, die sich als geeigneter erweisen, die euch gestellte Aufgabe zu erfüllen.
Zu allererst hast du die Aufgabe, ein wichtiges Geheimnis zu ergründen oder zumindest etwas darüber zu erfahren, ein Mysterium, mit dessen Ergründung sich Menschen schon seit Hunderten und in manchen Fällen schon seit Tausenden von Jahren befassen.
Ich möchte dir vorschlagen, daß du versuchst, Wissen über eines der folgenden Mysterien, Objekte oder Ereignisse zu erlangen. Eines davon könnte der Heilige Gral sein, der, wie du weißt, ein Kelch ist, aus dem Christus beim letzten Abendmahl getrunken haben soll. Später wurde er an jenen Ort gebracht, wo Christus gekreuzigt wurde, und etwas Blut des Gekreuzigten wurde in diesem Kelch aufgefangen. So wurde dieser Gral zu einem Gegenstand großer Kraft und Heiligkeit. Der Sage nach wird dieser Gral von Zeit zu Zeit gefunden, und dann wird über große Wunder in Verbindung mit ihm berichtet. Doch ebenso geheimnisvoll verschwindet er dann auch wieder.
Zahllose Menschen haben ihr Leben der Suche nach diesem Heiligen Gral geweiht in der Hoffnung, daß auf die eine oder andere Weise etwas von seiner Heiligkeit und seiner ehrfurchtgebietenden Kraft auf sie übergeht. Doch jetzt ist eine Warnung nötig, die du sehr ernst nehmen sollst, wenn du dich auf die Suche

nach diesem Kelch begibst. Es ist immer wieder erzählt worden, daß du dich diesem Kelch erst nähern darfst, wenn du dich ganz gereinigt hast, wenn du durch Erfahrungen der Läuterung gegangen bist, weil nur der reinste Geist eine Chance hat, ihn zu finden. Falls jemand ihn finden sollte, der nicht zuvor eine solche Läuterung durchgemacht hat, dann kann die Entdeckung des Grals äußerst gefährlich sein. Oder vielleicht möchtest du ein anderes Objekt suchen, dem eine große Kraft innewohnt. Ein Symbol oder was immer es in Wahrheit sein mag, das der »Stein der Weisen« genannt wird. Die Entdeckung dieses Steins war die lebenslange Beschäftigung zahlloser Alchemisten und anderen Menschen. Es gibt auch heute noch viele, die ihr Leben der Suche dieses Steins der Weisen weihen.

Dieser Stein soll die Kraft haben, unedle Metalle in Gold zu verwandeln, und es wurde auch geglaubt, daß er diese Kraft besitzt, aber noch weit größere Kräfte hat. Denn die Vorstellung, daß er unedle Metalle in Gold verwandeln könne, schließt auch ein, daß der Mensch die Möglichkeit hat, sein ganzes Potential zu realisieren – Fähigkeiten, über die es nur Gerüchte gibt, Kräfte, die normalerweise nur den Göttern zugeschrieben werden und von denen die Menschheit bisher nur geträumt hat. Und in deiner Trance wirst du vielleicht selbst diesen legendären Stein der Weisen suchen.

Ein großes Geheimnis soll auch die ägyptischen Pyramiden umgeben, jedenfalls die größten Pyramiden und insbesondere diejenige, die unter dem Namen die Große Pyramide bekannt ist. In dieses Bauwerk sollen unzählige Geheimnisse und ein sehr tiefes Wissen eingegangen sein, ein Wissen, das die ältesten und am weitesten entwickelten Zivilisationen besaßen und von dem wir heute keine Kenntnis mehr haben.

Es gibt Geheimnisse, welche erläutern, wie die Pyramide gebaut wurde, denn ihre Existenz läßt sich nicht auf der Basis unserer Kenntnisse vom Wissen der Ägypter erklären. Doch es gibt dort noch sehr viele andere Geheimnisse und wertvolle Kenntnisse, und es wäre von außergewöhnlich großem Nutzen für uns Heutige, wenn wir zu diesem Wissen Zugang hätten.

Und so möchtest du vielleicht weit, weit zurückreisen in die Zeit, oder entlang anderer Pfade, die sich dir eröffnen, um zu versuchen, einige der Geheimnisse der Großen Pyramide zu ergründen.

Aber ich möchte dir noch ein weiteres Rätsel darstellen, in das du vielleicht eindringen möchtest, wenn du zusammen mit deinem Expeditionsbegleiter gleich deine Reise in die gemeinsame Trance beginnst.

Je mehr wir über die Vergangenheit erfahren, desto mehr erscheint uns, daß es Zivilisationen gegeben haben muß, die sehr viel älter und auch höher entwickelt gewesen sein müssen als diejenigen, von denen wir heute wissen oder von denen wir Spuren gefunden haben. Und auf der ganzen Welt kann man zahllosen Mythen begegnen über menschenähnliche Wesen von anderen Planeten oder aus anderen Dimensionen oder von einer anderen Wirklichkeitsebene, die manchen Völkern auf der Erde das Wissen oder die Mittel zur Verfügung stellen, mit deren Hilfe unsere ersten Zivilisationen entstehen konnten. Oder es gibt Gerüchte über rätselhafte Objekte, die an einigen Orten dieser Erde aufbewahrt liegen, so daß Menschen, die diese Objekte entdeckten, davon inspiriert wurden und in der Lage waren, sich schneller zu entwickeln, als die normale Evolution es ihnen erlaubt hätte, und diese Menschen schufen große Zivilisationen, die in mancher Hinsicht von höherer Ordnung waren als unsere heutige. Und diese Objekte wurden vielleicht als Götter verehrt, in Kriegen wurden sie möglicherweise verschleppt oder zerstört oder von untergehenden Zivilisationen versteckt, so daß einige dieser Objekte heute noch an geheimen Orten existieren können, und es mag Menschen geben, wenige Menschen, die diese Orte bewachen. Vielleicht gibt es heute auch niemanden mehr, der weiß, wo diese Objekte verborgen sind. Doch es ist möglich, durch die Zeit zurückzureisen und mit Hilfe der inneren Bilder diese verborgenen oder verlorenen Objekte aufzuspüren.

Und du glaubst wenigstens für die Dauer dieses Spieles

daran, daß all diese Geheimnisse und Rätsel wirklich existieren und daß ihre Entdeckung möglich ist.
Die Suche nach einem dieser legendären oder mythischen Ziele, oder eines ähnlichen Zieles, wird von dir jetzt aufgenommen, von euch beiden zusammen in einer gemeinsamen Trance und unter Verwendung des beschleunigten AMP-Prozesses, so daß ihr von eurem subjektiven Empfinden her Monate oder Jahre für eure Suche zur Verfügung habt. Gemessen an unserer normalen Uhrzeit habt ihr nur eine Stunde, so viel Zeit, wie ihr euch nur wünschen oder überhaupt verwenden könnt. Ihr geht jetzt auf diese Suche, und wenn sie vorbei ist, egal ob ihr erfolgreich wart oder nicht, und wenn ihr eure besten Bemühungen an diese Suche gewendet habt, dann erwartet euch eine weitere Aufgabe.
Für diese neue Aufgabe wirst du dich in der vorhergegangenen Reise deines Geistes sehr gestärkt haben, und diese Reise wird dich auch sehr viel näher zur Erfüllung dieser letzten Aufgabe bringen als alles andere, was du hättest tun können, und du wirst daran glauben, daß es die Wahrheit ist.
Und diese Aufgabe wird es erfordern, daß ihr zusammen sehr tief geht, ihr geht zusammen sehr, sehr tief, hinunter in die tiefsten psychischen Tiefen, hinunter in Regionen der Bewußtheit, die kosmisch sind, die universell sind und ewig. Ihr geht in diese unerhörten Tiefen – zusammen – in einem einzigartigen gemeinsamen Abenteuer des Geistes, und ihr bemüht euch – gemeinsam – die letztendliche Wirklichkeit zu erreichen und zu realisieren, eine wahre letztendliche Wirklichkeit, in welcher Form auch immer dieses Begreifen von euch erlebt werden mag. Und es ist dies ein sehr, sehr ernstes Unterfangen, und ihr werdet es im Geist großer Ernsthaftigkeit ausführen, denn ihr wißt, daß ihr in dieser gemeinsamen Erkundung Pioniere seid für die gesamte Menschheit, Pioniere, die sich über neue Grenzen wagen. Und ihr werdet diese Reise mit großer Achtung gegenüber den psychischen oder den anderen Kräften, mit denen ihr zu tun bekommen könnt, unternehmen, doch ihr werdet gleichzeitig Vertrauen darauf haben, daß ihr so gut vorbereitet seid, wie es für dieses Unternehmen erforderlich ist.

Soweit die Anleitungen. Ihr werdet euch in allen Einzelheiten an sie erinnern.
Und jetzt wacht ihr auf, und ihr beginnt in einem kleinen Moment, jeweils beim anderen einen veränderten Bewußtseinszustand herzustellen und ihn jeweils beim anderen zu vertiefen, und ihr kommt dabei zusammen in eine tiefe Trance, in die Tiefe der Trance, und dort findet ihr euch – einer den anderen –, und von diesem Punkt an schreitet ihr gemeinsam fort.
Und ihr erinnert euch daran, was ihr aus vorhergegangenen Spielen gelernt habt. Ihr erinnert euch der Signale, solltet ihr eure Trance beenden wollen, und auch daran, wie ihr reagieren sollt, wenn der Leiter seine Hand auf die Schulter eines Spielers legt. Ihr habt eine Stunde normale Uhrzeit, zusammen mit dem beschleunigten AMP-Prozeß für das erste Stadium dieser Reise, und eine weitere Stunde, mit AMP, für die zweite Stufe. Und jetzt beginnt mit der gegenseitigen Trance-Einleitung und Vertiefung.

Während der Reise beobachtet der Leiter die Spieler sehr genau; er beendet Trance-Zustände, falls das gewünscht wird. Am Ende der angegebenen Zeilen hebt er nach bewährter Weise die Trance-Zustände auf, als erstes die gemeinsame Trance. Er stellt dann eine gute Führer-Spieler-Verbindung her und bringt dann jeden Spieler wieder zurück in einen sehr lebendigen, erfrischten Wachzustand. Wenn alle Trance-Zustände aufgehoben sind, werden die Spieler aufgefordert, einen genauen Bericht über das, was während des Spieles geschehen ist, zu schreiben. Über alles, was sie gesehen und gehört haben. Jeder Spieler soll das alleine tun; er wird dabei nicht seinen Mitreisenden konsultieren, ihm auch nicht enthüllen, was er selbst aufgeschrieben hat.
Die Spieler können mit dem Leiter besprechen, was sie erlebt haben, jedoch nicht mit jemand anderem – so lange, bis der Bericht zu Ende geschrieben ist.
Während der nächsten Sitzung der Gruppe sollten die Spieler ihre Erlebnisse gründlich besprechen, falls sie das zu tun wünschen.

Nachdem der Leiter diese Anleitungen gegeben hat, warnt er die Spieler noch einmal davor, die gemeinsame Trance als Basis für eine emotionale Beziehung zu verwenden. Die Spieler werden dann aufgefordert, nach Hause zu gehen und sofort mit ihrem Bericht über die Sitzung zu beginnen.
Jedoch sollte jeder Spieler, der jetzt mit dem Leiter sprechen möchte, oder der noch über seine Erlebnisse meditieren möchte, die Möglichkeit haben, zu bleiben.

12

Sollte das Verfahren bei früherer Gelegenheit Erfolg gehabt haben, so können die Spieler in dieser Sitzung – ähnlich wie sie es vorher getan haben – die Erfahrung mit Glossolalia, mit dem »Zungenreden«, wiederholen.
Falls jedoch die erste Erfahrung von den Spielern als nicht besonders erfolgreich bewertet wurde und der Leiter glaubt, daß auch ein zweiter Versuch nichts erbringen wird, dann wird dieses Spiel übersprungen, und die Spieler gehen zum nächsten über.

13

Die Spieler werden aufgefordert, einen Trance-Zustand einzuleiten und zu vertiefen. Sie werden so tief gehen, wie es ihnen möglich ist, und ein Maximum an Tiefe wird von ihnen sowohl sich selbst als auch dem Leiter dadurch signalisiert, daß sich ihr rechter Arm unwillkürlich bis auf Schulterhöhe hebt. Wenn der Arm diese Höhe erreicht hat, dann berührt der Leiter die ausgestreckte Hand des Spielers, und der Arm wird sanft zurücksinken, doch der Spieler bleibt dabei tief in Trance und erwartet weitere Anweisungen des Leiters.
Nachdem alle Spieler diese Vertiefungsprozedur beendet haben, sagt dann der Reise-Leiter:

Während ich zu dir spreche, wirst du herausfinden, daß du noch tiefer in Trance gehen kannst, und du wirst tiefer gehen, du wirst weiterhin tiefer gehen während der ganzen Dauer dieser außergewöhnlich wichtigen Phantasie-Reise.

Du hörst mir mit vollständiger Aufmerksamkeit zu, du bist dir nur dessen bewußt, was ich dir sage, und der eigenen inneren Erfüllung dessen, was für dieses Spiel erforderlich ist. Und sei dir darüber klar, daß dieses Spiel für dich sehr förderlich sein kann, ja, es könnte das wichtigste und nützlichste Spiel von allen sein. In jedem Fall wird es jedoch von großem Wert für dich sein.

Und du weißt jetzt, daß du wesentlich freier bist, als du es zu Beginn des ersten Zyklus der Phantasie-Reise warst. Du hast Zugang zu Fähigkeiten, die du vorher nicht nutzen konntest. Und es gibt andere Fähigkeiten, die du jetzt sehr viel effektiver nutzen kannst als vorher. Begrenzungen und Hindernisse deines kreativen Denkens und Arbeitens sind beseitigt oder viel geringer geworden.

Es haben sich für dich neue Möglichkeiten eröffnet. Alles zusammengenommen, haben dich die Spiele freier gemacht, dich mehr zu dir selbst gebracht und dich menschlicher gemacht, als du es vorher warst.

Doch immer noch bist du nicht vollständig frei. Und du bist nicht ganz wirklich du selbst. Und niemand kann wirklich als vollständiger Mensch angesehen werden, solange das menschliche Potential in dieser Person nicht weitgehend realisiert wurde.

Und jetzt gleich wird dir ein Bild gegeben, und es kann sehr schmerzhaft und erschreckend für dich sein – auf den ersten Blick. Doch es ist auch ein sehr nützliches Bild, ein Hilfsmittel, mit dem du selber sehr viel mehr Freiheit erreichen kannst. Und ich möchte jetzt, daß du tiefer gehst, daß du weißt und es auch so wahrnimmst, daß du gefangen bist im Zentrum oder nahe dem Zentrum von etwas, das aussieht wie ein riesiges Spinnennetz.

Es sind dort viele Linien und Stränge von großer Festigkeit, die dich auf verschiedene Arten binden oder dich anderweitig kontrollieren, und du siehst, daß sie sich weit über deinen Körper hinaus erstrecken, so daß du in diesem Netz gefangen bist.

Und diese Schnüre, die dich auf so viele verschiedene Arten gefangen halten, schwächen und lähmen, sind allesamt symbolische Formen, die zurückverweisen auf Personen und Ereignisse aus der Vergangenheit, einer Vergangenheit, die noch heute einen entscheidenden Einfluß auf dich ausübt.
Aber du sollst wissen, daß diese Kräfte dich nicht unbedingt kontrollieren müssen, daß du die Möglichkeit hast, wirklich frei zu sein. Und einige dieser Stränge des Spinnennetzes haben in der Tat nur noch sehr wenig Kraft. Sie waren einmal haltbar und stark, doch jetzt halten sie dich nur noch zurück, weil du dir angewöhnt hast zu glauben, du würdest von ihnen festgehalten und ihre Haltbarkeit nicht wirklich überprüfst.
Doch wenn du gegen einige dieser Stränge schlägst, dann wirst du merken, daß manche sehr leicht daran zerbrechen. Hau drauf, und sie werden reißen oder einfach zerfallen. Sie sind bereits so weit, daß sie von dir zerrissen werden können, und du brauchst dich noch nicht einmal darum zu kümmern, woher sie kommen oder was sie bedeuten.
Höre jetzt genau zu und versuche die Wahrheit, die dir jetzt gesagt wird, vollständig aufzunehmen und in dir wirken zu lassen. Und du wirst wissen, daß die Wahrheit gesagt wird, und du wirst alles, was für dich akzeptabel ist, in dein eigenes Wertsystem aufnehmen, in dein tiefstes Wertsystem auf jeder Ebene deines Körpers und deines Geistes.
Du weißt jetzt, daß du im Grunde frei bist, deinen Körper so zu benutzen, wie du deinen Körper benutzen möchtest, solange du ihn in einer Weise benutzt, die du selbst als ethisch begreifst, mit angemessenem Respekt für andere Wesen ebenso wie mit Respekt für dein eigenes Wertsystem. Es ist dein Körper, und niemand hat das Recht, zu versuchen, durch ihn eine Kontrolle über dich auszuüben.
Und du bist frei in deinem Geist. Du bist frei zu denken, welche Gedanken auch immer du denken möchtest; du bist frei für subjektive Erlebnisee, welcher Art auch immer sie sein mögen. Und niemand hat das Recht, irgendwelche diktatorische Kontrollen über die Verwendung deines Geistes auszuüben, und auch

kein Recht, dir Schuldgefühle oder andere Strafen für deine Gedanken aufzuerlegen. Gebunden bist du nur an deine eigene Ethik und an deine echten Verantwortungen.

Du mußt wissen, daß deine Taten die *deinen* sind; sie gehören niemals zu jemand anderem. Doch du bist darüber verwirrt worden, und auch andere sind ebenso über dieses Thema, über das ich gerade spreche, verwirrt worden.

Es gibt Menschen, die geglaubt haben, daß dein Körper ihrer Kontrolle unterstünde. Es gibt Menschen, die gedacht haben, daß dein Geist ihrer Kontrolle unterstünde. Es gibt Menschen, die gedacht haben, daß deine Taten ihre Taten seien, und sie waren verwirrt und begingen einen großen Irrtum.

Und so waren sie in der Lage, auch dich zu verwirren und auch dich zu veranlassen, diesbezüglich einem Irrtum zu verfallen. Doch du weißt jetzt, daß du dich irrst, und du wirst dem Irrtum über dieses Thema nicht länger unterliegen.

Und du verstehst jetzt auch das Netz, in dem du gefangen bist. Es ist hauptsächlich das Werk derartiger Irrtümer und Verirrungen, und indem du jetzt frei bist in Körper und Geist, und indem du jetzt weißt, daß das, was du vollbracht hast, deine Taten sind, schlage noch einmal gegen jene Stränge und haue sie durch.

Und indem du das tust, wirst du wahrhaft frei von jenen Kräften, die dich in der Vergangenheit gefesselt haben.

Und sollten noch Stränge übrigbleiben, so gehe tiefer, tiefer, noch tiefer in Trance. Ich werde dir fünf Minuten normale Uhrzeit geben, und wie du weißt, ist das eine ganze Menge subjektiver Zeit inneren Erlebens, und dabei tust du folgendes:

Jede Linie, die noch an dir festsitzt und die du nicht zerbrechen konntest, schaust du dir jetzt genau an, und du folgst jeder einzelnen Linie nach außen, bis du zu ihrer Quelle gelangst, zu dem Punkt, an dem diese bestimmte Linie entspringt. Diese Quelle wird dir dann als Person, Ereignis oder als etwas enthüllt werden, das diesen bestimmten Strang erstmalig schuf. Und du gehst auf diese Quelle zu, und du verstehst sie; du verstehst sie mit deiner heutigen Reife, und du zerstörst die Kraft dieser Quelle, zerschlägst die Linie, die dich damit verbindet.

Indem du diese Quelle entdeckst, diese Ursprungs-Personen und das Ereignis, entdeckst du vielleicht auch, daß es dein eigener Irrtum war, der diesen schädigenden Einfluß, der dich seither an die Vergangenheit kettet, erzeugte. Oder vielleicht entdeckst du auch, daß du von jemandem wirklich ungerecht oder falsch behandelt worden bist und in diesem Fall ist es höchstwahrscheinlich für dich von großem Nutzen, daß du dieser Person gegenüber Vergebung übst, so daß die Vergangenheit nicht weiterhin mit deinem Groll oder mit anderen stark negativen Gefühlen aufgeladen ist.
Du gehst an diese Quelle und zerschneidest die Linien. Du tust das so oft, wie es getan werden muß, und du versuchst, dich vollständig aus diesem Netz zu befreien. Doch in jedem Fall wirst du durch dieses symbolische Verhalten auf dieser tiefen Ebene sehr viel freier, wesentlich mehr du selbst und auch menschlicher, als du es vorher warst.
Und hast dieses Bild von dir in dem Spinnennetz, und du weißt auch, was du zu tun hast; du hast ausreichend Zeit für diese Selbstbefreiung, und du beginnst damit *jetzt!*

Nach Ablauf dieser Zeit versucht der Leiter herauszubekommen, ob irgendein Spieler noch mehr Zeit braucht, und er gibt – falls erforderlich – noch etwas Zeit dazu. Wenn dann alle Spieler ihre Aufgabe bis zu dem Punkt gelöst haben, daß sie jetzt in der Lage sind, sie zu beenden, dann sagt der Leiter:

Du bist jetzt zu den Quellen gegangen, und du hast einige Dinge verstanden, die mit vorhergegangenen Erfahrungen und mit wichtigen Personen deines Lebens zu tun hatten. Du hast gelernt, daß du Schaden erlitten hast, und du weißt, welchen Quellen dieser Schaden entsprang.
Und jetzt kann es sein, es muß aber nicht so sein, daß es für dich gut ist, all das, was du während dieser Übung der Befreiung erlebt hast, weiterhin zu erinnern. Doch wir werden diese Entscheidung deinem eigenen Unbewußten überlassen, so daß du – wenn du deine Trance beendet hast – all das erinnern wirst, was

zu erinnern für dich notwendig ist und für das keine Ursache besteht, es nicht zu erinnern, und du wirst all das vergessen, was du nicht wissen willst oder was für dich schädlich sein könnte. Und dein eigenes Unbewußtes wird darüber befinden, was erinnert werden und was vergessen werden soll. Doch ob du es jetzt erinnerst oder vergißt, für deinen Prozeß der Befreiung ist das unerheblich.

Der Leiter beendet dann die Trance und fordert die Spieler auf, ihre Erlebnisse und Bilder aufzuzeichnen.

14

Der Leiter bittet die Spieler, ihre eigene Trance einzuleiten und zu vertiefen, und zwar so lange, bis der Leiter wieder zu ihnen spricht.
Nach fünf oder zehn Minuten sagt er dann zu den Spielern:

Und jetzt geh tiefer und immer tiefer, und diesmal sollst du wirklich sehr, sehr tief gehen.
Und du schreitest jetzt durch ein großes Tor und stehst vor einer steinernen Treppe, und diese Treppe ist dir wohlbekannt. Und du steigst die Treppe hinab, nach unten, tiefer und tiefer, dorthin, wo das dunkle Wasser ist und wo dein Boot schon auf dich wartet.
Du steigst in das Boot ein und hörst schon das vertraute Plätschern des Wassers, spürst das Hin- und Herschaukeln, die wiegende Bewegung, mit der das Boot dich tiefer und tiefer trägt. Und dieses Mal, während das Boot so durch die Finsternis gleitet, wirst du nicht so weitertreiben, wie du es schon einige Male in der Vergangenheit erlebt hast. Du wirst dieses Mal nicht ins Sonnenlicht eintauchen, sondern eine ganz andere Richtung nehmen; du folgst einem gewundenen Wasserlauf durch unterirdische, in den Stein eingegrabene Passagen, durch Höhlen, gelangst immer tiefer und tiefer, bis du schließlich zu einer großen Grotte

gelangst, wo an den kreisförmigen Ufern einer großen Lagune oder eines großen Beckens jedes Boot mit jedem Spieler langsam zur Ruhe kommt.

Du schaust nach oben, und du siehst, daß dieser Ort wunderbar beleuchtet ist vom Mondlicht, das durch eine lange, in den Stein gemeißelte Öffnung von oben in die Grotte fällt. Das Mondlicht kommt aus einer Öffnung zu dir herunter, die weit, weit oben liegt, und du weißt, daß das Mondlicht durch jenen Durchlaß nur für kurze Zeit auf diesen Ort herniederfällt, und auch, daß das sehr selten geschieht.

Es dauert etwas weniger als eine Stunde, und es geschieht nur ein einziges Mal im ganzen Jahr. Und dieser Ort, an dem du jetzt bist, diese Mondgrotte, ist genau so angelegt worden, daß sie dieses bestimmte Mondlicht zu dieser bestimmten Zeit empfangen kann. Es ist ein heiliger, magischer Ort, der vor langer, langer Zeit hier eingerichtet wurde.

Und du bist hierher gebracht worden als Vorbereitung auf das, was du als einen Höhepunkt der Phantasie-Reisen erleben wirst. Du gehst jetzt tiefer und noch tiefer, tiefer und tiefer; erspüre das Geheimnisvolle und die ungeheure Kraft dieses Ortes, dieses magischen Ortes, und höre mir genau zu.

Bevor du diesen Höhepunkt erleben kannst, zu dem unsere Phantasie-Reisen dich jetzt führen, mußt du einige Vorbereitungen treffen. Und du wirst diese Vorbereitungen während der kommenden Woche treffen. Nach Ablauf dieser Woche werden wir uns wieder versammeln, um unsere letzte Phantasie-Reise zu unternehmen.

Es ist entscheidend, daß du in der jetzt vor dir liegenden Woche so wenig Nahrung wie möglich zu dir nimmst; deinem Körper sollte gerade so viel Nahrung zugeführt werden, daß er seine Gesundheit und seine Kräfte aufrechterhalten kann. Und das wird sehr viel weniger sein, als du normalerweise zu dir nimmst. Und du wirst deinem Körper nichts anderes zuführen als ganz einfache, schlichte und nahrhafte Substanzen. Du läßt in deinen Körper keine vergiftete Substanzen ein, nichts, was in irgendeiner Weise deine geistigen Funktionen beeinträchtigen könnte.

Du wirst versuchen, emotional gelassen zu bleiben, dich frei zu halten von gefühlsmäßigen Störungen und von jeder Aufregung – soweit das eben geht. Es ist von entscheidender Bedeutung, daß dein Geist und dein Nervensystem Ruhe bewahren. Und um jede Erregung zu vermeiden, solltest du auch während dieser Zeit Abstand nehmen von allen Erlebnissen, die zur sexuellen Erregung führen oder zu anderen Ereignissen, die deinen Körper oder deinen Geist durcheinanderbringen. Du solltest dich dieser letzten Phantasie-Reise mit einem Geist nähern, der während der vorausgegangenen Woche annähernd so ruhig gewesen ist wie ein ruhiges klares Bassin voll Wasser, dessen Oberfläche – im Idealfall – sich nicht einmal kräuselt.

Das ist natürlich ein Ideal, doch du wirst versuchen, dich diesem Ideal so weit wie möglich zu nähern, und jetzt wirst du dieses Ideal erleben. Gehe tiefer, noch tiefer und noch tiefer, gehe immer tiefer mit jedem Wort, und mit jedem Bild und erlebe diese Ruhe, diesen klaren Geist, so daß du weißt, wonach du in dieser Woche trachten solltest.

Und während dieser einen Vorbereitungswoche wirst du täglich eine Stunde lang – nicht länger – einen Trance-Zustand herstellen und vertiefen, und du gehst dabei so tief, wie es dir eben möglich ist. Und am ersten Tag versuchst du deinen inneren Bildern zu folgen, was auch immer für Bilder auftauchen mögen. Du folgst dem Verlauf dieser Bilder, bis du schließlich an eine Stelle kommst, wo du hinter die Bilder gelangst, hinein in etwas, was für dich jenseits der Bilder liegt.

Und am zweiten und dritten Tag der Woche, sowie am fünften und sechsten trachtest du ebenfalls danach, den tiefsten und weitesten Zustand deines Bewußtseins zu erreichen, der dir in der tiefsten Trance möglich ist, die du erzielen kannst. Doch du wirst auf keinen Fall über das, was dort geschieht, nachdenken oder etwa versuchen, es zu analysieren. Denn das, was in dieser Trance geschieht, kann sehr leicht von dir mißverstanden werden; was dort in dieser Trance geschieht,

wird mit Sicherheit eine Bedeutung haben, die du nicht verstehen wirst, denn es wird sich in verschleierter, symbolischer Weise auf etwas beziehen, von dem du keine Kenntnis hast.
Außerdem ist es wahrscheinlich, daß du nach diesen Trance-Zuständen ganz von alleine all das, was dort passierte, wieder vergißt, und falls du es nicht vergißt, dann sollst du das, was dort passierte, sofort aus deinen Gedanken verbannen, du solltest dir nicht erlauben, über den Inhalt dieser Trance weiterhin nachzudenken.
Und an dem Tag, bevor wir uns zu unserem letzten Treffen versammeln werden, begibst du dich wieder in die Abgeschiedenheit. Du wirst an diesem Tag nicht fasten, jedoch nur leichte Mahlzeiten zu dir nehmen. Du trinkst nur Wasser, und du schläfst nur so viel, wie du gerade brauchst. Und du verbringst diese vierundzwanzig Stunden damit, dich zu entspannen, zu schlafen, eine Trance einzuleiten und zu vertiefen und damit, mit wachsender Anteilnahme auf deine Teilnahme an dem Spiel des nächsten Tages zu warten.
Und diese letzte Periode der Abgeschiedenheit und Isolation beginnst du um sechs Uhr abends, und du beendest sie damit, daß du am nächsten Tag an den Ort kommst, an dem die Reise um genau sieben Uhr abends beginnt. Du kommst dabei direkt von dem Ort, an dem du dich vorher vierundzwanzig Stunden aufgehalten hast.
Und alle Spieler sollen sich bewußt sein, daß dieses letzte Spiel, wenn es einmal begonnen hat, keine Störungen duldet. Um diese Störungen zu vermeiden, wird die Tür des Ortes, an dem das Spiel stattfindet, verschlossen, und sie kann erst wieder geöffnet werden, wenn das Spiel beendet ist.
Sollte also ein Spieler nicht in der Lage sein, den Ort zu erreichen, bevor er versperrt wird, dann wird ihm zwar die Möglichkeit gegeben, dieses letzte Spiel, den Höhepunkt, nachzuholen, jedoch wird er es dann als einzelner spielen müssen, nicht in der Gruppe.
Der Gruppenleiter wird dir somit die Möglichkeit geben, diese Erfahrung nachzuholen, keinesfalls wirst du also in einem sol-

chen Fall davon ausgeschlossen. Nachdem du einmal so weit gelangt bist, ist es dein Recht, das du dir erworben hast, und dieses Recht wird respektiert werden.
Du gehst noch tiefer und tiefer, gehst noch tiefer und bemerkst jetzt, daß über deinem Kopf das Mondlicht jetzt langsam verschwindet. Bald wird hier totale Finsternis herrschen.
Und du bist dir jetzt nur deiner selbst bewußt, spürst nur dich selbst und eine Reaktion auf meine Worte und bemerkst jetzt, wie dein Boot sich wieder in Bewegung setzt. Es bewegt sich wieder zurück, zurück durch jene gewundenen Kanäle, zurück zu jenem Ufer, an dem deine Fahrt begann. Du kehrst zurück und weiter zurück, du findest dich wieder ein an dem Ort, wo die steinerne Treppe sich in die Höhe windet. Du verläßt das Boot und steigst die Treppe empor, und während du aufsteigst, hoch oben, spürst du auch, wie du aus deiner Trance aufsteigst. Deine Trance wird leichter und leichter, je höher du an den Anfang des Treppenhauses gelangst, und jetzt bist du dort, am Beginn der Treppe, und du fühlst dich schon sehr frisch, und jetzt durchschreitest du das Tor und öffnest deine Augen und bis *hellwach!*

15

Der Leiter heißt die Spieler willkommen und bittet sie, einen Zustand des veränderten Bewußtseins einzuleiten und zu vertiefen. Und ein unwillkürliches Heben des rechten Armes zeigt an, wenn die größtmögliche Tiefe erreicht ist. Der Leiter berührt dann die Hand des Spielers, und der Arm senkt sich wieder. Die Spieler bleiben in Trance bis der Leiter zu sprechen beginnt.
Wenn alle Spieler bereit und in tiefer Trance sind, sagt der Leiter:

Und jetzt wirst du noch einmal mit mir, und zwar ein letztes Mal innerhalb der Phantasie-Reisen, zu dieser Tür gehen, dieser Tür, die du schon verschiedentlich durchschritten hast, und wieder

wirst du dich ganz allein am Fuße einer großen massiven Treppe befinden.
Du stehst jetzt dort, doch während deine Trance immer tiefer wird, stellst du jetzt zu deiner Verwirrung fest, daß die Treppe sehr viel länger ist und sehr viel tiefer hinabführt, als du dir vorgestellt hast oder als du in der Vergangenheit je bemerkt hast.
Du schreitest also die Treppe abwärts, gehst tiefer und tiefer, und du merkst, daß die Treppe sich weit, weit nach unten fortsetzt, so weit, wie du in die Dunkelheit hineinsehen kannst, und du kannst gar nicht sehen, wohin diese Treppe führt und wo sie endet.
Und während du weitergehst, nach unten, immer weiter nach unten, gehst du auch tiefer in deine Trance, tiefer nach unten, nach unten, die Treppe abwärts, und immer noch ist kein Ende in Sicht. Und du steigst immer weiter in die Dunkelheit hinab, die zunimmt, während du tiefer und tiefer gehst, du bist dir deiner Schritte sicher, bis du schließlich weißt, daß du jetzt das Ende der Treppe erreicht hast.
Und du hörst jetzt nur noch meiner Stimme zu, du spürst jetzt nichts mehr außer meiner Stimme, nicht mehr den Ort, nicht mehr die Zeit, nicht mehr deinen Körper, gar nichts mehr – nur noch den Ton meiner Stimme. Du bist dir nicht einmal bewußt, wer da auf die Stimme hört, die spricht, und es beschäftigt dich auch nicht, wer es ist, der da zu dir spricht. Es ist einfach eine Stimme da, es ist einfach ein Erlebnis da, es ist jetzt das Erlebnis einer Frage da.
Und du wirst dir der Frage bewußt, einer Frage, die du jetzt zu fragen beginnst, ohne darüber nachzudenken, daß du es bist, der fragt, sondern du bist dir und der Frage bewußt: *Wer bin ich?*, und der konzentrischen Kreise, über die du schon vorher meditiert hast. Und eine Frage ist an den äußersten Kreis gerichtet, und das Bild eines Symboles erscheint als Antwort, das Symbol deiner äußeren, oberflächlichen Persönlichkeit in ihrem Zusammenhang mit den gewöhnlichen Aktivitäten und Zielen deines alltäglichen Lebens.
Und du gehst tiefer, sprichst jeden neuen Kreis an, und je mehr

die Kreise sich nach innen zum Zentrum hin bewegen, desto umfassender werden die Symbole. Sie stellen mehr und mehr deine ganze Persönlichkeit dar, und mehr und mehr des ganzen Lebens der Person. Sie sind immer mehr ein symbolischer Ausdruck, der in die Tiefe der Person geht; sie gehen tiefer und tiefer mit der immer wiederholten Frage: *Wer bin ich? Wer bin ich?*
Und die Frage hallt wider und kreist und strahlt zurück, nach unten, immer weiter, bis du am Ende das Zentrum erreichst, den innersten Kreis, und du fragst: *Wer bin ich?*
Und dabei hältst du jetzt die Tiefe der Trance fest und das Bild des innersten Kreises, während dein Kopf sehr langsam nach vorne sinkt. Du hältst deine Trance aufrecht und das Bild – bis wieder zu dir gesprochen wird.

Nachdem alle Spieler dieses Zeichen gegeben haben, fährt der Leiter fort:

Und jetzt schaust du auf den innersten Kreis, du meditierst über den innersten Kreis, und mit deiner ganzen Intensität und Ernsthaftigkeit fragst du: *Wer bin ich?*
Wer bin ich? Und es wird jetzt ein Bild in deinem Bewußtsein aufsteigen, ein Bild des tiefsten und umfassendsten Symbols, des Selbst, das du je wahrgenommen hast. Das tiefste und umfassendste Symbol deines Selbst, wie es jetzt beschaffen ist. Und du hältst das Symbol jetzt vor dich, du erlangst das Symbol, du hältst das Symbol, du hast es, hältst es fest und verbleibst dabei sehr, sehr tief in Trance, und dein Kopf wird jetzt unwillkürlich ganz langsam wieder die aufrechte Position einnehmen.

Der Leiter wartet auf diese Signale und sagt anschließend:

Und jetzt gehst du noch tiefer und immer tiefer, du hältst das Symbol vor dich hin, während du gehst, du wirst herabgezogen, hinunter in das Symbol hinein, du wirst eins mit dem Symbol, das du bist. Du bist in dem Symbol enthalten und darin repräsentiert, und du weißt, daß du jetzt den Moment erreicht hast, auf den wir zugegangen sind, es ist der Moment, in dem du sterben wirst! Der Moment, in dem du sterben wirst und sterben mußt – und dann wirst du wiedergeboren werden.

Und es ist dies eines der großen, heiligen Mysterien, das die Menschen auf diesem Planeten seit ältesten Zeiten, von denen wir Kenntnis besitzen, erlebt haben.

Du bist einen sehr weiten Weg gegangen, um diesen Punkt zu erreichen. Du hast sehr viele Kräfte erworben, und du hast viele Schwächen in dir besiegt, doch es sind noch entscheidende Schwächen und Probleme übriggeblieben.

Und ich richte jetzt eine Botschaft an das Symbol, das du bist, und ich rate dir zu sterben, damit du frei sein und deine Probleme und Schwächen hinter dir lassen kannst. Und wenn du wiedergeboren wirst, dann wirst du deine Kräfte behalten, und du behältst, was du behalten möchtest, du bringst es mit dir wieder zur Welt, und du läßt all das hinter dir, was du hinter dir lassen möchtest.

Und du *bist* dieses Symbol, dieses tiefe und allumfassende Symbol. Du bist jetzt vollständig mit dem Symbol identifiziert, eins, in diesen letzten Augenblicken, die bis zum Tod deines Selbst noch verbleiben, diesem Selbst, wie das Symbol es repräsentiert, wie es dich repräsentiert.

Du nimmst das Symbol jetzt ganz klar und deutlich wahr, und du merkst, daß das Symbol kleiner wird, immer kleiner. Und du weißt jetzt, da das Symbol kleiner wird, noch kleiner wird und bevor es endgültig erlöschen wird, weißt du, wenn das Symbol erloschen ist, dann wirst du sterben.

Du wirst als dein altes Selbst sterben, und du bleibst im Tod, im Tod deines Selbst, so lange, wie es erforderlich ist, damit eine Transformation des Selbst geschehen kann, wie immer sie aussehen mag, und erst dann kannst du wiedergeboren werden.

Das Symbol wird immer kleiner und kleiner, und du näherst dich dem Moment der Selbstauflösung, du näherst dich dem Moment des Todes. Du weißt, das Symbol schrumpft zusammen zu einem winzigen Punkt, der kurz vor dem Erlöschen ist, kurz vor dem Moment, in dem du sterben wirst.

Und das letzte, was du vor deinem Tod hören wirst, und das erste, was du später nach dem Erlebnis der Wiedergeburt wissen wirst, ist dies: du wirst deine Augen öffnen und die Welt erblicken, wie sie ist, wie sie in dem Moment, in dem du wiedergeboren wirst, ist.
Und jetzt verschwindet das Symbol langsam, das Selbst verlöscht, jetzt, im Augenblick deines Todes.

Der Leiter beobachtet jetzt die Spieler sehr sorgfältig, jedoch ohne in irgendeine Erfahrung der Spieler einzugreifen, es sei denn, es gäbe außergewöhnlich zwingende Gründe, das zu tun. Und der Leiter erwartet, daß jetzt ein starkes, emotionales Erlebnis bei den Spielern eintreten wird, und daß die Erlebnisse, die so mächtig sind, auch die folgenreichsten und wohltuendsten sind.
Der Leiter weiß auch, daß diese Todeserfahrungen von sehr unterschiedlicher Dauer sein können und daß Spieler dadurch oft so sehr in die Tiefe der Trance geraten, daß er als Leiter nicht mehr in der Lage ist, mit ihnen zu kommunizieren. Er sollte nicht ängstlich oder furchtsam darüber werden, sondern er gewährt ihnen einfach eine angemessene Zeit, da hindurchzugehen und auf ihre Weise den symbolischen Tod und die Wiedergeburt zu erleben.
Und nachdem das Erlebnis der Wiedergeburt stattgefunden hat, nimmt der Leiter jeden Spieler bei der Hand und sagt:

»Schau dich um, schau überall herum, steh auf und geh herum und berühre und rieche und erlebe deine Welt jetzt sehr umfassend. Nimm dir dafür so viel Zeit, wie du brauchst, um diesen Zustand, in dem du jetzt bist, zu genießen, diesen Zustand, nachdem du wiedergeboren bist.«

Die Spieler haben jetzt die Freiheit, miteinander zu sprechen, und alles zu tun, was sie tun möchten. Es ist jedoch erforderlich, daß sie noch in diesem Raum, in dem das Spiel gespielt wurde, verbleiben.

Und wenn eine angemessene Zeit verstrichen ist, dann bittet der Leiter die Spieler, sich noch einmal zu versammeln. Er fragt sie, ob jetzt alle wach seien oder ob es erforderlich sei, noch Trance-Zustände zu beenden, und wird die Antworten berücksichtigen.

Dann bittet der Leiter die Spieler einzeln oder zusammen, ganz wie sie mögen, zu gehen. Und er bietet allen Spielern, die ein Bedürfnis danach haben, an, noch alleine mit ihm oder seinem Assistenten zu sprechen. Beide bleiben zu diesem Zweck länger da. Beim Abschiednehmen gratuliert der Leiter jedem Spieler und schlägt vor, daß alle Spieler sich bald wieder versammeln, um über die möglichen Zukunftspläne dieser Gruppe zu sprechen.

Am Ende schließlich bleibt der Leiter an diesem Ort (nun nicht mehr in der Rolle als Leiter), zusammen mit einem anderen Spieler, der jetzt die Leiter-Rolle übernimmt, während der ehemalige Leiter durch sein eigenes Erlebnis des Todes und der Wiedergeburt hindurchgeht.

Und damit sind die Phantasie-Reisen beendet.

Anweisungen für den Leiter von Phantasie-Reisen

Vorbemerkung für Phantasie-Reisende

Dieses Kapitel der Anweisungen für den Leiter ergänzt jene Anleitungen, die schon direkt oder indirekt in den anderen vier Büchern ausgesprochen wurden. Es ist eine wertvolle Hilfe und muß gelesen werden, bevor jemand ein Spiel zu leiten versucht. Dennoch kann es nicht ein komplettes Handbuch sein, das Anleitungen für jede Situation parat hält.

Die Gruppen-Leiter, mit grundsätzlichen Informationen ausgestattet, lernen durch die Praxis. Es sollte bald eine ausreichende Zahl erfahrener Gruppen-Leiter geben, die dann die Neuen unterweisen können, doch das ist heute noch nicht der Fall.

Zum gegenwärtigen Zeitpunkt sind Leiter und Spieler gleichermaßen Entdeckungsreisende. Sie lernen zusammen, erkunden neue Räume. Perfektion ist dabei in keinem Fall zu erwarten, doch grundsätzliche Fehler werden vermieden, wenn dieses Kapitel und die vorhergehenden vier Bücher gründlich studiert und durchdacht worden sind.

Das Leiten ist eine uralte und ehrenvolle Rolle, und der Leiter tritt heute, an einem kritischen Punkt der menschlichen Geschichte wieder in den Vordergrund, um Dienste auszuführen, die nie zuvor dringender und notwendiger gebraucht wurden als gerade jetzt. Jeder Reise-Leiter sollte sich dessen bewußt sein, darüber meditieren und sich dann davon leiten lassen.

1

Nachdem der Leiter die Spiele gründlich studiert und über die Aufgabe nachgedacht hat, sollte er oder sie den Spielern Anschauungen, Einsichten, Erwartungen und Wünsche darstellen, die für das Resultat der Spiele wichtig sind.
Phantasie-Reisen nehmen die Spiel-Lernsysteme der Zukunft vorweg, indem sie die Zukunft *jetzt* eröffnen.
Phantasie-Reisen sind Erziehung, Ekstase, Unterhaltung, Selbsterforschung sowie ein machtvolles Instrument für das innere Wachstum.
Diejenigen, die sich auf diese Reisen einlassen, werden in der Regel phantasievoller, kreativer und besser in der Lage sein, Zugang zu den in ihnen liegenden Möglichkeiten zu gewinnen und diese Möglichkeiten produktiver zu nutzen.
Den Spielern wird sich ein neues Bild des Menschen auftun als eines Wesens, das enorme Fähigkeiten hat, sich zu entfalten.
Die Spieler werden *durch ihre eigenen Erfahrungen* immer zuversichtlicher werden, daß die Kräfte des Menschen ausreichend sind, um die vor uns liegenden Probleme zu bewältigen.
Die Spieler werden von diesen Reisen mit der Überzeugung zurückkehren, daß der Mensch nicht etwas ist, was überwunden werden muß; sondern daß Menschsein etwas zu Verwirklichendes ist – und verwirklicht werden kann.
Und schließlich sind Phantasie-Reisen Hilfsmittel der Fortentwicklung zu dem Ziel, das jeder Person in unserer Zeit am wichtigsten sein müßte: *die Landung des ersten Menschen auf der Erde*.

2

Mit Hilfe des Gruppen-Leiters wird der Spieler lernen, sein Bewußtsein zu verändern und zu erweitern. Durch diese Erweiterung und Veränderung werden neue Wege des Wissens und des Seins erlebt und entdeckt.

Die Spieler werden zu diesem Zweck ein pragmatisches Bewußtseinsmodell verwenden, das von einem unermeßlich weiten Kontinuum von Bewußtseinszuständen ausgeht, von denen viele weit jenseits der bisherigen Erfahrungen jedes einzelnen Spielers liegen. Es kann praktisch gezeigt werden, daß es möglich ist, entlang dieses Kontinuums und durch diese Zustände hindurch in Dimensionen und Arten der Bewußtheit vorzustoßen, die noch sehr wenig, in einigen Fällen noch gänzlich unerschlossen sind.

Mit Hilfe des Leiters wird der Spieler lernen, daß jener Zustand, den wir manchmal das »normale Wachbewußtsein« nennen, nur ein sehr begrenztes Gebiet ist, vergleichbar einem sehr schmalen Ausschnitt aus dem beschriebenen Kontinuum. Und der Spieler wird ebenfalls lernen, daß er innerhalb dieses Ausschnittes, obwohl der ja ganz »normal« ist, nur sehr wenig Zugang zu seinen eigenen Möglichkeiten hat, und sogar dieser Zugang kann nur teilweise genutzt werden.

Der Leiter wird den Spieler in die Lage versetzen, Bewußtseinserweiterungen zu erleben, d. h. Bewegungen entlang des beschriebenen Kontinuums, und daraus gewinnt der Spieler dann mehr und mehr Zugang zu seinen Fähigkeiten.

Die Spieler lernen, das Bewußtsein selbst zu steuern und daß es daher möglich ist, die *allgemeinen Normen* des Bewußtseins zu erweitern und damit die Erfahrungen und Fähigkeiten *aller* Menschen zu bereichern.

Der Leiter wird darauf hinweisen, daß diese allgemeine Erweiterung auch den gesamten Realitätskonsens erweitern muß – damit die gesamte menschliche Wirklichkeit tiefer, weiter, multidimensionaler und reicher wird, bis wir eines Tages erstaunt auf jene armselige Bewußtseinswelt zurückblicken werden, die wir einst bewohnten und von der wir glaubten, sie sei die wirkliche Welt – die »Wirklichkeit«, wie wir sie offiziell definieren und verteidigen.

3

Phantasie-Reisen sollten nur von denen unternommen werden, die sich frei entschieden haben, daran teilzunehmen, und die sich sehr motiviert fühlen, diese Spiele zu spielen. Im allgemeinen gilt, daß jeder Mensch die Spiele spielen kann, der genügend reif und intelligent ist, um zu verstehen, warum die Spiele gespielt werden, der in der Lage ist, auf die Anforderungen der Spiele zu reagieren, und die persönliche, freie Entscheidung zu treffen, ein Teilnehmer zu werden. Indem er sich entscheidet mitzuspielen, sollte er gleichzeitig verstehen, daß die Ergebnisse vom Spieler abhängen, insbesondere von den Fähigkeiten, der Lebenserfahrung, den Motivationen und den Anstrengungen, die von den Spielern unternommen werden.

Kinder haben normalerweise nicht die erforderliche Reife und das Verständnis, daß sie in der Lage wären, auf die Spiele angemessen zu reagieren. Es sollte und muß jedoch Phantasie-Reisen für Personen jeden Alters geben – kleine Kinder eingeschlossen –, und in naher Zukunft werden solche Reisen im Einziehungsprozeß auf jener Ebene zur Routine werden. Die vorliegenden Phantasie-Reisen werden dabei helfen, jedem klarzumachen, wie viele Bereiche des Geistes von dem herkömmlichen Erziehungssystem nicht berührt werden.

4

Die Zahl der Gruppenmitglieder sollte fünf nicht unter- und elf nicht überschreiten, damit die Spiele möglichst effektiv gespielt werden können. Und es sollte möglichst eine ungrade Zahl von Gruppenteilnehmern sein, da manche Reisen paarweise unternommen werden und eine Person immer als Leiter fungiert.

Der Leiter wird von den Gruppenteilnehmern gewählt, und es ist sehr wünschenswert, daß das ohne irgendwelche Animositäten geschieht. Die Phantasie-Reisen sind nicht der Ort für das Austragen von Konflikten oder für »Encounter«, und die meisten

Gruppen werden Schwierigkeiten in ihrer Arbeit haben, wenn nicht ein ungewöhnlicher Grad an Harmonie, Übereinstimmung in den Absichten der Spieler und ein Rapport zwischen allen Spielern vorhanden ist.

Besonders am Anfang der Spiele muß der Leiter sehr darauf bedacht sein, die Spieler richtig in ASC-Zustände oder in Trance zu versetzen. Er muß in der Lage sein, diese Zustände herzustellen, und er muß die Spieler das Herstellen dieses Zustandes lehren können, so daß sie bei sich selbst eine Trance einleiten können. Er muß eine Trance vertiefen und auch dies den Spielern beibringen können.

Von Anfang an muß er Anleitungen geben und die Durchführung der Spiele in solcher Weise strukturieren, daß die Erfahrung mit dem Spiel ein Ausdruck der Individualität jedes Spielers ist.

Die Gruppe muß folgenden Fehler vermeiden: der Reise-Leiter ist *nicht* der Führer der Gruppe. Er ist nicht die wichtigste Person der Gruppe. Die Rolle des Leiters muß von jedem verstanden werden: Es ist derjenige, der hilft; derjenige, der die anderen ermächtigt.

Der Leiter ist derjenige, der etwas in Gang setzt, der die Türen öffnet und der damit den Anforderungen der Spiele und den Bedürfnissen der Spieler dient.

5

Am Anfang wird die Gruppe eine Person wählen, die gut in der Lage ist, eine Trance einzuleiten und zu vertiefen, und deren Urteil, Intelligenz, Wissen und Einfühlungsvermögen von den Spielern respektiert wird.

Es wird sich als wertvoll erweisen, wenn dieser Leiter ein langjähriges Interesse an dieser Art von Erfahrungen, mit denen die Phantasie-Reisen zu tun haben, mitbringt. Er sollte ein guter, praktischer Psychologe sein mit der Fähigkeit, eine gute Verbindung zu Spielern herzustellen, er sollte Selbstvertrauen haben,

doch nichts zu selbstbewußt in bezug auf seine Fähigkeit, die Aufgaben des Leiters zu erfüllen.
Während der vier Zyklen der Phantasie-Reise sollten schließlich so viele Spieler wie möglich die Erfahrung machen, der Leiter zu sein, und jeder Spieler wird, je mehr Reisen er unternimmt, dadurch immer besser qualifiziert werden, als Leiter zu fungieren. Doch am Anfang muß die Gruppe ihre Leiter mit besonderer Sorgfalt wählen. Möglicherweise müssen einige Personen in vorhergehenden Sitzungen bezüglich ihrer Fähigkeiten, eine Trance einzuleiten und zu vertiefen, getestet werden. Ebenso bezüglich ihrer Fähigkeiten, die Erfahrungen der Spieler zu begleiten, nachdem die Trance hergestellt worden ist.
Ganz allgemein muß der Leiter über die Fähigkeit verfügen, andere genau beobachten zu können, sich klar und deutlich mitzuteilen und genau das zu vermitteln, was er sagen will.
Der Leiter sollte auch nonverbale Kommunikationen genau registrieren können und in der Lage sein, Gesten, Gesichtsausdruck und andere nonverbale Mittel der Kommunikation den Spielern gegenüber zu verwenden.
Insbesondere muß er in der Lage sein, die Anweisungen, die gegeben werden, einzustudieren und die Trance-Einleitung und Vertiefung so wie andere Instruktionen für die Spieler zu üben, er muß lernen, seine Stimme so einzusetzen, daß er die größtmögliche Reaktion darauf erhält, indem er zusätzlich zu den klaren inhaltlichen Informationen Gefühle und subtile Suggestionen vermittelt.
Vor jeder Sitzung muß er einige Male die zu gebenden Anweisungen geübt haben, und außerdem muß er sich in verschiedene mögliche Situationen hineindenken können, die während einer Sitzung unvermutet auftauchen können, so daß er in seiner subjektiven Vorstellung auf gegebene objektive Situationen bereits vorbereitet ist.
Und dennoch muß er den Spielern gegenüber immer auf die aktuelle Situation hin reagieren – er darf sich von seinen vorher im Geiste durchgespielten Verhaltensweisen helfen lassen, doch er darf sich nicht an sie gebunden fühlen.

6

Wertvolles Informationsmaterial findet der Leiter in der Literatur über Hypnose, psychedelische Erfahrungen, Mythologie, Kunst, Religion und religiöse Erfahrungen, Yoga, Zen und über andere spirituelle Disziplinen, sowie in der Psychologie und der Psychiatrie – soweit diese Disziplinen die Themen Kreativität, Imagination und das Erleben veränderter Bewußtseinszustände, wie sie von normalen Personen in experimentellen oder anderweitig erforschten Situationen erlebt werden, objektiv und fair behandeln.

Eng begrenzte psychologische oder psychiatrische Ansichten über ASC-Phänomene, die ausschließlich krankheitsorientiert sind, können als unwichtig für uns betrachtet werden.

7

Alle Leiter sollten die folgenden Bücher gründlich gelesen und die darin enthaltenen Informationen sorgfältig verarbeitet haben:

Jay Haley: *Advanced Techniques of Hypnosis and Therapy: Selected Papers of Milton H. Erickson.* New York 1967

Jay Haley: *Die Psychotherapie Milton H. Ericksons.* München 1978

Linn F. Cooper und Milton H. Erickson: *Time Distortion in Hypnosis,* Baltimore 1959

R. E. L. Masters und Jean Houston: *The Varieties of Psychedelic Experience,* New York 1967

(von Milton H. Erickson liegen in deutscher Sprache noch folgende Bücher vor und können für die Trance-Arbeit empfohlen werden:

M. E. Erickson/Ernest L. Rossi: Hypnotherapie, München 1981

M. E. Erickson, Rossi und Rossi: Hypnose, München 1978. Beide im J. Pfeiffer Verlag

8

Leiter von Phantasie-Reisen sollten immer auf der Hut sein, daß sie die Reisen nicht als ein Vehikel für ihren eigenen »Ego-Trip« einsetzen.
Und die Spieler sollten dem Leiter mit den Mitteln der konstruktiven Kritik und mit Humor helfen, unangemessene Verhaltensweisen zu vermeiden.
Vor jedem Spiel sollte sich die Person, die diesmal Leiter ist, für diese Aufgabe mit Hilfe von Entspannung, tiefem Atem und Meditation vorbereiten. Diese Meditation sollte vom Leiter besonders dafür verwendet werden, sich dessen bewußt zu werden, daß er Ichsucht, Machtgelüste und andere unangemessene Einstellungen und Begierden ebenso vermeidet wie jede andere Tendenz, die Spieler auf irgend eine Weise auszubeuten und eigennützig zu manipulieren.
Jeder Leiter wird seine eigenen Bedürfnisse feststellen und die Meditationen in diesem Sinne vorbereiten. Es liegt im Interesse der Spieler, daß der Leiter sich in dieser Hinsicht beherrscht.
Falls es sich als notwendig erweisen sollte, so werden die Spieler taktvolle Kritik anbringen und bestrebt sein, die Harmonie innerhalb der Gruppe zu erhalten.
Sie sollten natürlich wissen, daß der Leiter ihr Vertrauen und ihre Kooperation braucht, um weiterhin allen nützen zu können. Und es ist im Interesse aller Spieler, ihrem Leiter Vertrauen und Kooperation entgegenzubringen

9

Es sollten immer zwei assistierende Leiter zur Verfügung stehen, die entweder beide von der Gruppe gewählt werden oder von denen einer von der Gruppe, der andere vom ersten oder eigentlichen Leiter gewählt wird.
Diese Assistenten werden in Abwesenheit des Gruppenleiters seine Arbeit ausführen, oder sie kommen in den Spielen zum Einsatz, in denen mehr als ein Leiter benötigt wird.

Außerdem übernimmt einer der Assistenten dem ersten Leiter gegenüber die Leiter-Funktion, so daß der Gruppen-Leiter die meisten Phantasie-Reisen auch als Spieler absolvieren kann. Aber natürlich wird der Gruppen-Leiter die Spiele versäumen, in denen alle Gruppenmitglieder als Gruppe zusammenspielen und miteinander arbeiten (wie z. B. das Gruppen-Geist-Spiel oder die Schöpfung eines gemeinsamen Kunstwerks).
Doch es sollte als primäres Interesse der Gruppe angesehen werden, daß der Gruppen-Leiter auch als Spieler so viele Spiele erlebt, wie das eben möglich ist.

10

Wenn sich eine Gruppe gebildet hat, dann sollte es ein vorbereitendes Treffen geben, in dem der erste Leiter und seine Assistenten gewählt werden, in dem das Setting für die Spiele festgelegt wird und in dem jedes Mißverständnis und jede Fehleinschätzung der Spiele seitens einzelner Teilnehmer ausgeräumt werden müssen.
In diesem vorbereitenden Treffen sollte sich auch herausstellen, ob es Personen gibt, denen aus dem einen oder anderen Grund nicht erlaubt werden kann, in der Gruppe weiterzuarbeiten. Diese Personen werden dann ausgeschlossen, sei es, daß sie die Gruppe stören, sich unethisch verhalten oder daß sie offenkundig unfähig sind, die Spiele zu spielen.
Jeder sollte sich bewußt sein, wie wichtig es ist, daß bei der Bildung einer Gruppe nur diejenigen Personen als Mitglieder akzeptiert werden können, von denen zu erwarten ist, daß sie bis zum Abschluß der Spiele an der Gruppe teilnehmen werden.
Es kann – besonders in kleineren Gruppen – außerordentlich störend sein, wenn eine oder mehrere Personen sich entscheiden, aus der Gruppe auszusteigen.
Falls doch einmal ein Spieler ausscheiden oder aus der Gruppe ausgeschlossen werden muß, dann ist es nicht ratsam (außer ganz

zu Beginn der Spiele), für ihn einen Ersatz zu finden. Die Gruppe sollte ihre Arbeit also lieber mit einer kleineren Teilnehmerzahl fortsetzen.

11

Vor Beginn der ersten Reise sollten die Spieler den generellen und allgemeinen Inhalt der Spiele besprochen haben.

Alle Spieler müssen wenigstens einiges Wissen darüber besitzen, wie die Spiele in den einzelnen Zyklen aufgebaut sind, und der Leiter muß sich vorher einem gründlichen Studium dieser Zyklen als Vorbereitung auf die Diskussion ihrer Inhalte unterzogen haben.

Ein klar formuliertes Ziel der Gruppe sollte es sein, daß die Spieler sich viel effektiver innerhalb der gegebenen Realität, also der »äußeren Welt«, bewegen können und den legitimen Anforderungen des täglichen Lebens besser entsprechen. Natürlich schließt dieses Ziel in keiner Weise eine allgemeine sowie eine persönliche Erweiterung des Bewußtseins aus.

Die Spieler sollten darin übereinstimmen, daß sie sich den bevorstehenden Ereignissen ohne Aberglauben und Leichtgläubigkeit nähern und sich hüten werden, ein einzelnes Erlebnis überzubewerten. Normalerweise ist es nämlich nicht eine bestimmte Spielerfahrung, die von großer Wichtigkeit ist, sondern die Gesamtwirkung aller Spiele – das Lernen, das Wachsen, die Befreiung der Fähigkeiten, kurz, die Errungenschaften, die daraus resultieren, daß man den ganzen Phantasie-Reisen-Zyklus durchspielt.

Die Spieler stimmen darin überein, daß jedes Spiel nach seiner Beendigung kritisch betrachtet werden soll, daß der rationale Verstand die Spielerfahrung und jede auffallende Konsequenz beleuchten soll. Und die Spieler sollten großen Wert auf diese Kritik legen; denn die Gruppe arbeitet ja auf eine höhere kreative Synthese hin, auf ein harmonisches Zusammenwirken des Verstandes mit der Kraft der Imagination, auf eine bessere Balance und ein vollständigeres Zusammenarbeiten des Geistes mit dem

Verstand, auf Geist- und Körper als Ganzheit, kurz, auf die vollständige Person hin.

Es muß deutlich gemacht werden, daß dem Phantasie-Reisenden wiederholt phantastische Bilder und Erlebnisse begegnen, denn diese Reisen sind besonders stimulierend und nährend für die Vorstellungskraft, für den kreativen Prozeß und für andere Faktoren und bewirken damit ein hohes Maß an Schöpfungskraft, Motivation und Befreiung. Und es ist unser erklärtes Ziel, mit den Phantasie-Reisen bei jedem Spieler einen freieren Ausdruck seiner Originalität und seiner schöpferischen Phantasie zu erreichen. Denn dies sind die Fähigkeiten, die bisher am meisten vernachlässigt wurden und die deshalb besonders trainiert, produktiv angewendet und in eine bewußte Ebene integriert werden müssen.

Die Spieler sollten von vornherein wissen, worauf diese Reisen abzielen und was in ihnen geschieht. Sie sollten wissen, daß sie eine Reihe von Erlebnissen ganz bestimmter Art haben werden, die in der Vergangenheit oft nur mit abergläubischer Ehrfurcht betrachtet oder die anderweitig – positiv oder negativ – überschätzt worden ist.

Phantasie-Reisen handeln von bekannten, erlebbaren Fähigkeiten des Menschen, und sie werden verwendet, um diese Fähigkeiten nutzbar zu machen, damit mehr Möglichkeiten in jeder Person zur Erfüllung gelangen. Sie machen damit jeden Menschen gleichzeitig reicher, menschlicher und freier.

Die Spiele sind nicht Ausdruck irgend einer Religion, einer spirituellen Disziplin, eines okkulten oder sonstigen Glaubenssystems oder irgend einer Ideologie jenseits der allgemeinen Ziele, die hier festgelegt worden sind.

Sie würden verwässert und verzerrt werden, wenn der Versuch unternommen würde, ihre Reichweite dadurch einzuengen, daß sie in den Dienst irgendeiner Doktrin oder Ideologie gestellt würden.

So sollten die Spieler sich auch darüber im klaren sein, daß ihre Reise-Erfahrungen nichts über die Realität oder den ontologischen Status der Welt der Bilder oder der intelligenten nicht-

menschlichen Lebensformen aussagen, die als symbolische Formen oder Bilder in den einzelnen Spielen auftauchen können.
Wenn er das verstanden hat, ist der Spieler besser in der Lage, seine Erfahrung und die der anderen einzuschätzen und zu bewerten. Und die Phantasie-Reisen sollen in niemandem Leichtgläubigkeit oder Aberglauben wecken; *sie sollten vielmehr den einzelnen in hohem Maße dagegen immunisieren.*
Die Spiele sollten den Spieler andererseits jedoch ermutigen, auch keine allzu enge Wirklichkeit oder willkürliche Normierung des Bewußtseins zu akzeptieren, sondern danach zu streben, sein Bewußtsein zu erweitern und die Inhalte und geistigen Abläufe kontinuierlich zu erforschen.

12

Die Spieler erörtern während der vorbereitenden Sitzung die Notwendigkeit einer Umgebung, die dem Erfolg der Spiele möglichst förderlich ist.
Da die meisten Spiele in einem Raum gespielt werden, sollte das Setting bequem, ästhetisch ansprechend und so frei wie möglich von Ablenkungen sein. Kinder und Tiere müssen aus dem Raum ferngehalten werden. Ablenkende Geräusche von der Straße oder aus dem Inneren des Hauses sollten so gering wie möglich sein, und die Spieler müssen gegen solche Unterbrechungen wie das Läuten des Telefons oder die Ankunft unerwarteter Personen, die nicht am Spiel beteiligt sind, Vorkehrungen treffen.
Es muß Einverständnis darüber herrschen, daß beim Spiel nur der Leiter und die Spieler anwesend sind. Es ist nicht möglich, die Spiele in befriedigender Weise durchzuführen, wenn Freunde oder andere Zuschauer anwesend sind. Sollte dennoch von der Gruppe gewünscht werden, ein Spiel einem Nichtmitglied zu demonstrieren, dann sollte es ein Spiel sein, daß bereits erfolgreich gespielt wurde; die Demonstration sollte also nicht innerhalb des regulären Ablaufs der Spiele stattfinden.
Falls es sich ermöglichen läßt, sollte dieselbe Umgebung für alle

oder doch die meisten Reisen gewählt werden, insbesondere, wenn man einen angenehmen und abgeschiedenen Ort gefunden hat. Eine derartige Umgebung wird die Erfahrungen der Spieler am wenigsten stören; und gleichzeitig wird damit ein Klima erzeugt, das einen leichten Einstieg und eine Vertiefung veränderter Bewußtseinszustände am meisten fördert.
Außerdem sollen die Spieler darauf hingewiesen werden, daß sie sich einige Male in totale Isolation begeben müssen. Jeder Spieler sollte sich darum im voraus um einen solchen Ort bemühen.
Ebenso sollten die Spieler schon vorher nach einem Ort im Freien Ausschau halten, den sie von Zeit zu Zeit benützen möchten, entsprechend den Wünschen der Spieler bzw. der Angaben in diesem Buch.
Die Spieler sind aufgerufen, dieses Thema der bequemen und störungsfreien Umgebung für den Ablauf ihrer Spiele sehr ernst zu nehmen, denn das Versäumnis, für eine ruhige Umgebung zu sorgen, kann für die Ergebnisse sehr abträglich sein und möglicherweise sogar zu einem Zusammenbruch der Bemühungen führen, die Spiele durchzuführen.

13

Der Leiter und einige andere Gruppenteilnehmer werden vor Beginn der einzelnen Sitzungen einige praktische Dinge vorbereiten oder beschaffen, die für den Ablauf der Spiele erforderlich sind.
So ist es zum Beispiel von Zeit zu Zeit notwendig, Malmaterial auszuwählen und zu beschaffen, mit dem die Gruppe dann arbeiten kann.
Für einige der Spiele ist Musik erforderlich, und der Leiter wird sich sehr sorgfältig vorher die beabsichtigte Wirkung überlegen und dann, vielleicht unter Mithilfe besonders vorgebildeter Mitglieder, eine Musik auswählen, die bei dieser Gruppe die gewünschten Effekte zu erzielen in der Lage ist. Da die Wahl der

Musik sehr von der Zusammensetzung der jeweiligen Gruppe abhängt und sehr breit schwanken kann, werden hier keine besonderen Empfehlungen gegeben.
Bei der Auswahl des Kunstmaterials müssen Entscheidungen getroffen werden, ob man z. B. nur Zeichnungen anfertigen oder möglicherweise Gemälde und Skulpturen oder andere Arten Darstellungen wählen soll. Qualifizierte Spieler werden behilflich sein, das nötige Material auszuwählen.

14

Die Anzahl der Sitzungen, in denen Reisen durchgeführt werden, muß von der jeweiligen Gruppe nach ihren Wünschen und Bedürfnissen bestimmt werden. Als generelle Regel gilt: Der beste Fortschritt wird erzielt, wenn die Spiele nicht weniger als einmal in der Woche und nicht mehr als dreimal in der Woche gespielt werden.
Andererseits mag es Gruppen geben, die am besten weiterkommen, wenn sie sich seltener oder öfter treffen. Und obwohl diese Möglichkeit jetzt noch nicht geprüft wurde, können die Spiele vielleicht in einer intensivierten, beschleunigten Form durchgeführt werden, etwa in einer Art Klausur, wie sie die Jesuiten in ihren Exerzitien verwenden.
Sollte eine solche Klausursituation versucht werden, dann müssen die Reaktionen der Spieler mit besonderer Sorgfalt beobachtet werden, so daß niemand zu hart oder zu weit nach vorn gestoßen wird. Das Durchlaufen aller Spiele in, sagen wir, dreißig Tagen erfordert einen sehr sorgfältigen Zeitplan sowie andere Planungen und ein hohes Maß an Kooperation von jedem Teilnehmer.

Es ist sehr wichtig, daß der Leiter die Sprache dieser Phantasie-Reisen sorgfältig einübt, insbesondere die Worte, die sich direkt an die Spieler wenden.
Der Leiter sollte sich darin üben, diese Sprache laut zu lesen und zu sprechen, er sollte die Einleitungs- und Vertiefungsverfahren so lange üben, bis er sie klar, sicher und ohne zu zögern, wiedergeben kann. Die Worte sollen sich flüssig anhören, und der Leiter muß die Sicherheit haben, daß das, was er sagt, genau das ist, was er auch sagen will.
Die Sprache der Phantasie-Reisen-Einleitung basiert auf genauen Beobachtungen und Forschungen, wie man Personen in einem veränderten Bewußtseinszustand am besten anredet, sowie auf Forschungen, wie man zu einer Person sprechen muß, um ihr Bewußtsein zu verändern, wie man den unbewußten Geist und den ganzen Körper einer Person anreden muß. Manchmal nennen wir diese Sprache oder Sprechweise »subkortikale Linguistik«, obwohl dieser Begriff natürlich eher suggestiv als präzise ist.
Der Leiter und die Spieler werden nach und nach diese Art des Sprechens erlernen, und sie lernen ebenfalls, wie man diese Art des Sprechens am besten aufnimmt. Beim Lesen der Phantasie-Reisen kannst du die schlängelnde Bewegung der Sprache beobachten, du kannst sehen, daß es dort wogende, fließende Bewegungen gibt, sehr vorsichtige Windungen und keine Worte, die abgehackt sind oder die in einer geraden Linie dahermarschieren wie gedrillte Soldaten.
Wir haben gelernt, daß der autonome, imaginative Geist des ASC-Zustands lieber in dieser wogenden Form angeredet werden will, in einer fast liebkosenden Weise, und daß er darauf viel besser reagiert.
Außerdem muß der Leiter gewissenhaft die Auswirkungen der verschiedenen Arten von Betonungen üben und beobachten. Er sollte so sprechen, daß er zum Beispiel eine deutliche Hervorhebung genau an der Stelle macht, die auch hervorgehoben werden muß; seine Stimme wird mitunter am effektivsten sein, wenn sie,

von der Betonung der wichtigsten Worte oder Satzwendungen abgesehen, eher etwas monoton klingt. Und doch muß jeder Leiter diese Erfahrungen selbst machen.

16

Beim Einleiten und bei der Vertiefung der Trance wird jeder Leiter den Wunsch spüren, die vorgegebene Sprache ein wenig so zu verändern, daß er sich selbst darin wohlfühlt. Es sollten jedoch keine allzu großen Veränderungen vorgenommen werden, es sei denn, der Leiter ist wirklich schon sehr erfahren in der Einleitung, Vertiefung und in anderen Aspekten des Führens.

Wenn man die Sprache der Spiele genau studiert, so wird man oft finden, daß immer mehr Bilder auf allen Sinnesebenen der Spieler verwendet werden. Aus einer Reihe von Gründen ist dies genau so beabsichtigt und kalkuliert.

Indem man dem Spieler suggeriert, etwas zu sehen, etwas zu hören, etwas zu berühren, zu riechen und zu schmecken und auch Körperbewegungen zu vollführen, vertieft man gleichzeitig die Trance und gibt dem Spieler die Mittel, ganz normal innerhalb einer subjektiven Realität zu funktionieren.

Wenn diese Dinge erfolgt sind, hat der Leiter dem Spieler alle Arten von Erlebnissen eröffnet, und dadurch wird dem Spieler die Rollenübernahme erleichtert. Er fühlt sich dann mehr als wirklicher Teilnehmer, und wenn das geschieht, vertieft sich die Trance weiter, bis der Spieler einen tiefen ASC-Zustand erreicht mit einem vollständigen Erleben der Bilderwelt oder anderer subjektiver Realitäten, die jetzt erforscht werden können.

17

Der Leiter und die Spieler sollten sich darüber im klaren sein, daß es ganz beachtliche individuelle Unterschiede sowohl in der Tiefe der Trance als auch in der Fähigkeit gibt, auf bestimmte Suggestionen zu reagieren oder bestimmte Aufgaben durchzuführen.
Spieler, die anfangs nicht in Trance gehen oder die Zweifel daran haben, ob sie wohl reagieren, sollten aufgefordert werden, sich lebhaft vorzustellen, daß sie sich in Trance befinden, dann so zu reagieren, wie ihnen zumute ist.
Allen Spielern muß gesagt werden, daß sie lernen werden, immer besser und besser zu reagieren, je weiter die Spiele fortschreiten, daß jeder Spieler durch die Praxis vorankommt. Doch natürlich gibt es immer individuelle Unterschiede, die auch von der Form des Spieles abhängen, wie es auch Unterschiede der Spieler untereinander gibt. Der eine Spieler hat mehr Erfolg und erlebt ein Spiel vollständiger als ein anderer, während in einem zweiten Spiel der andere sehr viel besser abschneidet als der erste. Und der Leiter muß sicherstellen, daß es keine Konkurrenz zwischen den Spielern über solche Dinge wie die Tiefe der Trance oder die Qualität der Bilder gibt.
Das Bewußtsein und seine Phänomene dürfen nicht für Gruppenhierarchien oder als Hilfsmittel, einen bestimmten Status zu erlangen, mißbraucht werden.
Der Fortschritt eines jeden Spielers oder sein mangelnder Fortschritt ist eine ganz persönliche Sache, der sich höchstens im Vergleich mit den vorherigen Fähigkeiten dieses Spielers messen läßt.

Und obwohl schon viel mit einer milden Form der Trance erreicht werden kann, so ist es doch wünschenswert, daß jeder Spieler die Fähigkeit entwickelt, sein Bewußtsein sehr tief zu verändern, d. h. daß er in eine sehr tiefe Trance geht.

Als Grund dafür gilt die Regel: Je tiefer die Bewußtseinsveränderung, desto mehr Zugang hat diese Person zu ihren Möglichkeiten und Fähigkeiten.

Einige dieser Fähigkeiten sind so stark behindert, daß ihre Hemmung *nur dadurch* aufgehoben werden kann, daß eine sehr tiefe Trance oder ein anderer tiefgreifend veränderter Bewußtseinszustand erzeugt wird. Ist jedoch einmal ein Zugang hergestellt und die betreffende Person weiß um diese Fähigkeiten und hat sie einmal benutzt, dann ergibt sich sofort eine Verringerung dieser Hemmung, so daß die späteren ASC-Zustände nicht mehr die gleiche Tiefe haben müssen.

Gewöhnlich erlauben sehr tiefe Trance-Zustände auch einen wirkungsvolleren Gebrauch der eigenen Fähigkeiten, d. h. die Spieler sind in der Lage, sich besser konzentrieren zu können; sie haben mehr Zugang zu ihren Erinnerungen und zu dem, was sie gelernt haben; ihre Bilderwelt wird reichhaltiger und kann besser nach außen dargestellt werden; die Spieler können wirksamer mit dem Beschleunigungsprozeß (AMP) arbeiten und tiefliegende, verschüttete Dynamismen und Prozesse aktivieren, die das Wachstum fördern.

Ohne die tiefe Trance ist ein Fortschritt zumindest langsamer zu verzeichnen.

Diese Gründe und noch weitere, die erst in den Spielen offenkundig werden, sind es, die den Leiter und alle Spieler veranlassen sollten, die tiefstmögliche Trance zu erzielen, den tiefsten ASC-Zustand, der erreicht werden kann.

Hat man einmal die Fähigkeit erreicht, tiefe Trance-Zustände zu erzielen, dann machen der Leiter und die Spieler von dieser Fähigkeit Gebrauch oder auch nicht, je nachdem, wie es das Spiel oder andere Situationen erfordern.

Besondere Aufmerksamkeit und Überlegungen richtet der Leiter auf jene Spiele, die den Spielern zeigen, wie sie mit bedrohlichen Bildern umgehen können oder wie unangenehme Situationen, die von Zeit zu Zeit auftauchen können, behandelt werden.
Der Leiter erinnert sich daran, daß eine Person, die ein derartiges Erlebnis hat, sich ja in einem sehr suggestiven Zustand befindet und von daher sehr schnell von jedem schmerzhaften oder bedrohlichen Bild weggeleitet werden kann. Am besten kann dieses dadurch erzielt werden, daß man an eine bestimmte Vorliebe des Trance-Bewußtseins appelliert, nämlich die Vorliebe für eine Logik und Verhaltensweise, die eher für Märchen, Mythen oder Legenden charakteristisch ist als für die alltägliche Welt des normalen Bewußtseins.
Mitunter müssen die Leiter auch damit rechnen, daß ein Spieler sich weigert, aus einem veränderten Bewußtseinszustand wieder herauszukommen. Es mag sogar Gelegenheiten geben, daß der Spieler nicht mit dem Leiter kommuniziert oder zumindest nicht erkennen läßt, daß er Botschaften vom Leiter erhält.
Und so muß der Leiter vor allem wissen, daß jede Person, die sich in einem Trance-Zustand befindet, immer aus diesem Zustand zurückkehrt. Es gibt also absolut keinen Grund, ängstlich zu werden, wenn eine Trance einmal nicht sofort beendet werden kann.

Jeder, der sich in einer Trance befindet und aus dieser Trance nicht herauskommt, wird in der Folge davon einschlafen und dann in seinem normalen Bewußtseinszustand daraus erwachen. Doch es kann störend sein, wenn ein Spieler nicht aus seiner Trance herauskommt, obwohl er dazu aufgefordert wird, oder wenn er nicht mit dem Leiter kommunizieren oder seine Gegenwart ignorieren will.
Mit einer solchen Kommunikationsunwilligkeit konfrontiert, sollte der Leiter den Spieler befragen, ob er gerade ein Erlebnis hat, das nicht unterbrochen werden soll, und – so sollte der Leiter

fortfahren – falls dies der Fall ist und der Spieler nicht zu sprechen wünscht, dann soll er dies durch eine Körperbewegung signalisieren.
Der Leiter kann den Spieler auffordern, mit seinem Körper eine Antwort zu geben, ohne daß sein Geist davon gestört wird, so daß er weder über die Frage noch über die Antwort nachdenken muß. So kann sich zum Beispiel seine linke Hand wie von selbst heben, wenn die Antwort *ja* lautet, oder es hebt sich die rechte Hand, wenn die Antwort *nein* ist. Oder, falls der Spieler auf diese verbale Aufforderung nicht reagiert, berührt der Leiter den Spieler physisch und sagt etwa:

Ich ergreife jetzt deine Hand, und dann werde ich die Finger deiner Hand etwas schließen. Wenn du dir dessen bewußt bist, was ich sage, und wenn du noch eine Weile nicht gestört sein willst, dann strecke deine Finger ganz langsam ein kleines bißchen und bewege deine Hand etwas hin und her. Ich werde dann später wieder zu dir sprechen.

Der Leiter kann natürlich auch andere Kommunikationsarten improvisieren, doch er sollte nicht darüber erschrocken sein oder alarmiert, daß ein Spieler nicht kommunizieren kann oder auf seine Anweisung die Trance nicht beendet.
Der Leiter wird ebenfalls entdecken, daß einige Spieler mitunter aus der Trance nicht vollständig erwacht sind, nachdem die üblichen Aufwach-Suggestionen gegeben worden sind. Er sollte diesen Spielern dann zusätzliche Anleitungen geben oder nochmals so lange zählen, bis diese Spieler sich hellwach fühlen.

20

Die Weigerung, aus der Trance zu kommen oder zu kommunizieren, kann auch eine Taktik sein für Leute, die Aufmerksamkeit erregen wollen, für »psychische Exhibitionisten«, die manchmal in Gruppen auftauchen. Solche Personen werden sich auch

anderweitig störend bemerkbar machen und dazu tendieren, einen Geist der Konkurrenz zu erzeugen und von den Spielen abzulenken.
Wenn solche Personen ihr störendes Verhalten nicht einstellen, hat man keine andere Wahl, als sie aus der Gruppe auszuschließen.

21

Während die Spiele gespielt werden, fühlen die Gruppenmitglieder oft eine außergewöhnliche Nähe zueinander. Insbesondere mögen sie sich davon gegenseitig angezogen fühlen, daß sie Außerordentliches gemeinsam erlebt haben.
Es ist deshalb eine wichtige Aufgabe für den Leiter, darauf zu bestehen, daß die Spieler außerhalb der Gruppe ihre normalen Kontakte aufrechterhalten. Es sollte nicht erlaubt werden, daß die Gruppe zu einem Kult wird, zu einer exklusiven Gemeinschaft, zu einer elitären, cliquenhaften Subkultur oder dergleichen.

22

Nachdrücklich muß darauf hingewiesen werden, daß die Spiele nicht von Personen gespielt werden dürfen, die unter dem Einfluß bewußtseinserweiternder Drogen stehen.
Es wird sich ganz gewiß nachteilig auf den Gruppenprozeß als Ganzes auswirken, wenn einzelne Spieler Drogen verwenden, damit ihre Erlebnisse sich von denen der Gruppe unterscheiden.
Die Phantasie-Reisen sind ja gerade Mittel, die ohne chemische oder mechanische Einwirkung die einzelnen Spieler in die Lage versetzen, ihr Bewußtsein zu verändern und Forschungsreisen in die inneren Räume zu unternehmen. Sie helfen, einen Zugang zu verborgenen Fähigkeiten zu schaffen und diese zu gebrauchen,

und sie erweitern auch noch auf andere Art die gesamte Skala jener Erfahrungen, die uns auf natürliche Weise zugänglich sind.

Die Autoren sind im Bereich der Erforschung psychedelischer Erfahrungen »alte Hasen«, und wir schätzen den Wert dieser Substanzen unter gewissen Bedingungen sehr hoch ein, wie wir in Büchern und anderen Schriften oft bekundet haben.

Doch sollten die Phantasie-Reisen – das müssen wir hier noch einmal wiederholen – nicht von Personen unternommen werden, die unter dem Einfluß psychedelischer Drogen oder anderer bewußtseinsverändernder Substanzen stehen.

Wir können hinzufügen, daß bei einigen Spielern die Phantasie-Reisen eine Hilfe sein werden, ihre Abhängigkeit von psychoaktiven Substanzen dadurch zu beenden, daß sie jetzt an ihre blockierten Fähigkeiten herangeführt werden.

23

Der Leiter und andere Personen, die von der Gruppe gewählt wurden, sollten jedem Spieler zur Verfügung stehen, der das Bedürfnis hat, über seine Erfahrungen in den Spielen zu sprechen.

Vielleicht brauchen die Spieler Ratschläge, wie manche Erfahrungen zu verstehen sind, wie man die Spiele noch wirkungsvoller spielen kann, wie die Erfahrungen besser integriert werden können oder auch andere Arten von Ratschlägen und Hilfen.

Und so sollten in jeder Gruppe Personen benannt werden, die bereit und qualifiziert sind, dem anderen zuzuhören und ihm einen Rat zu geben.

Und falls diese Personen nicht die augenblicklichen Leiter sind, dann sollten sie den Leiter über alles informieren, was die Führung der Gruppe betrifft und was ihrer Ansicht nach der Leiter wissen sollte.

Die Rolle des Leiters ist älter als die überlieferte Geschichte, und sie ist heute nicht weniger wichtig als zu irgend einer Zeit in der Vergangenheit.
Bei der Durchführung der Phantasie-Reisen hat jeder Spieler das Recht anzunehmen, daß der Leiter diese Rolle als eine Aufgabe von großer Bedeutung ansieht, deren Erfüllung jede Person ihre ganze Kraft weiht.
Der Leiter sollte den Vollzug seiner Rolle als ein Hilfsmittel auffassen, Kommunikationen und Führungseigenschaften zu erlernen, die auch für den Rest seines Lebens für ihn von großer Bedeutung sein werden.
Das (An)-Leiten hat nämlich seit undenkbaren Zeiten Auswirkungen auf jedes Gebiet des alltäglichen Lebens einer Person.
Es führt uns zurück zu den Quellen, die bis heute nicht ergründet wurden und denen dereinst vielleicht menschlichere Arten des Daseins entsteigen.

Dank

Die meisten dieser Phantasie-Reisen wurden von den Autoren im Verlauf ihrer experimentellen Arbeiten in der »Foundation for Mind Research« selbst entwickelt. Alle haben dort ihre Überprüfung im Test erfahren. Einige der »Reisen«, die wir in dieses Buch aufgenommen haben, wurden allerdings vorgeschlagen bzw. angeregt durch die Arbeiten oder Experimente von Bernard Aaronson, Martha Crampton, John C. Lilly, Abram Hoffer und Humphry Osmond.

Eine große Dankesschuld gilt dem veröffentlichten Werk und Beispiel von Milton H. Erickson.

Besonderen Dank sagen wir auch Alice O'Donnell. Ihr Bewußtsein war uns ein Testfeld für die Anordnung und Verbalisierung jener Reisen, die in diesem Buch niedergelegt sind.

Robert Masters und Jean Houston

Bewußtseinserweiterung über Körper und Geist

Ein praktisches Übungsbuch
Mit einem Vorwort von Moshé Feldenkrais
240 Seiten. Kartoniert

Bisher ist es dem Menschen nur gelungen, einen kleinen Teil seiner Fähigkeiten zu entwickeln. In uns allen schlummern ungenutzte Möglichkeiten. Wie können wir sie wachrufen?

Dieses »bedeutsame und höchst originelle Buch« (Moshé Feldenkrais) zeigt, daß der Durchbruch gelungen ist: Robert Masters und Jean Houston, zwei »Pioniere moderner Bewußtseinsforschung«, haben herausgefunden, daß eine Ausweitung des menschlichen Potentials dauerhaft möglich ist – ohne hypnotische Trance oder Drogen, allein durch körperlich-geistige Übungen. In diesem Buch stellen sie ihre Methode »psychophysischer Umerziehung« und das dazu entwickelte, langerprobte Übungsprogramm vor. Es handelt sich um verschiedenartige Bewegungsübungen, die jeder ohne Risiko auch allein ausführen kann.

»Ein Buch, das Psychotherapie, Psychosomatische Medizin und Erziehung revolutionieren kann.« *(Dr. Stanislav Grof, Esalen Institute, USA)*

Kösel-Verlag · München